Kohlhammer

Klinische Psychologie und Psychotherapie bei Kindern, Jugendlichen und jungen Erwachsenen

Verhaltenstherapeutische Interventionsansätze

Herausgegeben von Tina In-Albon, Hanna Christiansen und Christina Schwenck

Eine Übersicht aller lieferbaren und im Buchhandel angekündigten Bände der Reihe finden Sie unter:

     https://shop.kohlhammer.de/klinische-psychologie-und-psychotherapie

Die Autor*innen

Dr. Janina Kitzerow-Cleven ist als Psychologin im Bereich Autismus klinisch und wissenschaftlich am Josefinum in Augsburg sowie am Universitätsklinikum Frankfurt tätig.

Prof. Dr. Tobias Schuwerk ist psychologischer Psychotherapeut an der LMU München und forscht zur Entwicklungs- und klinischen Psychologie des Kindes- und Jugendalters mit Schwerpunkt Autismus.

Janina Kitzerow-Cleven
Tobias Schuwerk

Autismus-Spektrum-Störungen im Kindes- und Jugendalter

Verlag W. Kohlhammer

Dieses Werk einschließlich aller seiner Teile ist urheberrechtlich geschützt. Jede Verwendung außerhalb der engen Grenzen des Urheberrechts ist ohne Zustimmung des Verlags unzulässig und strafbar. Das gilt insbesondere für Vervielfältigungen, Übersetzungen, Mikroverfilmungen und für die Einspeicherung und Verarbeitung in elektronischen Systemen.

Pharmakologische Daten, d. h. u. a. Angaben von Medikamenten, ihren Dosierungen und Applikationen, verändern sich fortlaufend durch klinische Erfahrung, pharmakologische Forschung und Änderung von Produktionsverfahren. Verlag und Autoren haben große Sorgfalt darauf gelegt, dass alle in diesem Buch gemachten Angaben dem derzeitigen Wissensstand entsprechen. Da jedoch die Medizin als Wissenschaft ständig im Fluss ist, da menschliche Irrtümer und Druckfehler nie völlig auszuschließen sind, können Verlag und Autoren hierfür jedoch keine Gewähr und Haftung übernehmen. Jeder Benutzer ist daher dringend angehalten, die gemachten Angaben, insbesondere in Hinsicht auf Arzneimittelnamen, enthaltene Wirkstoffe, spezifische Anwendungsbereiche und Dosierungen anhand des Medikamentenbeipackzettels und der entsprechenden Fachinformationen zu überprüfen und in eigener Verantwortung im Bereich der Patientenversorgung zu handeln. Aufgrund der Auswahl häufig angewendeter Arzneimittel besteht kein Anspruch auf Vollständigkeit.

Die Wiedergabe von Warenbezeichnungen, Handelsnamen und sonstigen Kennzeichen in diesem Buch berechtigt nicht zu der Annahme, dass diese von jedermann frei benutzt werden dürfen. Vielmehr kann es sich auch dann um eingetragene Warenzeichen oder sonstige geschützte Kennzeichen handeln, wenn sie nicht eigens als solche gekennzeichnet sind.

Es konnten nicht alle Rechtsinhaber von Abbildungen ermittelt werden. Sollte dem Verlag gegenüber der Nachweis der Rechtsinhaberschaft geführt werden, wird das branchenübliche Honorar nachträglich gezahlt.

Dieses Werk enthält Hinweise/Links zu externen Websites Dritter, auf deren Inhalt der Verlag keinen Einfluss hat und die der Haftung der jeweiligen Seitenanbieter oder -betreiber unterliegen. Zum Zeitpunkt der Verlinkung wurden die externen Websites auf mögliche Rechtsverstöße überprüft und dabei keine Rechtsverletzung festgestellt. Ohne konkrete Hinweise auf eine solche Rechtsverletzung ist eine permanente inhaltliche Kontrolle der verlinkten Seiten nicht zumutbar. Sollten jedoch Rechtsverletzungen bekannt werden, werden die betroffenen externen Links soweit möglich unverzüglich entfernt.

1. Auflage 2025

Alle Rechte vorbehalten
© W. Kohlhammer GmbH, Stuttgart
Gesamtherstellung: W. Kohlhammer GmbH, Heßbrühlstr. 69, 70565 Stuttgart
produktsicherheit@kohlhammer.de

Print:
ISBN 978-3-17-042359-6

E-Book-Formate:
pdf: ISBN 978-3-17-042360-2
epub: ISBN 978-3-17-042361-9

Geleitwort zur Buchreihe

Klinische Psychologie und Psychotherapie bei Kindern, Jugendlichen und jungen Erwachsenen: Verhaltenstherapeutische Interventionsansätze

Psychische Störungen im Kindes- und Jugendalter sind weit verbreitet und ein Schrittmacher für die Entwicklung weiterer psychischer Störungen im Erwachsenenalter. Für einige der für das Kindes- und Jugendalter typischen Störungsbereiche liegen empirisch gut abgesicherte Behandlungsmöglichkeiten vor. Eine Besonderheit in der Diagnostik und Therapie von Kindern mit psychischen Störungen stellt das Setting der Therapie dar. Dies bezieht sich sowohl auf den Einbezug der Eltern als auch auf mögliche Kontaktaufnahmen mit dem Kindergarten, der Schule, der Jugendhilfe usw. Des Weiteren stellt die Entwicklungspsychopathologie für die jeweiligen Bände ein zentrales Kernthema dar.

Ziel dieser neuen Buchreihe ist es, Themen der Klinischen Kinder- und Jugendpsychologie und Psychotherapie in ihrer Gesamtheit darzustellen. Dies umfasst die Beschreibung von Erscheinungsbildern, epidemiologischen Ergebnissen, rechtliche Aspekte, ätiologischen Faktoren bzw. Störungsmodelle, sowie das konkrete Vorgehen in der Diagnostik unter Berücksichtigung verschiedener Informanten und das konkrete Vorgehen in der Psychotherapie unter Berücksichtigung des aktuellen Wissensstandes zur Wirksamkeit.

Die Buchreihe besteht aus Bänden zu spezifischen psychischen Störungsbildern und zu störungsübergreifenden Themen. Die einzelnen Bände verfolgen einen vergleichbaren Aufbau wobei praxisorientierte Themen wie bspw. Fallbeispiele, konkrete Gesprächsinhalte oder die Antragsstellung durchgehend aufgenommen werden.

Christina Schwenck (Gießen)
Hanna Christiansen (Marburg)
Tina In-Albon (Mannheim)

Die Herausgeberinnen

Prof. Dr. Tina In-Albon, Professur für Klinische Psychologie und Psychotherapie des Kindes- und Jugendalters sowie Leitung des Instituts für Kinder- und Jugendpsychotherapie und der Psychotherapeutischen Hochschulambulanz für Kinder und Jugendliche an der Universität Mannheim.

Prof. Dr. Hanna Christiansen, Professur für Klinische Psychologie des Kindes- und Jugendalters an der Philipps-Universität Marburg; Leiterin der Kinder- und Jugendlichen-Psychotherapie-Ambulanz Marburg (KJ-PAM) sowie des Kinder- und Jugendlichen-Instituts für Psychotherapie-Ausbildung Marburg (KJ-IPAM).

Prof. Dr. Christina Schwenck, Professur für Förderpädagogische und Klinische Kinder- und Jugendpsychologie, Justus-Liebig-Universität Gießen. Leiterin der postgradualen Ausbildung Kinder- und Jugendlichenpsychotherapie mit Schwerpunkt Verhaltenstherapie.

Inhalt

Geleitwort zur Buchreihe 5

Vorwort 13

1 Erscheinungsbild, Entwicklungspsychopathologie und Klassifikation **15**
    1.1   Erscheinungsbilder von Autismus 16
              1.1.1   Interaktion und Kommunikation 17
              1.1.2   Spezialinteressen, restriktive und repetitive Verhaltensweisen 18
              1.1.3   Überlastung und Krisenreaktionen bei Autismus 21
    1.2   Entwicklungspsychopathologie 22
              1.2.1   Kleinkind-, und Vorschulalter 22
              1.2.2   Grundschulalter 23
              1.2.3   Jugendalter 23
    1.3   Diagnostische Kriterien 24
              1.3.1   ICD-10, DSM-5 und ICD-11 – Der Weg zur Spektrums-Störung 24
              1.3.2   Klassifikation nach ICD-10 26
              1.3.3   Klassifikation nach DSM-5 und ICD-11 29
              1.3.4   Multiaxiale Klassifikation für psychische Störungen des Kindes- und Jugendalters (MAS) 32
              1.3.5   Internationale Klassifikation der Funktionsfähigkeit, Behinderung und Gesundheit (ICF) 32
    1.4   Überprüfung der Lernziele 33

2 Epidemiologie, Verlauf und Folgen **34**
    2.1   Epidemiologie 35
    2.2   Verlauf 37
              2.2.1   Frühe Kindheit bis Grundschulalter 38
              2.2.2   Späte Kindheit bis Adoleszenz 39
              2.2.3   Erwachsenenalter 41
              2.2.4   Mortalität 42
    2.3   Folgen für autistische Kinder und Jugendliche und ihr soziales Umfeld 43
    2.4   Überprüfung der Lernziele 44

3 Komorbidität und Differenzialdiagnosen ... 45
- 3.1 Komorbidität ... 46
  - 3.1.1 Komorbiditäten nach Altersgruppen ... 49
- 3.2 Differenzialdiagnosen ... 54
  - 3.2.1 Sprachentwicklungsverzögerung oder Sprachentwicklungsstörung ... 55
  - 3.2.2 Globale Entwicklungsverzögerungen bzw. Intelligenzminderung ... 56
  - 3.2.3 Aufmerksamkeitsdefizit-/Hyperaktivitätsstörung (ADHS) ... 57
  - 3.2.4 Emotionale, affektive und soziale Angststörungen ... 58
  - 3.2.5 Störung des Sozialverhaltens ... 60
- 3.3 Überprüfung der Lernziele ... 61

4 Diagnostik und Indikation ... 62
- 4.1 Stufenkonzept des diagnostischen Prozesses ... 63
- 4.2 Indikation zum Screening ... 65
- 4.3 Screening-Verfahren ... 68
  - 4.3.1 Screening-Instrumente ... 68
  - 4.3.2 Interpretation der Screening-Ergebnisse ... 69
- 4.4 Diagnostik ... 70
  - 4.4.1 Rahmenbedingungen des diagnostischen Prozesses ... 70
  - 4.4.2 Anamneseerhebung und diagnostisches Interview mit Bezugspersonen ... 71
  - 4.4.3 Diagnostisches Beobachtungsverfahren mit dem Kind ... 72
  - 4.4.4 Testpsychologische Untersuchungen ... 73
  - 4.4.5 Körperliche Untersuchung und Laboruntersuchungen ... 74
  - 4.4.6 Komorbiditäten und Differenzialdiagnosen ... 74
  - 4.4.7 Integration der Ergebnisse und Diagnosestellung ... 75
- 4.5 Rückmeldung der Diagnostikergebnisse ... 75
- 4.6 Überprüfung der Lernziele ... 78

5 Störungstheorien und -modelle ... 79
- 5.1 Überblick zur Ursachenforschung ... 80
- 5.2 Biologische Faktoren ... 82
  - 5.2.1 Genetischer Einfluss ... 82
  - 5.2.2 Umweltrisikofaktoren ... 84
  - 5.2.3 Gehirnentwicklung ... 85
- 5.3 Kognitive Faktoren ... 87
  - 5.3.1 Modelle umschriebener Defizite ... 87
  - 5.3.2 Modelle veränderter domänenübergreifender Informationsverarbeitung ... 94
- 5.4 Arbeitsmodell der Entstehung und Aufrechterhaltung autistischer und komorbider Symptomatik ... 97

	5.5	Überprüfung der Lernziele	99
6	**Autismus-Therapie, Psychotherapie und allgemeine Fördermöglichkeiten**		**101**
	6.1	Grundlegende Rahmenbedingungen autismusspezifischer Förderungen, Interventionen und psychotherapeutischer Behandlung	102
		6.1.1 Rechtliche Finanzierungsgrundlagen	104
		6.1.2 Therapeutische Grundhaltung	105
		6.1.3 Autismusfreundliche Gestaltung von Ablauf und Umfeld	107
		6.1.4 Rolle von Eltern und Einbezug des Umfelds	107
		6.1.5 Psychoedukation	110
	6.2	Autismusspezifische Interventionen im Vorschulalter	111
		6.2.1 Beziehungsaufbau und Eltern-Kind Interaktionstraining	111
		6.2.2 Umfassendes, komplexes Frühförderprogramm	113
		6.2.3 Förderzielplanung auf Grundlage des Entwicklungsstands	114
		6.2.4 Verhaltenstherapeutische Methoden	114
		6.2.5 Entwicklungspsychologisch relevante Grundfertigkeiten und deren Generalisierung	115
		6.2.6 Therapie und Förderung im Gruppenkontext	116
	6.3	Soziale Kompetenztrainings	116
	6.4	Förderung von Sprachentwicklungsstörungen	120
	6.5	Interventionen für autistische Menschen mit Intelligenzminderung	122
	6.6	Psychopharmakotherapie	123
	6.7	Psychotherapeutische Behandlung häufiger psychischer Komorbiditäten bei Autismus	123
	6.8	Beispielbericht an die Gutachterin für eine Kombinationsbehandlung für einen Jugendlichen mit Autismus-Diagnose und komorbider mittelgradiger depressiver Episode	124
	6.9	Schwierige Therapiesituationen	130
		6.9.1 Herausforderndes Verhalten	131
		6.9.2 Schulabsentismus	133
		6.9.3 Sie haben das Gefühl, keine tragbare therapeutische Beziehung aufbauen zu können	134
		6.9.4 Die Patientin oder der Patient zeigt vermehrt stereotypes Verhalten oder Manierismen	135
		6.9.5 Therapie- und Förderziele werden nicht erreicht und es gestaltet sich schwierig, weitere Kompetenzen aufzubauen	136
		6.9.6 Es findet keine Generalisierung statt	136

		6.9.7	Trotz der ambulanten Therapie verschlechtern sich Symptome	136
	6.10		Überprüfung der Lernziele	137

7 Psychotherapieforschung **138**
    7.1   Allgemeines zum Forschungsstand 139
        7.1.1   Benennung von Interventionen für autistische Menschen 139
        7.1.2   Rahmenbedingungen guter Interventionsforschung .. 139
        7.1.3   Relevante Outcome-Maße in der Autismus-Therapieforschung 140
    7.2   Strukturierungsmaßnahmen & visuelle Unterstützung 141
    7.3   Psychoedukative Elterntrainings 142
    7.4   Interventionen für das Vorschulalter 143
        7.4.1   Evidenzbasierte Inhalte etablierter Frühinterventionsprogramme 143
        7.4.2   Sehr frühe und präventive Förderungen 145
        7.4.3   Prädiktoren, Moderatoren und Mediatoren des Therapieerfolgs 145
    7.5   Autismusspezifisches Gruppentraining sozialer Kompetenz   148
    7.6   Förderung von Sprache und alternativer Kommunikation .. 148
    7.7   Interventionen für autistische Menschen mit Intelligenzminderung 149
    7.8   Psychotherapie komorbider psychischer Störungen und Symptome 149
    7.9   Bisher nicht ausreichend wirksame und schädliche Ansätze   150
    7.10   Zukunftsrichtungen der Interventionsforschung bei Autismus 151
        7.10.1   Übersetzung evidenzbasierter Interventionen in die Versorgungspraxis 151
        7.10.2   Individualisierte Ansätze 153
        7.10.3   Große Datenmengen 153
        7.10.4   Telemedizin 154
    7.11   Überprüfung der Lernziele 154

8 Rechtliche Aspekte **155**
    8.1   Autismus als Behinderung 155
    8.2   Rechtliche Finanzierungsgrundlagen von Therapien 157
    8.3   Schulische Bildung 157
    8.4   Hilfreiche Literatur und Kontaktadressen für sozialrechtliche Beratung der Eltern 158
    8.5   Überprüfung der Lernziele 159

9 Zusammenfassung und Ausblick **160**

Literaturverzeichnis **162**

Stichwortverzeichnis **181**

Vorwort

Als wir die Möglichkeit erhielten, dieses Buch zu schreiben, sahen wir darin eine wertvolle Gelegenheit, insbesondere Psychotherapeutinnen in Ausbildung einen praxisnahen und aktuellen Überblick über das Thema Autismus zu bieten. Immer wieder begegnen wir Kolleginnen, die eine gewisse Unsicherheit oder »Berührungsangst« verspüren, wenn sie mit autistischen Patientinnen und Patienten arbeiten sollen. Diese Unsicherheit ist verständlich, denn die Vielseitigkeit und Komplexität von Autismus können einschüchternd wirken. Doch gerade diese Vielfalt macht die therapeutische Arbeit mit autistischen Menschen so bereichernd.

Unser Anliegen ist es, Sie zu ermutigen, sich mit Offenheit und Neugier auf die Arbeit mit autistischen Kindern und Jugendlichen einzulassen. Autismus fordert uns in besonderem Maße heraus, die Welt aus anderen Perspektiven zu betrachten. Dies kann nicht nur auf professioneller, sondern auch auf persönlicher Ebene zu einem tiefen Wachstum führen. Die Unterstützung autistischer Menschen dabei, Begleiterkrankungen zu bewältigen, soziale Kompetenzen auszubauen und ihre Stärken zu nutzen, ist für uns eine der bereicherndsten Aufgaben in der Psychotherapie.

Diesem Buch liegt das Konzept der Neurodiversität zugrunde, also die Annahme, dass neuronale und kognitive Variationen wie u. a. auch Autismus natürliche Ausdrucksformen menschlicher Vielfalt sind, die nicht primär als Defizite, sondern als unterschiedliche Ausprägungen von Wahrnehmung, Denken und Verhalten verstanden werden sollten. Diese Unterschiede bringen im Vergleich zu Normen und Erwartungen der nicht-autistischen Gesamtbevölkerung Vor- und Nachteile und damit einhergehende Schwierigkeiten mit sich. Wir haben versucht, diese Haltung auch über den Sprachgebrauch in diesem Buch zu vermitteln, was nicht immer einfach war. So ist es im Rahmen eines klinischen Fachbuchs für Psychologie und Psychotherapie schwer, defizitorientierte Ausdrucksformen aus der Außensicht (Bezeichnung von Autismus als »Störung« unter der man »leidet« oder »unangemessenes« Verhalten) zu vermeiden. Der Debatte, ob Autismus als Störung zu bezeichnen ist und welchen Anteil die nicht-autistische Umwelt am Gelingen des gemeinsamen Miteinanders hat, wird im Buch, basierend auf aktuellen wissenschaftlichen Erkenntnissen, detailliert Rechnung getragen (insbesondere Kapitel 1, 4 und 5). Wann immer es uns möglich erschien, haben wir versucht einen ressourcenorientierten Sprachgebrauch, der die autistische Innensicht anerkennt und schätzt, zu verwenden.

Eine weitere sprachliche Kontroverse betrifft die Frage nach der Benutzung von »identity-first« (»autistischer Mensch«) oder »person-first« (»Mensch mit Autismus«) Formulierungen. Es gibt aktuell keine mehrheitliche Präferenz für eine

Variante weder unter Autistinnen und Autisten noch ihren Angehörigen. Um diesem Umstand Rechnung zu tragen, haben wir uns dazu entschieden, beide Varianten zu nutzen. Wir erkennen dabei an, dass einzelne Personen bestimmte Bezeichnungen bevorzugen und empfehlen, stets die Person selbst nach ihrer Vorliebe zu fragen und diese zu berücksichtigen.

Für eine bessere Lesbarkeit verwenden wir in diesem Buch die weibliche Form. Diese schließt selbstverständlich alle Geschlechteridentitäten ein.

In Deutschland stehen seit einiger Zeit die wissenschaftlichen S3-Leitlinien der Arbeitsgemeinschaft der Wissenschaftlichen Medizinischen Fachgesellschaften (AWMF) zur Diagnostik und Therapie bei Autismus-Spektrum-Störungen zur Verfügung. Dieses Buch orientiert sich inhaltlich an den Standards und Empfehlungen dieser Leitlinien. Darüber hinaus fließen neuere Forschungsergebnisse sowie unsere praktischen Erfahrungen aus den Bereichen Forschung, Förderung und Therapie ein, um eine fundierte und zugleich praxisnahe Grundlage für die Arbeit mit autistischen Kindern, Jugendlichen und ihren Familien zu bieten.

Viele Menschen haben dazu beigetragen, dass dieses Buch entstehen konnte. Unser Dank gilt den Herausgeberinnen dieser Reihe, insbesondere Frau Prof. Dr. Christina Schwenck für die Anfrage und Frau Prof. Dr. Hanna Christiansen für die Überarbeitungsvorschläge. Wir danken den autistischen Menschen und ihren Angehörigen, mit denen wir bisher arbeiten durften und die uns durch ihre Sichtweisen und ihr Vertrauen bereichert haben. Ohne diese Erfahrungen wäre dieses Buch in seiner Form nicht möglich gewesen. Unser besonderer Dank gilt den Erfahrungsexpertinnen und -experten, die ihre Erlebnisse und Sichtweisen zu den in diesem Buch behandelten Themen im jeweiligen Kapitel teilen: Melika Ahmetovic mit Tochter M., Gerjet Joris Betker, Werner Kelnhofer, Nora Koutek mit Tochter Luna Lucia, Nora L. mit Sohn Paul, Ilona Mennerich, Marina Röhrig mit Tochter Sophia, Tobias Weber und Felix Zych. Darüber hinaus bedanken wir uns bei Alejandra Prida Marcelino, Leandra Siniscalchi, Maria Schehl und Malin Schulze für ihre Fachbeiträge aus der Praxis.

Wir hoffen, dass dieses Buch dazu beiträgt, die psychotherapeutische Arbeit mit autistischen Kindern und Jugendlichen zu bereichern, und dass andere von der therapeutischen Zusammenarbeit ebenso viel lernen können, wie wir es immer wieder tun.

München/Augsburg, im Sommer 2025
Janina Kitzerow-Cleven
Tobias Schuwerk

1 Erscheinungsbild, Entwicklungspsychopathologie und Klassifikation

Fallbeispiel 1

Der 3-jährige Milo wird, auf Anraten des Kinderarztes, in der Klinik für Kinder-, und Jugendpsychiatrie (KJP) ambulant zur Autismus-Diagnostik vorgestellt. Seine Eltern berichten, dass Milo bisher nur einzelne Worte spreche und nicht versuche, die fehlende Sprache mit alternativer nonverbaler Kommunikation zu kompensieren. Unbefriedigte Bedürfnisse seien bei Milo vor allem an ausdauerndem Schreien ohne koordinierten Blickkontakt oder Gestik zu erkennen. Dies gipfele mehrmals am Tag in Schreiexzessen, was für alle sehr anstrengend sei. Bei der ambulanten Vorstellung ist beobachtbar, dass Milo sich wiederholt die Ohren zuhält und aufgeregt mit sich wiederholenden Körperbewegungen scheinbar unkoordiniert im Raum herumläuft. Die Eltern berichten, dass sie generell neue Situationen oder Orte vermeiden, da dies für Milo offensichtlich Stress bedeute. Zu Hause beschäftige sich Milo ruhig und ausdauernd mit dem Aufreihen von Bausteinen und dem An- und Ausschalten von Lichtern. Die Eltern geben an, sich hilflos zu fühlen und wünschen sich vor allem Unterstützung in der alltäglichen Kommunikation mit ihrem Sohn.

Fallbeispiel 2

Alexa ist 9 Jahre alt und erhielt vor drei Jahren die Diagnose Asperger-Syndrom. Sie besucht die 4. Klasse einer örtlichen Grundschule und erzielt in allen Fächern sehr gute Noten. Lernen bereitet ihr Freude, doch der Schulalltag ist für sie mit erheblichem Aufwand und Anstrengung verbunden. Aus diesem Grund machen sich ihre Eltern Sorgen, ob sie den Anforderungen eines Gymnasiums gewachsen sein wird. Nach der Schule benötigt Alexa den gesamten Nachmittag, um sich allein zu Hause erholen zu können. In ihrer Klasse hat sie eine beste Freundin, doch darüber hinaus pflegt sie wenig Kontakt zu anderen Kindern, sei es in der Schule oder in ihrer Freizeit. Alexa fällt durch ihre sprachliche Gewandtheit und ihre gewählte Ausdrucksweise auf. Die anderen Kinder sagen, sie spreche »wie aus einem Buch«, was sie teils »seltsam« finden. Auch Alexa selbst nimmt bei ihren Mitschülerinnen Verhaltensweisen wahr, die sie als eigenartig empfindet. Beispielsweise irritiert es sie, wenn sich Kinder nicht an die Klassenregeln halten oder Aufgaben anders umsetzen als von der Lehrerin vorgegeben. Solche Abweichungen kann sie nur schwer nachvollziehen und akzeptieren.

1 Erscheinungsbild, Entwicklungspsychopathologie und Klassifikation

Lernziele

- Sie können die Begrifflichkeiten »Frühkindlicher Autismus«, »Asperger-Syndrom« und »Autismus-Spektrum-Störung« erklären und voneinander abgrenzen, bzw. integrieren.
- Sie wissen, wie die Begriffe »Tiefgreifende Entwicklungsstörung« und »Neuronale Entwicklungsstörung« definiert sind.
- Sie kennen die gängigen Klassifikationssysteme und wissen wo die Klassifikationen zu Autismus-Spektrum-Störungen zu finden sind.
- Sie können die begrifflichen und inhaltlichen Veränderungen durch die Weiterentwicklung der Klassifikationssysteme beschreiben.

1.1 Erscheinungsbilder von Autismus

Autismus-Spektrum-Störungen zeichnen sich durch ein breites und vielfältiges Erscheinungsbild aus. Die vorangegangenen Fallbeispiele beschreiben eindrücklich, dass sich sowohl der Schweregrad der Symptomatik, als auch die Symptomentwicklung über die Lebensspanne sehr unterschiedlich darstellen können. Gemeinsame, und damit auch diagnostisch relevante Grundlagen, sind

1. Persistierende Schwierigkeiten in der sozialen Kommunikation und wechselseitigen Interaktion;
2. eine Reihe von eingeschränkten, sich wiederholenden und unflexiblen Verhaltensmustern, Interessen oder Aktivitäten.

Der Beginn der individuell teils sehr unterschiedlichen, diversen Auffälligkeiten und einer damit einhergehenden atypischen Entwicklung liegt in der frühen Kindheit, sodass Autismus-Spektrum-Störungen den Entwicklungsstörungen zuzuordnen sind. Viele autistische Verhaltensweisen manifestieren sich erst im späteren Verlauf oder werden klinisch bedeutsam, in Abhängigkeit der gegeben (sozialen) Rahmenbedingungen und den individuellen Anpassungsfähigkeiten an diese (Arbeitsgemeinschaft der Wissenschaftlichen Medizinischen Fachgesellschaften [AWMF], 2016). Dementsprechend werden im diagnostischen Prozess (▶ Kap. 4) v. a. bei älteren Autistinnen und Autisten rückblickend Verhaltensweisen des Kindergartenalters erfragt, die zum damaligen Zeitpunkt nicht unbedingt als auffällig eingestuft wurden, sich in der Retrospektive aber ins entwicklungspsychopathologische Bild fügen. Bei etwa 30–50 % autistischer Menschen liegt zudem ebenfalls eine Beeinträchtigung der Intelligenzentwicklung und/oder der funktionellen Sprache vor, was die Schwere und den Verlauf der Störung maßgeblich mit beeinflusst (Charman et al., 2011; Fombonne et al., 2020).

Definition: Neurodiversität

Der Begriff Neurodiversität beschreibt die natürliche Vielfalt neurologischer Funktionen und erkennt an, dass es keine einheitliche »normale« Gehirnfunktion und damit einhergehendes Erleben und Verhalten gibt. Neurodiversität umfasst Menschen mit verschiedenen neurobiologischen Besonderheiten, darunter Autismus, ADHS, Dyslexie oder Tourette-Syndrom. Geprägt wurde das Konzept aber maßgeblich durch autistische Aktivistinnen und Aktivisten in den 1990er Jahren. Der Autist Jim Sinclair drückte es 1993 so aus: »Autismus ist eine Art zu sein. Es ist nicht möglich, den Autismus von der Person zu trennen – und wenn es möglich wäre, wäre die Person, die übrig bliebe, nicht mehr dieselbe, mit der man begonnen hat.« Das Konzept der Neurodiversität stellt eine Alternative zur rein defizitorientierten Sichtweise neurologischer Unterschiede dar und betont stattdessen individuelle Stärken und Herausforderungen. So kann beispielsweise die ausgeprägte Detailwahrnehmung autistischer Menschen in bestimmten Bereichen ein Vorteil sein, während soziale Interaktionen oft schwerfallen können. Das hat bedeutende Implikationen für Psychotherapie und Gesellschaft: Anstatt betreffende Personengruppen nur »anpassen« zu wollen, sollte es vor allem auch ein zentrales Ziel sein, soziale und nicht-soziale Umgebungen so zu gestalten, dass sie für unterschiedliche Denkweisen zugänglich sind. Das erfordert ein »Aufeinander zugehen« von autistischen und nicht-autistischen Menschen, durch den Versuch das Gegenüber besser zu verstehen und so ein für alle möglichst glückliches Zusammenleben zu ermöglichen. Das Konzept der Neurodiversität ist nicht ohne Kritik. Über einen Diskurs auf Augenhöhe kann sich aber auf wissenschaftlicher und gesellschaftlicher Ebene zeigen, ob es sich langfristig bewährt und etablieren kann (Den Houting, 2019).

Im Zusammenhang mit dem Begriff der Neurodiversität wird oft auch der Begriff »neurotypisch« verwendet. Dieser Begriff bezeichnet Menschen, deren neurologische und kognitive Entwicklung als typisch für die Mehrheit der Bevölkerung angesehen wird. Er wird häufig verwendet, um Menschen zu beschreiben, die keine neurologischen oder entwicklungsbezogenen Unterschiede aufweisen, wie sie beispielsweise bei Autismus auftreten. Die erste Nutzung dieses Begriffs wird der autistischen Aktivistin Laura Tisoncik zugeschrieben, die ihn nutzte, um satirisch den pathologisierenden Blick auf Autismus zu zeigen, in dem sie Ende der 1990er Jahre eine Website für ein fiktives medizinisches Institut zur Untersuchung neurotypischer Menschen erstellte (Botha et al., 2024). Heute wird der Begriff sowohl von Autistinnen und Autisten, als auch in der Fachliteratur verwendet.

1.1.1 Interaktion und Kommunikation

Schwierigkeiten in der Interaktion beziehen sich auf die Initiierung, Aufrechterhaltung und Gestaltung von zwischenmenschlichen Beziehungen in allen Bereichen. So kann es autistischen Menschen schwerfallen, adäquat den Kontakt mit anderen nicht-autistischen Menschen zu gestalten, Freundschaften aufzubauen oder in Schule und Beruf über den reinen Schul-/Arbeitskontext hinaus zwischenmenschlichen Kontakt zu pflegen. Auf Außenstehende wirkt dieses Verhalten häufig uninteressiert, abweisend oder unangemessen. Aufgrund häufig zusätzlich bestehender Schwierigkeiten bei der Perspektivenübernahme und bei der Umsetzung sozialer Konventionen und Gepflogenheiten ergeben sich häufig Missverständnisse aufgrund von Fehlinterpretationen und oft eine weitere Distanzierung von Seiten beider Interaktionspartner (Preißmann, 2017).

Auffälligkeiten in der Kommunikation beziehen sich einerseits auf die allgemeine Sprachentwicklung, aber auch auf nonverbale kommunikative Verhaltensweisen, wie Blickkontakt, Gestik und Mimik. Häufig werden diese Verhaltensweisen nicht deutlich sozial gerichtet zum Initiieren, Aufrechterhalten oder Beenden von Interaktionen eingesetzt, erscheinen allgemein verringert oder selten auch zu intensiv. Viele Kinder mit Autismus haben zusätzlich auch eine Sprachentwicklungsstörung. Oft setzt der Spracherwerb verzögert ein, bleibt auf sehr niedrigem Kompetenzniveau bestehen oder es zeigen sich andere Auffälligkeiten in der Sprache, wie z. B. der Intonation. Bei einigen Autistinnen und Autisten mit guter Sprachentwicklung kommen auch paraverbale Auffälligkeiten hinzu. Darunter fallen beispielsweise Schwierigkeiten beim Verstehen von Humor, Ironie und Sprichwörtern, durch rein wörtlich genommene Interpretationen.

1.1.2 Spezialinteressen, restriktive und repetitive Verhaltensweisen

Der Symptombereich der eingeschränkten, repetitiven Verhaltensweisen, Interessen oder Aktivitäten umfasst teilweise ungewöhnlich erscheinende Spezialinteressen, aber auch sensorische Besonderheiten und auffällige Körperbewegungen. Sensorische Besonderheiten können sich einerseits in einer Überempfindlichkeit bemerkbar machen, sodass beispielsweise eine lautere Umgebung als belastend empfunden wird. Es kann aber auch das gegensätzliche Phänomen einer sensorische Unterempfindlichkeit auftreten. Auf laute Geräusche oder das Rufen des eigenen Namens erfolgt dann gar keine Reaktion. Schließlich können sich auch sensorische Interessen zeigen, wie bspw. das wiederholte Riechen an Materialien. Diese Hyper- und Hyposensitivität kann alle Sinnesmodalitäten betreffen (▶ Tab. 1.1). Für viele Autistinnen und Autisten ist besonders herausfordernd, dass ihre Wahrnehmung zwischen diesen beiden Extremen schwankt und nur selten ein Gleichgewicht herrscht. So können z. B. Gerüche, die gerade noch interessant waren, schnell zu intensiv werden, was bis zu einem Schmerzempfinden bei der Wahrnehmung führen kann.

Tab. 1.1: Beispiele für Über- und Unterempfindlichkeiten sowie Möglichkeiten der Stimulation

	Hypersensitivität	Hyposensitivität	Stimulation
Sehen	Abneigung gegenüber Dunkelheit oder hellem Licht; überfordert von zu vielen sich bewegenden Objekten/Personen	Hell/dunkel-Kontraste werden nicht gut wahrgenommen; Zusammenstoß mit sich bewegenden Objekten	intensives Betrachten von Objekten/Menschen; Finger vor Augen hin und her bewegen; Faszination für Reflexionen
Hören	Geräuschempfindlichkeit; Abneigung gegenüber z. B. Staubsauger, Fön; Schwierigkeiten Geräusche zu filtern	keine Orientierungsreaktion zu Geräuschquelle/bei Ansprechen	laute Musik hören; laute Geräusche machen; Summen/Reden
Riechen	starke Wahrnehmung von und Abneigung gegenüber bestimmten Gerüchen (z. B. Parfum)	geringes Geruchsempfinden bei bestimmten Gerüchen	an Dingen riechen; aktive Suche nach starken Gerüchen
Schmecken	starke Abneigung gegenüber bestimmten Geschmäckern, Konsistenzen, oder Temperaturen von Nahrung	Bedürfnis nach bestimmtem Geschmack, bestimmter Konsistenz oder Temperatur	Abschlecken/mit Zunge befühlen auch von nicht essbaren Gegenständen
Fühlen	taktile Überempfindlichkeit (z. B. Wolle auf Haut, Haare kämmen); Schmerzempfinden bei bloßer Berührung	Berührung wird nicht wahrgenommen; teils hohe Schmerztoleranz	intensives Befühlen bestimmter Texturen
Propriozeption/ Gleichgewicht	Abneigung gegenüber Bewegung; vermeiden schneller/intensiver Bewegungen	Bewegung (z. B. Fallen) wird nicht wahrgenommen; Tollpatschigkeit	lang andauerndes intensives Bewegen/bewegt werden
Interozeption	schnell launisch bei Hunger/Durst	Essen/Trinken/auf Toilette gehen wird vergessen	-

Bericht eines Erfahrungsexperten: Sensorische Besonderheiten

Ich bin sehr empfindlich gegenüber Geräuschen, Licht und Texturen. In einem Raum mit 20 Personen nehmen neurotypische Menschen oft nur ihren Gesprächspartner wahr. Ich hingegen höre alles ungefiltert – jedes Gespräch, jeden Stuhl, der bewegt wird. Draußen wird es noch extremer: Ich höre Wind, Blätter, Autos, Vögel, Menschen, meine eigenen Schritte, meinen Atem und sogar meinen Herzschlag. Mein Tipp: Geräuschunterdrückende Kopfhörer können enorm helfen. Seit ich sie benutze, gehe ich nie mehr ohne aus dem Haus. Sie machen zwar nicht alles weg, aber reduzieren die Reizüberflutung deutlich.

1 Erscheinungsbild, Entwicklungspsychopathologie und Klassifikation

> Helles Licht empfinde ich oft als schmerzhaft. Tagsüber trage ich Kappen oder Kapuzen, um das Sonnenlicht zu dämpfen. Zu Hause nutze ich nur gedimmte LED-Lampen, da normales Licht wie ein greller Blitz auf meine Augen wirkt. Stellen Sie sich vor, nachts in einem dunklen Raum plötzlich mit einer Taschenlampe geblendet zu werden – so fühlt sich normales Licht für mich an. Ich spüre Kleidung auf meiner Haut ständig. Unangenehme Texturen fühlen sich an wie kleine Nadeln, die meine Haut stechen. Manche Materialien, wie feuchte Kleidung, lösen sogar Kopfschmerzen aus. Im Sommer wechsele ich oft mehrmals täglich meine Kleidung, um Schweiß zu vermeiden. Zu Hause sortiere ich meinen Kleiderschrank nach Texturen, da sich meine Empfindungen je nach Tagesform ändern. Diese ständige Überempfindlichkeit macht das Leben in einer reizintensiven Welt oft schwer. Geräuschunterdrückung, passende Kleidung und gedämpftes Licht sind für mich essenziell.
>
> Tobias Weber, 23 Jahre, Asperger-Syndrom

Wiederholte und ausdauernde Beschäftigung mit spezifischen Themenbereichen und Tätigkeiten können sich in Form von Sonderinteressen (z. B. Zugfahrpläne) und auch durch längere Beschäftigung mit nicht-funktionalen Teilen von Spielzeugen (z. B. das Drehen von Spielzeugauto-Rädern) zeigen. Stereotype Körperbewegungen und Manierismen können sich sehr eindeutig darstellen, indem beispielsweise bei emotionaler Erregung mit den Armen »geflattert« wird. Aber auch unauffälligere Darstellungen, wie das angespannt wirkende starre Halten von Fingerpositionen zählen hierunter. Auch präferieren die meisten autistischen Menschen ritualisierte Tagesabläufe und sie haben meist eine starke Abneigung gegenüber Veränderungen.

> **Definition: Stimming**
>
> »Stimming« ist die Abkürzung für self-stimulatory behavior (zu Deutsch: selbststimulierendes Verhalten) und beschreibt eine Bandbreite an Verhaltensweisen, die der Selbstregulation dienen. Diese kann auf verschiedenen Sinnesebenen stattfinden und ist nicht immer unmittelbar beobachtbar. Motorisch können sich Flatter- oder Schaukelbewegungen zeigen, aber auch Springen kann der Regulation dienen. Akustisch zählen hier Summen, Schnalzen oder auch sprachliche Wiederholungen dazu. Visuell scheinen Lichtmuster, Bewegungen der Beruhigung zu dienen, das Reiben von Haut oder Klopfen und Befühlen von Texturen zählt zu den taktilen Stimmings. Wiederholtes Beißen, Kauen auf Gegenständen oder Lippenlecken könnten orales Stimming sein. Es gibt auch Stimming auf kognitiver Ebene, z. B. Lieder, Muster oder Zahlen in Gedanken wiederholen. Da Stimming eine regulatorische Wirkung hat, sollte es nicht unterbrochen werden. Wenn Verhalten sehr auffällig erscheint oder störend ist, so dass dem Kind oder Jugendlichen dadurch Schwierigkeiten entstehen kön-

nen, können Fidget Toys eine Möglichkeit darstellen, sozial angepasster zu stimmen.

1.1.3 Überlastung und Krisenreaktionen bei Autismus

Die meisten der oben genannten Verhaltensweisen dienen der Regulation einer für Autistinnen und Autisten schnell überwältigend werdenden Umwelt. Durch die Wiederholung von Bewegungen oder Tätigkeiten schaffen sich viele autistische Menschen Kontrolle über eine sonst nur schwer kontrollierbare und vorhersagbare Umwelt. Autistische Kinder und Jugendliche sind jedoch häufig mit sensorischen, sozialen oder emotionalen Anforderungen konfrontiert, die ihre individuellen Bewältigungsmöglichkeiten übersteigen. In solchen Situationen kann es zu unterschiedlichen Reaktionsmustern kommen, die als Overload, Meltdown und Shutdown bezeichnet werden. Diese Reaktionsmuster und deren Funktionalität sind noch nicht lange im Fokus der Aufmerksamkeit und noch nicht gut erforscht. Die meisten der Informationen über diese Zustände stammen von Autistinnen und Autisten selbst, sowie von deren Eltern (Lewis & Stevens, 2023; Montaque et al., 2018).

- Overload: Ein Overload bezeichnet einen Zustand der sensorischen, kognitiven oder emotionalen Überforderung. Betroffene nehmen ihre Umgebung als überwältigend wahr und können Reize nicht mehr effizient filtern oder verarbeiten. Dies äußert sich häufig in Unruhe, Reizbarkeit, erhöhter Sensibilität oder dem Wunsch nach Rückzug aus der Situation.
- Meltdown: Ein Meltdown ist eine unkontrollierbare Reaktion auf eine extreme Überlastung. Dabei kann es zu starken emotionalen Ausbrüchen wie Weinen, Schreien oder Wut kommen. Manche Betroffene schlagen um sich oder werfen Gegenstände. Anders als ein Wutanfall, der oft eine bewusste Strategie zur Durchsetzung eines Wunsches ist, ist ein Meltdown nicht steuerbar und dient nicht der Manipulation, sondern der Entladung übermäßiger Anspannung.
- Shutdown (Erstarrung oder Rückzug): Während ein Meltdown nach außen sichtbar ist, zeigt sich ein Shutdown eher durch einen Rückzug nach innen. Betroffene wirken plötzlich still, erstarrt oder emotional abgekoppelt. Manche verlieren die Fähigkeit zu sprechen oder bewegen sich kaum noch. Viele sind dann nicht mehr ansprechbar. Dieser Zustand dient dem Selbstschutz und ermöglicht es, die Reizflut zu reduzieren, indem sich die Person innerlich abschottet.
- Delayed Aftereffect: Während der eigentlichen Überforderungssituation zeigen einige Autistinnen und Autisten äußerlich kaum Reaktionen. Stattdessen treten die Folgen erst später auf – oft erst nach Stunden oder sogar Tagen, wenn sich die Person in einem sicheren Umfeld befindet.

Diese Reaktionen sind keine Verhaltensprobleme, sondern Ausdruck einer akuten Überforderung. Der Delayed Aftereffect kann dazu führen, dass Außenstehende die Ursache für eine starke Reaktion nicht nachvollziehen können, da sie zeitlich versetzt auftritt. Dies kann fälschlicherweise als unprovoziertes oder »unangemessenes« Verhalten missverstanden werden. Ein frühzeitiges Erkennen von Überlastungssymptomen sowie das Schaffen von Rückzugsmöglichkeiten können helfen, Meltdowns, Shutdowns und verzögerte Überlastungsreaktionen zu vermeiden oder abzumildern.

1.2 Entwicklungspsychopathologie

1.2.1 Kleinkind-, und Vorschulalter

Es gibt Kinder, bei denen autistische Verhaltensweisen bereits früh als solche erkannt werden, weil sie meist zu herausfordernden Verhaltensweisen und einem Leidensdruck bei Kind und Umwelt führen. So werden v. a. Kinder mit einer deutlichen expressiven Sprachentwicklungsstörung oder ausgeprägten eingeschränkten Interessensbereichen und starken Körpermanierismen früher zur Autismus-Diagnostik vorgestellt, weil sie dem »typischen Bild« einer autistischen Person entsprechen (Noterdaeme & Hutzelmeyer-Nickels, 2010). Kinder mit einer unauffälligen Sprachentwicklung fallen weniger früh auf und werden dementsprechend meist auch erst später diagnostiziert. Hier zeigen sich Schwierigkeiten vor allem in sozialen Situationen mit Gleichaltrigen, in Form von Vermeidung oder auffällig erscheinenden Interaktionsmustern. Auch aversive Reaktionen auf Veränderungen können sich zeigen. Im Kindergartenkontext fällt dies jedoch meist weniger auf als im stärker strukturierten Schulkontext mit erhöhtem Anforderungsniveau, sodass diese Kinder häufig als »ein wenig speziell«, aber nicht unbedingt als klinisch auffällig eingestuft werden.

Unspezifischere Verhaltensauffälligkeiten, die meist erst retrospektiv dem Störungsbild zugeordnet werden, können sich bereits früh zeigen, beispielsweise in Form von selektivem Essverhalten und Stillproblemen, frühen Regulationsschwierigkeiten, Auffälligkeiten in der Eltern-Kind-Interaktion und dem Bindungsverhalten.

Bericht einer Erfahrungsexpertin: Soziale Interaktion im Kleinkindalter

Unsere 4-jährige Tochter hat die Diagnose frühkindlicher Autismus und spricht nicht. Die Kommunikation und Interaktion stellen uns vor besondere Herausforderungen. Ein Beispiel ist der Spielplatz: Meine Tochter möchte oft mit anderen Kindern spielen, drängt sich ihnen jedoch ungefragt auf. Ich schreibe »aufdrängen«, weil sie ohne Begrüßung, Vorstellung oder Erklärung direkt auf die anderen Kinder zugeht. Das führt häufig dazu, dass sie von den anderen ausgeschlossen wird. Die Kinder verlassen dann beispielsweise das Trampolin oder das Drehkarussell, und meine Tochter bleibt allein zurück. Ein anderes

> Beispiel ist das gemeinsame Rutschen. Meine Tochter liebt es, zusammen mit einem anderen Kind die Rutsche hinunterzusausen. Das läuft oft so ab, dass ein anderes Kind bereits auf der Rutsche sitzt, während meine Tochter voller Freude hinzurast, sich hinter das Kind setzt, es umarmt – und dann entweder beide zusammen losrutschen oder das andere Kind zu weinen oder zu schreien beginnt. In solchen Situationen müssen wir als Eltern eingreifen, um Missverständnisse oder Konflikte zu vermeiden. Gelungene Interaktionen finden meist nur dann statt, wenn die Eltern der anderen Kinder darüber informiert sind, dass unsere Tochter anders ist, und wenn die Kinder entsprechend offen erzogen wurden oder bereits Erfahrungen mit Kindern mit besonderen Bedürfnissen haben. Ein positives Erlebnis hatten wir kürzlich im Schwimmbad mit einem befreundeten Nachbarskind. Die beiden Kinder haben zwar nur wenig miteinander interagiert, aber auf dem Rückweg hat meine Tochter die Hand des anderen Kindes genommen – und es hat diese Geste zugelassen. Für mich war das ein Moment einer gelungenen Interaktion, der mir Hoffnung gibt.

Nora Koutek mit Tochter Luna Lucia, 4 Jahre, frühkindlicher Autismus

1.2.2 Grundschulalter

Der Wechsel von Kindergarten zu Schule ist eine Transitionsphase mit vielfältigen Herausforderungen. Gerade für autistische Kinder kann dieser Übergang besonders schwierig sein. Einerseits birgt diese Phase viele Veränderungen, z. B. durch neue Tagesabläufe mit starker Strukturierung im Unterricht, aber gleichzeitig strukturlosen Situationen in den Pausen. Andererseits werden neue soziale Kontakte geknüpft und die akademischen Anforderungen kommen hinzu. Auch der Unterrichtsstoff selbst wird unter Umständen anders verarbeitet. So verstehen viele autistische Kinder beispielsweise Textaufgaben wortwörtlich, können Probleme damit haben, flexibel neue Lösungswege zu finden, oder beharren auf vorher gelernten Regeln. Hier fallen oft mangelnde Flexibilität und das Beharren auf Regeln und Routinen auf. Gleichzeitig können vermehrt Schwierigkeiten beim Aufbau neuer Freundschaften oder generell beim adäquaten Kontakt mit anderen Kindern auftreten. Auch gibt es Kinder, die versuchen, sich aktiv von den vielen neuen Reizen zurückzuziehen und Pausen beispielsweise alleine in abgelegeneren Räumen verbringen.

1.2.3 Jugendalter

Die Jugend ist geprägt von Veränderungs- und Ablöseprozessen, v. a. auch von der pubertären körperlichen Entwicklung. Der gesellschaftliche Anspruch zunehmender Selbstständigkeit, sowie beruflicher Perspektivenplanung stellen viele autistische Menschen vor Herausforderungen. Auch die Notwendigkeit von mehr körperlicher Hygiene, eventuell mit neuen Kosmetikprodukten, wie Deodorants, aufgrund veränderter Körpergerüche und vermehrter Transpiration, kann im Alltag für viele autistische Jugendliche wegen sensorischer Überempfindlichkeit herausfordernd sein. Zudem liegen oft die Interessensbereiche zu Gleichaltrigen deutlich auseinander und ein Gefühl des »Andersseins« kann sich manifestieren. Die Entwicklung komorbider Diagnosen, insbesondere von Ängsten und Depressionen ist in diesem Alter begünstigt.

> **Merke**
>
> Der Begriff »Spektrum« impliziert bereits eine breite Vielfalt an möglichen Ausprägungen von Autismus. Als Entwicklungsstörung liegt der Beginn der Verhaltensauffälligkeiten in der frühen Kindheit, auch wenn diese teilweise erst im Nachhinein passend klassifiziert werden können. Der individuelle Verlauf ist sehr unterschiedlich und auch intraindividuell kann die Symptomentwicklung über die Lebensspanne sehr stark variieren. Die Symptomausprägung und vor allem der individuelle Leidensdruck sind häufig mit abhängig von den jeweiligen Umweltbedingungen und (sozialen) Anforderungen. Autismus per se wird von vielen autistischen Menschen nicht als »Störung« empfunden.

1.3 Diagnostische Kriterien

1.3.1 ICD-10, DSM-5 und ICD-11 – Der Weg zur Spektrums-Störung

National wird als Referenz für Diagnosestellungen das Klassifikationssystem der Weltgesundheitsorganisation (WHO), die ICD (*International Statistical Classification of Diseases and Related Health Problems*) herangezogen. Aufgrund der derzeit in Deutschland herrschenden Übergangszeit von ICD-10 auf die überarbeitete Version ICD-11, wird im Folgenden zunächst ausführlicher Bezug auf die »alte« Klassifikation nach ICD-10 genommen (Dilling et al., 2015). Diese wird bei der Diagnosestellung in den kommenden Jahren weiterhin grundlegend sein. International und v. a. im Forschungskontext wird die Autismus-Symptomatik in das von der American Psychiatric Association (APA) derzeit gültige und 2013 publizierte DSM-5 (Diagnostic and Stastistical Manual of Mental Disorders; American Psychiatric Association, 2013) eingeordnet, an das auch die Beschreibungen im ICD-11 angepasst wurden. Es ist zu beachten, dass sich grundlegende Diskrepanzen zu der Darstellung in DSM-5/ICD-11 verglichen zum ICD-10 zeigen, die im Anschluss dargestellt werden (▶ Tab. 1.2). Hinsichtlich der ICD-11 Kriterien und Beschreibungen orientiert sich dieses Buch an der, zum Publikationszeitpunkt gültigen, deutschen Entwurfsfassung (online bereitgestellt durch das Bundesinstitut für Arzneimittel und Medizinprodukte; www.bfarm.de). Diese Entwurfsfassung könnte im weiteren zeitlichen Verlauf, insbesondere hinsichtlich der Formulierungen, von der Endfassung abweichen.

Tab. 1.2: Übersicht unterschiedlicher Klassifikationsschema

	Klassifikationsschema		
	ICD-10	DSM-5	ICD-11
Gültigkeit	aktuell in Deutschland maßgeblich; bis deutsche Fassung ICD-11 finalisiert	seit 2013; International und im Forschungskontext	seit 2022; deutsche Fassung bis dato noch nicht finalisiert
Klassifikationsbereich	F84 Tiefgreifende Entwicklungsstörungen	Störungen der neuronalen und mentalen Entwicklung	06 Neuromentale Entwicklungsstörungen
Benennung (wesentlicher) autistischer Störungen	F84.0 Frühkindlicher Autismus F84.1 Atypischer Autismus F84.5 Asperger-Syndrom	299.00 Autismus-Spektrum-Störungen +Schweregrad-Bewertung (0–3) für jede Domäne +mit/ohne Störung der Intelligenzentwicklung; mit/ohne Beeinträchtigung der funktionellen Sprache	6 A02.–Autismus-Spektrum-Störungen -.0-.4 mit/ohne Störung der Intelligenzentwicklung; mit/ohne Beeinträchtigung der funktionellen Sprache
Klassifikationsdomänen	Triade: 1. Auffälligkeiten in der sozialen Interaktion 2. Auffälligkeiten in der sozialen Kommunikation 3. Begrenzte, repetitive und stereotype Verhaltensmuster, Interessen und Aktivitäten	Dyade: 1. Defizite in der sozialen Kommunikation und sozialen Interaktion 2. Eingeschränkte, repetitive Verhaltensmuster, Interessen oder Aktivitäten	
Differenzierung & Zusatzkodierungen	Intelligenzniveau, Sprache, sowie der Schweregrad sind nicht erforderlich im Rahmen der Diagnosevergabe. Es empfiehlt sich jedoch diese mitzukodieren (z. B. MAS ▶ Kap. 1.3.4).	Innerhalb der Kodierung ist zu definieren, ob eine Störung der Intelligenzentwicklung und in welchem Grad Beeinträchtigungen der funktionellen Sprache vorliegen. Im DSM-5 kann zudem der Schweregrad bewertet werden.	

1.3.2 Klassifikation nach ICD-10

Autismus wird in der ICD-10 den Tiefgreifenden Entwicklungsstörungen (F84) zugeordnet. Hierfür gelten die Kriterien, dass:

- der Beginn im Kleinkindalter oder der Kindheit liegen muss;
- es sich um eine Entwicklungseinschränkung oder -verzögerung von Funktionen handelt, die eng mit der biologischen Reifung des Zentralnervensystems verknüpft sind;
- es einen stetigen Verlauf ohne Remission und Rezidive gibt.

Im Vergleich zu neueren Diagnosesystemen wird in der ICD-10 diagnostisch noch nach verschiedenen Subtypen unterschieden, vorwiegend dem Frühkindlichen Autismus (F84.0), dem Asperger-Syndrom (F84.5) und dem Atypischen Autismus (F84.1). Bei allen drei Typen wird auf Verhaltensebene eine Symptomtrias beschrieben, bestehend aus:

- Auffälligkeiten in der sozialen Interaktion,
- Auffälligkeiten der Kommunikation,
- stereotype, repetitive Verhaltensmuster & Interessen.

> **Diagnostische Kriterien für Frühkindlichen Autismus (F84.0) gemäß ICD-10**
>
> A. Vor dem dritten Lebensjahr manifestiert sich eine auffällige und beeinträchtigte Entwicklung in mindestens einem der folgenden Bereiche:
>   1. Rezeptive oder expressive Sprache, wie sie in der sozialen Kommunikation verwandt wird
>   2. Entwicklung selektiver sozialer Zuwendung oder reziproker sozialer Interaktion
>   3. Funktionales oder symbolisches Spielen
> B. Insgesamt müssen mindestens 6 Symptome von 1., 2. und 3. vorliegen, davon mindestens zwei von 1. und mindestens je eins von 2. und 3.:
>   1. Qualitative Auffälligkeiten der gegenseitigen sozialen Interaktion in mindestens drei der folgenden Bereiche:
>   a. Unfähigkeit, Blickkontakt, Mimik, Körperhaltung und Gestik zur Regulation sozialer Interaktionen zu verwenden
>   b. Unfähigkeit, Beziehungen zu Gleichaltrigen aufzunehmen, mit gemeinsamen Interessen, Aktivitäten und Gefühlen (in einer für das geistige Alter angemessenen Art und Weise, trotz hinreichender Möglichkeiten)
>   c. Mangel an sozio-emotionaler Gegenseitigkeit, die sich in einer Beeinträchtigung oder devianten Reaktion auf die Emotionen anderer äußert; oder Mangel an Verhaltensmodulation entsprechend dem sozia-

len Kontext; oder nur labile Integration sozialen, emotionalen und kommunikativen Verhaltens
   d. Mangel, spontan Freude, Interessen oder Tätigkeiten mit anderen zu teilen (z. B. Mangel, anderen Menschen Dinge, die für die Betroffenen von Bedeutung sind, zu zeigen, zu bringen oder zu erklären)
2. Qualitative Auffälligkeiten der Kommunikation in mindestens einem der folgenden Bereiche:
   a. Verspätung oder vollständige Störung der Entwicklung der gesprochenen Sprache, die nicht begleitet ist durch einen Kompensationsversuch durch Gestik oder Mimik als Alternative zur Kommunikation (vorausgehend oft fehlendes kommunikatives Geplapper)
   b. Relative Unfähigkeit, einen sprachlichen Kontakt zu beginnen oder aufrechtzuerhalten (auf dem jeweiligen Sprachniveau), bei dem es einen gegenseitigen Kommunikationsaustausch mit anderen Personen gibt
   c. Stereotype und repetitive Verwendung der Sprache oder idiosynkratischer Gebrauch von Worten oder Phrasen
   d. Mangel an verschiedenen spontanen Als-ob-Spielen oder (bei jüngeren Betroffenen) sozialen Imitationsspielen
3. Begrenzte, repetitive und stereotype Verhaltensmuster, Interessen und Aktivitäten in mindestens einem der folgenden Bereiche:
   a. Umfassende Beschäftigung mit gewöhnlich mehreren stereotypen und begrenzten Interessen, deren Inhalte und Schwerpunkt abnorm sind; es kann sich aber auch um ein oder mehrere Interessen ungewöhnlicher Intensität und Begrenztheit handeln
   b. Offensichtlich zwanghafte Anhänglichkeit an spezifische, nicht funktionale Handlungen oder Rituale
   c. Stereotype und repetitive motorische Manierismen mit Hand- und Fingerschlagen oder Verbiegen, oder komplexe Bewegungen des ganzen Körpers
4. Vorherrschende Beschäftigung mit Teilobjekten oder nicht funktionalen Elementen des Spielmaterials (z. B. ihr Geruch, die Oberflächenbeschaffenheit oder das von ihnen hervorgebrachte Geräusch oder ihre Vibration)
5. Das klinische Bild kann nicht einer anderen tiefgreifenden Entwicklungsstörung zugeordnet werden, einer spezifischen Entwicklungsstörung der rezeptiven Sprache (F80.2) mit sekundären sozio-emotionalen Problemen, einer reaktiven Bindungsstörung mit Enthemmung (F94.1), einer Intelligenzminderung (F70-F72) mit einer emotionalen oder Verhaltensstörung, einer Schizophrenie mit ungewöhnlich frühem Beginn oder einem Rett-Syndrom (F84.2).

Das *Asperger-Syndrom* wird unter F84.5 klassifiziert und unterscheidet sich vom frühkindlichen Autismus v. a. durch das Fehlen einer Entwicklungsverzögerung. In den ersten drei Lebensjahren werden demnach keine eindeutigen sprachlichen

Entwicklungsauffälligkeiten oder kognitiven Entwicklungsverzögerungen beobachtet.

> **Diagnostische Kriterien für das Asperger-Syndrom (F84.5) gemäß ICD-10**
>
> A. Es fehlt eine eindeutige, klinische allgemeine Verzögerung der gesprochenen oder rezeptiven Sprache oder des kognitiven Entwicklungsniveaus. Selbsthilfefertigkeiten, adaptives Verhalten und Neugierde an der Umgebung entsprechen während der ersten drei Lebensjahren einer normgerechten Entwicklung. Motorische Entwicklungsauffälligkeiten und isolierte Spezialfertigkeiten können auftreten, sind für die Diagnosestellung jedoch nicht notwendig.
> B. Qualitative Beeinträchtigungen der gegenseitigen sozialen Interaktion (gemäß den Kriterien für Autismus).
> C. Ein ungewöhnlich intensives umschriebenes Interesse oder begrenzte, repetitive und stereotype Verhaltensmuster, Interessen und Aktivitäten den Autismus-Kriterien entsprechend. Motorische Manierismen und die Beschäftigung mit nicht-funktionalen Elementen von Teilobjekten der Spielmaterialien sind eher ungewöhnlich.
> D. Die Störung kann nicht einer anderen tiefgreifenden Entwicklungsstörung, einer schizotypen Störung (F21), einer Schizophrenia simplex (F20.6), einer reaktiven Bindungsstörung (F94.1) oder einer Bindungsstörung mit Enthemmung (F94.2), einer zwanghaften Persönlichkeitsstörung (F60.5) oder einer Zwangsstörung (F42) zugeordnet werden.

Atypischer Autismus wird im ICD-10 unter F84.1 klassifiziert. Die diagnostischen Kriterien entsprechen denen des Frühkindlichen Autismus mit dem Unterschied, dass entweder das Manifestationsalter nach dem 3. Lebensjahr, und/oder eines der Diagnosekriterien nicht erfüllt ist. Demnach manifestiert sich atypischer Autismus entweder mit einem untypischen Erkrankungsalter oder mit untypischer Symptomausprägung.

Zusätzlich finden sich unter den Tiefgreifenden Entwicklungsstörungen noch die Diagnosen des Rett-Syndroms (F84.2), die überaktive Störung mit Intelligenzminderung und Bewegungsstereotypien sowie die sonstigen (F84.8) und nicht näher bezeichneten tiefgreifenden Entwicklungsstörungen (F84.9). Das Rett-Syndrom wurde bisher nur für Mädchen beschrieben und zeichnet sich durch eine Regression mit resultierender Intelligenzminderung aus. Es ist mittlerweile eine spezifische genetische Diagnose. Die anderen Störungen sind schlecht definiert, es gibt wenige Studien dazu, sodass die Validität als unsicher zu bewerten ist.

1.3.3 Klassifikation nach DSM-5 und ICD-11

Die Weiterentwicklung der Klassifikationssysteme berücksichtigt neuere, vorwiegend genetische Studienergebnisse, nach welchen die Trennung der autistischen Subtypen und der Symptombereiche Interaktion und Kommunikation nicht mehr ausreichend zu rechtfertigen waren. Demnach wurden in DSM-5 und ICD-11 erhebliche Änderungen der Klassifikation vorgenommen, was perspektivisch auch die Prävalenzen senken könnte (Freitag, 2021). Grundsätzlich werden die meisten Subtypen unter »Autismus-Spektrum-Störung (6 A02)« bei den *Neuronalen Entwicklungsstörungen* im Bereich 06 Psychische Störungen, Verhaltensstörungen oder neuronale Entwicklungsstörungen subsummiert (Ganz aktuell in der deutschen ICD-11-Online-Version als *neuromentale Entwicklungsstörungen* bezeichnet). Ausnahmen bilden das Rett-Syndrom (LD90.4), welches nun unter *20 Entwicklungsanomalien* im Bereich *Zustände mit Störungen der Intelligenzentwicklung als relevantes klinisches Merkmal* zu finden ist und die soziale (pragmatische) Kommunikationsstörung, die als Pragmatische Sprachentwicklungsstörung (6 A01.22) bei den *Entwicklungsstörungen der Sprache* zu finden ist.

Soziale pragmatische Kommunikationsstörung

Diese Störung ist neu in den Klassifikationssystemen DSM-5 (315.39) und ICD-11 (6 A01.22) aufgenommen worden. Sie ist gekennzeichnet durch anhaltende und ausgeprägte Schwierigkeiten beim Verstehen und Verwenden von Sprache in sozialen Kontexten, wie dem Ziehen von Schlussfolgerungen, verbalem Humor oder der Interpretation mehrdeutiger Bedeutungen. Die pragmatischen Sprachfähigkeiten liegen deutlich unter dem Niveau, das angesichts des Alters und der intellektuellen Leistungsfähigkeit des Betroffenen zu erwarten ist, aber die anderen Komponenten der rezeptiven und expressiven Sprache sind relativ intakt. Es muss ausgeschlossen werden, dass weitere Diagnosekriterien für eine Autismus-Spektrum-Störung erfüllt sind. Nach ICD-10 hätte solch eine Symptomatik eventuell die Kriterien eines Atypischen Autismus (F84.1) erfüllt.

Statt der Symptomtrias gibt es nun nur noch zwei Domänen. Die Defizite in der sozialen Kommunikation und wechselseitigen Interaktion wurden zusammengelegt.

Diagnostische Kriterien für eine Autismus-Spektrum-Störung (6 A02) gemäß ICD-11

A. Anhaltende Defizite in der sozialen Kommunikation und sozialen Interaktion über verschiedene Kontexte hinweg.
B. Eingeschränkte, repetitive Verhaltensmuster, Interessen oder Aktivitäten, die für das Alter und den soziokulturellen Kontext der Person eindeutig untypisch oder exzessiv sind.

C. Der Beginn liegt üblicherweise in der frühen Kindheit, allerdings können die Symptome erst später ausgeprägt sein, wenn die sozialen Anforderungen die sozialen Fertigkeiten übersteigen.
D. Die Defizite sind so schwerwiegend, dass sie zu Beeinträchtigungen in persönlichen, familiären, sozialen, erzieherischen, beruflichen oder anderen wichtigen Funktionsbereichen führen, und sind in der Regel ein durchgängiges Merkmal der Funktionsweise der Person, das in allen Bereichen zu beobachten ist, auch wenn sie je nach sozialem, erzieherischem oder anderem Kontext variieren können.
E. Personen, die dem Spektrum angehören, weisen ein breites Spektrum an intellektuellen Funktionen und Sprachfähigkeiten auf.

Sind diese Hauptkriterien erfüllt muss jetzt ebenfalls der Stand der kognitiven und sprachlichen Entwicklung beachtet und kodiert werden. Verlaufsstudien haben gezeigt, dass diese Komorbiditäten unabhängig von der Autismus-Symptomatik bestehen und ausschlaggebend für den Verlauf der Störung sind (Magiati et al., 2014).

Diagnostische Kodierungen entsprechend des Schweregrades für eine Autismus-Spektrum-Störung (6 A02) gemäß ICD-11

6 A02.0 Autismus-Spektrum-Störung ohne Störung der intellektuellen Entwicklung und ohne Beeinträchtigung der funktionalen Sprache
Alle definitorischen Anforderungen für eine Autismus-Spektrum-Störung sind erfüllt, das intellektuelle Funktionsniveau und das adaptive Verhalten liegen zumindest im durchschnittlichen Bereich (ungefähr über dem 2,3. Perzentil), und es besteht nur eine leichte oder keine Beeinträchtigung der Fähigkeit der Person, funktionale Sprache (gesprochen oder gebärdet) für instrumentelle Zwecke zu verwenden, um beispielsweise persönliche Bedürfnisse und Wünsche auszudrücken.

6 A02.1 Autismus-Spektrum-Störung mit Störung der Intelligenzentwicklung, mit leichtgradiger oder keiner Beeinträchtigung der funktionellen Sprache
Alle definitorischen Voraussetzungen für eine Autismus-Spektrum-Störung und eine Störung der Intelligenzentwicklung sind erfüllt, und es besteht nur eine leichte oder gar keine Beeinträchtigung der Fähigkeit der Person, funktionale Sprache (gesprochen oder gebärdet) für instrumentelle Zwecke zu verwenden, z. B., um persönliche Bedürfnisse und Wünsche auszudrücken. Die gleichzeitig auftretende Störung der Intelligenzentwicklung sollte separat klassifiziert werden, wobei die entsprechende Kategorie zur Bezeichnung des

1.3 Diagnostische Kriterien

Schweregrads verwendet wird (d. h. leicht, mittel, schwer, tiefgreifend, vorläufig).

6 A02.2 Autismus-Spektrum-Störung ohne Störung der Intelligenzentwicklung, mit Beeinträchtigung der funktionellen Sprache
Alle definitorischen Voraussetzungen für eine Autismus-Spektrum-Störung sind erfüllt, die Intelligenzentwicklung und das adaptive Verhalten liegen zumindest im durchschnittlichen Bereich (ungefähr über dem 2,3. Perzentil), und es besteht eine deutliche Beeinträchtigung der funktionalen Sprache (gesprochen oder gebärdet) im Verhältnis zum Alter der Person, wobei die Person nicht in der Lage ist, mehr als einzelne Wörter oder einfache Sätze für instrumentelle Zwecke zu verwenden, z. B. um persönliche Bedürfnisse und Wünsche auszudrücken.

6 A02.3 Autismus-Spektrum-Störung mit Störung der Intelligenzentwicklung, mit Beeinträchtigung der funktionellen Sprache
Alle definitorischen Voraussetzungen sowohl für Autismus-Spektrum-Störung als auch für Störung der Intelligenzentwicklung sind erfüllt, und es besteht eine ausgeprägte Beeinträchtigung der funktionalen Sprache (gesprochen oder gebärdet) im Verhältnis zum Alter der Person, wobei die Person nicht in der Lage ist, mehr als einzelne Wörter oder einfache Sätze für instrumentelle Zwecke zu verwenden, z. B., um persönliche Bedürfnisse und Wünsche auszudrücken. Die gleichzeitig auftretende Störung der Intelligenzentwicklung sollte separat klassifiziert werden, wobei die entsprechende Kategorie zur Bezeichnung des Schweregrades verwendet wird (d. h. leicht, mittel, schwer, tiefgreifend, vorläufig).

6 A02.4 Autismus-Spektrum-Störung mit Störung der Intelligenzentwicklung, Fehlen der funktionellen Sprache
Alle definitorischen Voraussetzungen für eine Autismus-Spektrum-Störung und eine Störung der Intelligenzentwicklung sind erfüllt, und es besteht ein vollständiges oder fast vollständiges Fehlen der altersgemäßen Fähigkeit, funktionale Sprache (gesprochen oder gebärdet) für instrumentelle Zwecke zu verwenden. Die gleichzeitig auftretende Störung der Intelligenzentwicklung sollte separat klassifiziert werden, wobei die entsprechende Kategorie zur Bezeichnung des Schweregrades verwendet wird (d. h. leicht, mittel, schwer, tiefgreifend, vorläufig).

Merke

Im aktuell noch gültigen Klassifikationssystem ICD-10 werden unter den Tiefgreifenden Entwicklungsstörungen v. a. der frühkindliche Autismus (F84.0) und das Asperger-Syndrom (F84.5) beschrieben. In den neuen Klassifikationssystemen sind diese Begrifflichkeiten nicht mehr enthalten. Zukünftig werden im ICD-11 (in Anlehnung an das DSM-5) Autismus-Spektrum-Störungen bei den neuronalen Entwicklungsstörungen klassifiziert. Durch Berücksichtigung von Intelligenz-, und Sprachentwicklung wird dem individuellen Schweregrad der Beeinträchtigung perspektivisch differenzierter Rechnung getragen.

1.3.4 Multiaxiale Klassifikation für psychische Störungen des Kindes- und Jugendalters (MAS)

Die Komplexität und individuelle Ausprägung des autistischen Erscheinungsbilds erfordern eine ausführliche Dokumentation des Störungsbilds und der begleitenden Symptomatik. Hier empfiehlt sich unbedingt die Klassifikation mit dem Multiaxialen Klassifikationsschema für psychische Störungen des Kindes- und Jugendalters (MAS; Remschmidt et al., 2017). Das MAS ist eine empirisch erarbeitete Weiterentwicklung der ICD-Kodierungen und enthält auf sechs Achsen zu kodierende Inhalte, die teilweise auch für Autismus-Diagnosen im Rahmen der ICD-11 Kodierungen notwendig werden. Die detaillierte Achsenkodierung dient einerseits zur diagnostischen Einschätzung der Schwere der Symptomatik und der Erfassung psychischer und körperlicher Komorbiditäten. Andererseits kann diese Klassifizierung auch sehr hilfreich in der Therapieplanung und Evaluation sein. Kodiert werden

I. psychische Störungen (entsprechend des aktuell gültigen ICD-Systems),
II. umschriebene Entwicklungsstörungen,
III. Intelligenzniveau,
IV. körperliche Symptomatik,
V. assoziierte psychosoziale Umstände,
VI. Globalbeurteilung des psychosozialen Funktionsniveaus.

Diese systematische Dokumentation enthält somit relevante Kodierungen zur aktuellen persönlichen Situation und den individuellen Schwierigkeiten inklusive biologischer, psychosozialer und kognitiver Faktoren, die auch ätiologisch eine relevante Rolle spielen könnten.

1.3.5 Internationale Klassifikation der Funktionsfähigkeit, Behinderung und Gesundheit (ICF)

Die ICF (Internationale Klassifikation der Funktionsfähigkeit, Behinderung und Gesundheit, Hollenweger et al., 2022) ist ein von der WHO entwickeltes Klassifikationssystem, das die gesundheitliche Funktionsfähigkeit eines Menschen im Kontext seiner Umwelt und persönlichen Lebenssituation, unabhängig von einer spezifischen Diagnose beschreibt. Im Zusammenhang mit Autismus wird die ICF genutzt, um ganzheitlich zu erfassen, wie sich die Diagnose auf verschiedene Lebensbereiche auswirkt und soll so einen ganzheitlichen Blick auf die Lebenssituation und Teilhabe ermöglichen. Dabei geht es nicht vorwiegend um medizinische Symptome, sondern eher, im Sinne eines sozialen Modells, auch um die individuellen Fähigkeiten und die Berücksichtigung des spezifischen Lebenskontexts und der jeweiligen Lebensbedingungen. Es sollen individuelle Stärken und Schwächen erfasst werden, wobei sich die ICF in folgende Bereiche gliedert: Körperfunktionen, Körperstrukturen, Aktivitäten, Partizipation (Teilhabe), Umweltfaktoren und personenbezogene Faktoren. Sie ist eine wichtige Grundlage, um den individuellen Unterstützungsbedarf zu beurteilen und entsprechende Leistungen zu planen. Aufgrund des Umfangs des Instruments wurden autismusspezifische »Core Sets« entwickelt, in denen für Autismus relevante Items herausgearbeitet wurden (Bölte et al., 2024). Sie wird oft durch gesetzliche Rahmenwerke, wie das Bundesteilhabegesetz oder das SGB (▶ Kap. 8 Rechtliches), gefordert, um Leistungen zu planen und zu dokumentieren, z.B. in der Eingliederungshilfe, Frühförderung und Schule, Rehabilitation und Pflege.

> **Definition: Hochfunktionaler Autismus**
>
> Hochfunktionaler Autismus (engl. high-functioning autism, HFA) bezeichnet eine Form des Autismus-Spektrums, bei der die Person ein durchschnittliches oder überdurchschnittliches Intelligenzniveau aufweist und keine Sprachentwicklungsstörung besteht. Dieser Begriff ist nicht in den medizinischen Diagnosesystemen definiert. An der Verwendung der Begrifflichkeit wird kritisiert, dass eine funktionale Einteilung aufgrund von IQ-Werten nicht der Vielfalt des Spektrums gerecht wird und auch Menschen, die als »hochfunktional« gelten erhebliche Schwierigkeiten im Alltag haben können.

1.4 Überprüfung der Lernziele

- Gibt es »das typische« Erscheinungsbild von Autismus?
- Welche Herausforderungen sehen Sie in der Diagnostik von autistischen Störungsbildern?
- Warum wird Autismus den Entwicklungsstörungen zugeordnet?
- Wie werden der frühkindliche Autismus und das Asperger-Syndrom voneinander abgegrenzt? Welches Klassifikationssystem ist hierfür die aktuelle Grundlage?
- Was sind grundlegende Unterschiede bei der Klassifikation von Autismus-Störungen nach dem ICD-10 und bei der neuen Klassifikation nach DSM-5 und ICD-11?

2 Epidemiologie, Verlauf und Folgen

Fallbeispiel

Davids Eltern berichten, im Vorschulalter sei zum ersten Mal aufgefallen, dass ihr Sohn sich »anders« als andere Kinder verhalte. Im letzten Kindergartenjahr begannen die Kinder aus seiner Gruppe zunehmend gemeinsam Verstecken oder Rollenspiele zu spielen. David spielte nie mit und beschäftigte sich die meiste Zeit allein. Wenn Kinder ihm zu nahekamen oder auch wenn die Erzieherinnen versuchten, ihn in seiner gegenwärtigen Beschäftigung zu unterbrechen, z. B. weil gemeinsam gegessen werden sollte, reagierte er gestresst, wurde wütend und teilweise aggressiv. Seine starke Erregung in solchen Situationen versuchte er mit Stimming zu reduzieren, in seinem Fall durch das Eindrehen immer derselben Haarsträhne um seinen Finger. Mit der Zeit wurde die entsprechende Kopfstelle kahl. Durch dieses nach außen bizarr wirkende Verhalten fanden ihn die anderen Kinder noch »seltsamer« und ließen ihn das auch spüren. Angestoßen durch die Beobachtungen der Gruppenleitung meldet sich die Familie in der Autismus-Sprechstunde der örtlichen Hochschulambulanz an. Am Ende der Kindergartenzeit erhielt David seine Autismus-Diagnose. In der Grundschule wurde die Situation noch anstrengender für ihn, da die Regeln und Abläufe strikter und starrer als im Kindergarten waren. Kognitiv und sprachlich konnte er aber mit dem Stoff mithalten und schrieb gute bis sehr gute Noten. In der 5. Klasse eskalierte die Situation jedoch nach dem Wechsel aufs Gymnasium. Die schulischen Anforderungen stiegen sprunghaft an. Gleichzeitig war alles neu und ungewohnt für ihn und er kannte niemanden aus seiner Klasse. Auch war die Klasse deutlich größer als in der Grundschule und die herrschende Unruhe verhinderte, dass David sich ausreichend auf den Unterricht konzentrieren konnte. Seine Noten verschlechterten sich drastisch. Aufgaben, die er alleine in Ruhe bearbeiten konnte, löste er nach wie vor sehr gut. Nach einem Wechsel auf ein kleineres Gymnasium mit Vorerfahrung mit autistischen Schülerinnen und großem Einsatz seiner Eltern, eine Schulbegleitung und entsprechende Nachteilsausgleiche für David zu bekommen, wurde der Schulalltag zunehmend weniger belastend für ihn und auch seine Noten verbesserten sich wieder. Er schloss sein Abitur mit einem sehr guten Notendurchschnitt ab und studiert aktuell Geschichte mit dem Schwerpunkt römische Rechtsgeschichte, seinem Spezialinteresse.

> **Lernziele**
>
> - Sie wissen, wie häufig Autismus in der Allgemeinbevölkerung ist.
> - Sie können Gründe nennen, die den über die letzten Jahrzehnte beobachteten Anstieg der Häufigkeit von Autismus möglicherweise erklären.
> - Sie wissen über Geschlechtsunterschiede bei Autismus Bescheid.
> - Sie können den Verlauf der Ausprägung autistischer Symptomatik über die Lebensspanne skizzieren.
> - Sie können Faktoren benennen, die einen Einfluss auf die Entwicklung autistischer Menschen haben können.
> - Sie können Alltagsherausforderungen für autistische Kinder, Jugendliche und ihre Eltern beschreiben.

2.1 Epidemiologie

Wie weit verbreitet ist Autismus? Die Antwort auf diese Frage hat weitreichende gesundheits-, gesellschafts- und wirtschaftspolitische Folgen. Abhängig davon, wie viele autistische Kinder und Jugendliche in Deutschland leben, kann beurteilt werden, ob z. B. Versorgungsstrukturen des Gesundheitssystems ausreichend sind oder das Schulsystem ausreichend passende Unterstützungsangebote bietet. Später im Erwachsenenalter haben viele, auch beruflich hochqualifizierte, Menschen mit Autismus Schwierigkeiten auf dem Arbeitsmarkt (Frank et al., 2018), was nur einen Bereich der wirtschaftlichen Auswirkungen von Autismus illustriert. Umso überraschender ist es, dass für Deutschland bisher keine umfassende Studie zur Schätzung der Prävalenz von Autismus vorliegt.

Internationale Studien zeigen, dass Autismus kein seltenes Phänomen ist. Eine Übersichtsarbeit, die weltweit durchgeführte Prävalenzstudien seit dem Jahr 2012 zusammenfasst, berichtete im Median eine Häufigkeit von 1 %. Das bedeutet, dass weltweit aktuell ungefähr eines von 100 Kindern mit einer Autismus-Spektrum-Störung diagnostiziert wird (Roman-Urrestarazu et al., 2021; Zeidan et al., 2022). Da immer mehr Studien, auch aus nicht-westlichen Ländern, vorliegen, kann festgestellt werden, dass Autismus weltweit bei Personen mit unterschiedlichem ethnischem Hintergrund oder sozioökonomischem Status auftritt. Jungen und Männer bekommen 3–4-mal häufiger eine Autismus-Diagnose als Mädchen und Frauen (Loomes et al., 2017). Zwischen 30 und 50 % aller Personen mit der Diagnose Autismus-Spektrum-Störung haben eine Intelligenzminderung.

Vergleicht man die neuesten Studien mit denen vorheriger Jahrzehnte, ist ein Anstieg der Häufigkeit von Autismus zu beobachten. Die gestiegene Prävalenz bedeutet jedoch sehr wahrscheinlich nicht, dass es mehr autistische Menschen als früher in der Bevölkerung gibt. Es werden eine Reihe von Gründen zur Erklärung dieser Veränderung angenommen. Erstens, die diagnostischen Kriterien wurden über die letzten Überarbeitungen diagnostischer Manuale zunehmend weiter gefasst, so dass die Diagnose für mehr Menschen als früher zutreffend ist. Gleichzeitig stieg das Bewusstsein über und damit die Sensibilität zum Erkennen von Autismus über die letzten Jahrzehnte sowohl in der Allgemeinbevölkerung als auch bei relevanten Berufsgruppen. So wissen heute zum Beispiel Kinderärztinnen besser als früher über Autismus Bescheid und ziehen diese Diagnose bei sozio-emotionalen Entwicklungsauffälligkeiten eher in Betracht. Während früher das Thema Autismus kaum von breitem Interesse war, gibt es mittlerweile eine Vielzahl von Zeitungsberichten, Büchern, Filmen und Serien über Autismus. Drittens scheint Autismus auch zunehmend bei Personen erkannt zu werden, die früher durch das diagnostische Raster gefallen sind. So bekommen immer mehr Personen mitunter spät im Erwachsenenalter eine Autismus-Diagnose, oft als Folge des Ergebnisses des diagnostischen Prozesses ihrer eigenen Kinder. Vermutlich aufgrund eines männlich geprägten stereotypen Erscheinungsbilds von Autismus wurden in der Vergangenheit zu wenig Mädchen und Frauen diagnostiziert (Bargiela et al., 2016). Eine Situation, die sich langsam ändert, so dass immer mehr Mädchen und Frauen eine Autismus-Diagnose erhalten, was sich in einem mittlerweile zunehmend weniger stark ausgeprägten Geschlechtsunterschied in der Häufigkeit der Diagnose niederschlägt.

Forschung: Geschlechtsunterschiede in der Autismus-Diagnostik

Autismus-Spektrum-Störung wird häufiger bei Jungen und Männern als bei Mädchen und Frauen diagnostiziert. Es gibt Hinweise darauf, dass Autismus bei Mädchen und Frauen (v. a. bei jenen ohne intellektuelle Beeinträchtigung) oft nicht erkannt wird, was daran liegen kann, dass die Diagnosekriterien an Jungen und Männern orientiert sind, weshalb viele Diagnoseinstrumente vermutlich nicht gut geeignet sind, um Autismus bei Frauen zu diagnostizieren. Erste Studien zum Erscheinungsbild von Autismus bei Frauen zeigen, dass autistische Frauen ohne kognitive Beeinträchtigung und mit guten verbalen Fähigkeiten mehr Sozialkontakt und weniger stereotypes Verhalten aufweisen, dennoch aber eine autistische Kernsymptomatik zeigen (Head et al., 2014; Horwitz et al., 2023). Darüber hinaus gibt es Hinweise darauf, dass Frauen eher als Männer autistische Verhaltensweisen im Alltag verbergen und sogenanntes »Camouflaging« betreiben. Um einen Geschlechtsbias in der Autismus-Diagnostik nachzuweisen, erhoben Breddemann et al. (2023) in einer Stichprobe von 659 in Bayern lebenden Autisten und Autistinnen das Alter, in dem sie ihre Autismus-Diagnose erhielten und die Anzahl an vorherigen Fehldiagnosen. Es zeigte sich ein deutlicher Geschlechtsunterschied. Während männliche Studienteilnehmer ihre Diagnose im Mittel mit 14 Jahren bekamen, erhielten Frauen ihre Diagnose im Mittel erst im Alter von 23 Jahren (das im Vergleich zu anderen Studien insgesamt höhere mittlere Diagnosealter ist vermutlich ein Selektionseffekt der Stichprobe). Auch erhielten Frauen mit höherer Wahrscheinlichkeit mindestens eine Fehldiagnose. Bedenkt man, dass erst eine Diagnose Zugang zu adäquater

> Gesundheitsversorgung und sozialrechtlichem Anspruch auf Unterstützung eröffnet, werden die weitreichenden individuellen Folgen für autistische Frauen deutlich. Die Studie von Breddemann et al. (2023) stützt die Befunde internationaler Studien, dass Autismus bei Frauen stärker verbreitet ist als bisher angenommen. Gleichzeitig weist sie auf einen großen Optimierungsbedarf in der geschlechtssensitiven Diagnostik von Autismus-Spektrum-Störungen hin.

2.2 Verlauf

Der Entwicklungsverlauf von Autistinnen und Autisten über die Lebensspanne variiert, so wie sich auch die Erscheinungsformen von Autismus unterschiedlich stark zwischen einzelnen Personen darstellen. Grundsätzlich ist man ein Leben lang autistisch, das Ausmaß autistischen Erlebens und Verhaltens kann sich jedoch mit dem Älterwerden verändern. Auch die Entwicklung der Lebenssituation ist stark heterogen. Einige autistische Menschen leben ein (nahezu) uneingeschränktes soziales Leben, besuchen erfolgreich die Regelschule und arbeiten später auf dem ersten Arbeitsmarkt. Andere sind ein Leben lang auf Hilfe in allen Lebensbereichen angewiesen und bei wieder anderen verschlechtert sich das soziale und/oder berufliche Funktionsniveau.

Eine Übersichtsstudie zeigt einen (hinreichend) positiven Entwicklungsverlauf (in der Studie festgelegt als unbeeinträchtigtes Sozialleben und zufriedenstellendes Funktionsniveau in Ausbildung oder Beruf, bzw. leichte Beeinträchtigungen) über die Lebensspanne bei etwa der Hälfte der untersuchten Autistinnen und Autisten (Steinhausen et al., 2016). Wie auch schon in früheren Studien wurden besonders viele, in Bezug auf Symptomatik und Funktionsniveau, stabile bzw. ungünstige Entwicklungsverläufe bei autistischen Kindern mit geringen intellektuellen und sprachlichen Fähigkeiten beobachtet. Insgesamt kann die große Heterogenität in der Entwicklung autistischer Menschen bisher nicht ausreichend erklärt werden. Es gibt Studien, die unterschiedliche Entwicklungsverläufe in den einzelnen Symptombereichen Kommunikation, Interaktion und repetitives und restriktives Verhalten feststellten, die Studienlage ist bisher insgesamt noch zu uneindeutig, um haltbare Aussagen treffen zu können (Magiati et al., 2014).

Wir wissen also insgesamt noch zu wenig, um individuelle Entwicklungsverläufe ausreichend genau vorhersagen zu können. Dennoch lassen sich Faktoren ausmachen, die einen Einfluss auf die Entwicklung autistischer Menschen haben. Bedeutsam für die Entwicklung sind neben der Sprachfähigkeit und dem Intelligenzniveau die Ausprägung der autistischen Kernsymptomatik und das Ausmaß der Belastung durch komorbide körperliche und psychische Störungen (Howlin et al., 2004; Levy & Perry, 2011). Auch weiß man, dass gesellschaftlich determinierte Übergangsphasen, wie z.B. der Übergang vom Kindergarten in die Schule, oder von der Ausbildung ins Erwerbsleben, eine besondere Herausforderung für autistische Menschen darstellen (Anderson et al., 2018). Welchen Einfluss autismusspezifische therapeutische Interventionen auf die Entwicklung einer autistischen Symptomatik haben, wurde vor allem bei Angeboten für Kinder untersucht (▶ Kap. 7). Hier liegen positive Effekte z. B. im Sinne einer Reduktion der autistischen Symptomatik sowie eine Verbesserung der gesprochenen Sprache vor (Hampton & Kaiser, 2016; Sandbank et al., 2020). Für Erwachsene ist die Befundlage dünner, es gibt jedoch Hinweise auf positive Effekte von sozialen Kompetenztrainings (Dubreucq et al., 2022). Darüber hinaus ist eine erfolgreiche psychotherapeutische Behandlung komorbider psychischer Störungen entscheidend für eine positive Beeinflussung individueller Entwicklungsverläufe.

2.2.1 Frühe Kindheit bis Grundschulalter

Bei vielen Kindern zeigen sich erste Hinweise auf Autismus im zweiten Lebensjahr, bei manchen schon innerhalb der ersten zwölf Monate (Barbaro & Dissanayake, 2009), vor allem in der sozialen Entwicklung und Kommunikation. So ist zu beobachten, dass Kleinkinder, die später eine Autismus-Diagnose erhalten, dazu neigen, wenig mit anderen zu interagieren (z. B. Nichtreagieren, wenn man ihren Namen ruft oder ein verringerter direkter Blickkontakt). Ebenfalls berichten Eltern, dass ihr Kind wenig mit ihnen spricht, in der Kommunikation inadäquate Gesichtsausdrücke zeigt und es selten Situationen geteilter Aufmerksamkeit (Joint Attention) gibt. Autistische Kleinkinder neigen dazu, seltener auf Objekte zu zeigen, um die Aufmerksamkeit der Eltern darauf zu lenken oder reagieren seltener auf Zeigebewegungen der Eltern. Weitere Problembereiche, die zwar weniger eindeutig auf Autismus hinweisen, aber bei vielen autistischen Kleinkindern zu beobachten sind, sind Ein- und Durchschlafschwierigkeiten (Cohen et al., 2014), Auffälligkeiten bei der Nahrungsaufnahme, wie z. B. Schwierigkeiten beim Stillen oder selektives Essverhalten (Vasilakis et al., 2022) und weitere gesundheitliche Probleme, z. B. mit der Verdauung (Dawson et al., 2023).

Bei vielen Kindern wird die autistische Kernsymptomatik im Kindergarten und Vorschulalter besonders auffällig. Dies hängt auch damit zusammen, dass sie in diesem Alter vermehrt mit Kindern und Erwachsenen außerhalb ihrer Familie in Kontakt kommen. Durch die Interaktion und den Vergleich mit Gleichaltrigen werden Unterschiede im Verhalten besonders sichtbar. Viele Kinder mit deutlichen Auffälligkeiten erhalten ihre Autismus-Diagnose im Kindergartenalter (Salomone et al., 2016). Bei Kindern ohne intellektuelle und sprachliche Beeinträchtigung wird die Diagnose meist später im Grundschulalter gestellt, da diese weniger auffällig erscheinen (Mandell et al., 2005).

> **Forschung: Veränderungen in der visuellen Aufmerksamkeit für Gesichter als Frühzeichen für Autismus**
>
> Nicht-autistische Kinder zeigen von Geburt an ein besonderes Interesse für soziale Reize, besonders für Gesichter und die Augenpartie. Bei autistischen Kindern ist diese visuelle Aufmerksamkeit auf zentrale Quellen sozialer Information

weniger ausgeprägt. In einer prospektiven Längsschnittstudie untersuchten Jones und Klin (2013) in einer Gruppe von Babys mit einem autistischen Geschwisterkind (eine sogenannte »high-risk«-Gruppe) und einer Gruppe von Babys ohne autistischen Geschwisterkind, ab wann dieser Unterschied festzustellen ist. In dieser Art von Studie untersucht man Kinder, bevor eine Diagnose gestellt werden kann, um Frühzeichen für Autismus identifizieren zu können. Obwohl beide Gruppen zu Beginn die Augenregion im selben Ausmaß betrachteten, zeigten Babys, die später eine Autismus-Diagnose erhielten, bereits im Alter von zwei bis sechs Monaten eine abnehmende visuelle Aufmerksamkeit für die Augenpartie einer anderen Person. Dieser Rückgang war bei Babys, die später keine Autismus-Diagnose erhielten, nicht zu beobachten. Aus diesen Ergebnissen wird geschlossen, dass frühe – aber nicht angeborene – Unterschiede in der sozialen Informationsverarbeitung dazu führen, dass autistische Kinder weniger Lernerfahrungen mit der Verarbeitung sozialer Reize sammeln, was früh abweichende Entwicklungsverläufe noch zusätzlich verstärkt.

2.2.2 Späte Kindheit bis Adoleszenz

Nach dem Grundschul-, bis ins junge Erwachsenenalter verbessern sich Kompetenzen zur Alltagsbewältigung bei vielen autistischen Kindern und sie lernen ihr Verhalten an die nicht-autistische Umwelt anzupassen, was dazu führt, dass einige nicht mehr die formalen diagnostischen Kriterien einer Autismus-Spektrum-Störung erfüllen (Fein et al., 2013). Ungefähr die Hälfte autistischer Kinder zeigte in einer Studie von Eaves und Ho (2008) im mittleren Alter von 24 Jahren ein hohes Maß an Selbstständigkeit, sie pflegten Freundschaften und waren berufstätig.

Eine Längsschnittstudie, in der die Entwicklung des Intelligenzquotienten und die Ausprägung einer autistischen Symptomatik von 158 autistischen Kindern mit 12, 16 und 23 Jahren untersucht wurden, zeigte einen kontinuierlichen Zugewinn an kognitiver Leistungsfähigkeit (Simonoff et al., 2020). Interessanterweise wurde in dieser Studie im Gegensatz zu früheren keine Abnahme der autistischen Symptomatik beobachtet. Im Unterschied zu früheren Studien wurde zur Messung der autistischen Symptomatik kein diagnostisches Interview durch klinisches Fachpersonal mit den Jugendlichen durchgeführt, sondern die Einschätzung der Eltern herangezogen.

Definition: Camouflaging

Camouflaging bezeichnet eine Reihe von Verhaltensweisen, die Autistinnen und Autisten im Laufe ihres Lebens lernen und nutzen, um sich an ihre nicht-autistische Umwelt anzupassen. Dieses Verhaltensrepertoire kann in die zwei Bereiche »Maskieren« (masking) und Kompensation eingeteilt werden (Hull et al., 2017). Maskieren bedeutet, dass man Verhaltensweisen, die von der Umwelt als »seltsam« beurteilt werden (z. B. bestimmte repetitive Verhaltensmuster) aktiv unterdrückt. Kompensation bedeutet, dass man sich nicht-autistische Verhaltensweisen aneignet, um sich sozialen Regeln entsprechend in Interaktionen zu verhalten. Auch dies wird eingesetzt, weil das Gegenüber es erwartet, nicht aber weil man es selbst möchte oder spontan tun würde. Beispiele hierfür sind der Gesprächspartnerin in die Augen zu schauen, oder zum Gesprächsinhalt passende emotionale Gesichtsausdrücke zu zeigen. Viele Autistinnen und Autisten berichten, Camouflaging im klassischen Smalltalk einzusetzen. Bei zunehmender Vertrautheit mit einer Person trauen sich viele, dieses Sich-Verstellen nach und nach abzulegen.

Der Befund, dass Eltern, nicht aber eine fremde Person, eine autistische Symptomatik berichten, weist auf das erst in den letzten Jahren intensiver erforschte Phänomen des »Camouflaging« hin (Ross et al., 2023). Es ist also möglich, dass autistische Jugendliche nach außen hin »weniger autistisch« erscheinen, weil sie gelernt haben sich so anzupassen bzw. zu verstellen, dass sie in ihrer nicht-autistischen Umwelt weniger, bis hin zu gar nicht mehr, auffallen. Es ist wichtig zu betonen, dass viele autistische Menschen dieses Maskieren und Kompensieren als sehr anstrengend beschreiben (Hull et al., 2017) und sie eine Umwelt, in der sie sich so zeigen könnten, wie sie sind, bevorzugen würden. Aktuelle Studien zeigen einen Zusammenhang zwischen der Ausprägung des Camouflaging und einer internalisierenden Symptomatik wie Depressivität, Ängstlichkeit und somatischen Beschwerden bei Jugendlichen und Erwachsenen (Ross et al., 2023).

Bericht einer Erfahrungsexpertin: Maskieren

Für meine autistische Tochter ist das Maskieren, besonders in der Schule, eine enorme geistige und emotionale Anstrengung. Es führt fast täglich zu Erschöpfung, Angst und dem Gefühl, den Anforderungen nicht mehr gerecht werden zu können. In der »Außenwelt« verbirgt sie oft ihre wahre Identität und bemüht sich ständig, den Erwartungen anderer zu entsprechen. Dies hat schleichend, aber spürbar, ihr Selbstwertgefühl beeinträchtigt und zu erheblichen emotionalen Belastungen geführt. Meine Tochter spricht oft von einem »inneren Unfrieden«, weil ihre äußere Darstellung nicht mit ihrem inneren Erleben übereinstimmt. Sie sagt, dass sie nach außen lächelt, aber im Inneren fühlt sie sich gefangen von einer Last aus Stress, Sorgen, Problemen und Ängsten, die sie kaum bewältigen kann. Das Maskieren wird häufig erst sichtbar, wenn sie sich in einer weniger kontrollierten Umgebung befindet, wie zu Hause, oder wenn ihre Energie vollständig aufgebraucht ist. Ein größeres Bewusstsein für diese Herausforderung und ein respektvoller Umgang mit autistischen Menschen können dazu beitragen, das Maskieren zu reduzieren und authentische Begegnungen zu fördern.

Marina Röhrig mit Tochter Sophia, 11 Jahre, Autismus-Spektrum-Störung

2.2.3 Erwachsenenalter

Etwa die Hälfte erwachsener autistischer Menschen lebt ein weitgehend selbstständiges Leben, pflegt soziale Beziehungen (Partner- und Freundschaften) und hat einen Beruf, wobei in diesem Zusammenhang erneut auf die große Heterogenität individueller Entwicklungsverläufe hinzuweisen ist (Steinhausen et al., 2016). Wie bei nicht-autistischen Erwachsenen hängen das individuelle Wohlbefinden und die Lebenszufriedenheit von der Erfüllung der Bedürfnisse in diesen Bereichen ab.

Autistische Menschen haben ein Bedürfnis nach sozialen Kontakten und leiden unter Einsamkeit, wenn es an sozialem Austausch und Beziehungen mangelt (Locke et al., 2010). Die Qualität von Freundschaften und das Ausmaß sozialer Teilhabe sind wichtige Prädiktoren für die Lebensqualität (DaWalt et al., 2019). Studien zeigen zudem, dass viele autistische Erwachsene mit Herausforderungen in ihrem beruflichen Leben konfrontiert sind. Eine Studie über Ausbildung und Arbeit im Raum Freiburg lieferte Hinweise auf erhöhte Arbeitslosigkeit, Frühverrentung aus gesundheitlichen Gründen sowie Überqualifikation bei bestehenden Arbeitsverhältnissen (Frank et al., 2018). Ein häufiger Grund für Schwierigkeiten im Beruf scheint die geringe Passung zwischen Bedürfnissen autistischer Arbeitnehmerinnen und -nehmer und den Bedingungen des Arbeitsplatzes zu sein. Ein Glücksfall kann sein, wenn man einen Beruf findet, der sich mit einem möglicherweise vorhandenen Spezialinteresse deckt. Dann wird die Arbeit nicht nur als besonders intrinsisch motivierend empfunden, sondern die Person wird mit hoher Wahrscheinlichkeit auch eine sehr große Expertise in diesem Bereich haben und dadurch wertvolle Arbeit leisten können.

> **Bericht eines Erfahrungsexperten: Schule und Beruf**
>
> Grundsätzlich denke ich gerne an meine Schulzeit zurück, auch wenn es hin und wieder Herausforderungen mit Lehrerinnen und Lehrern oder Mitschülerinnen und Mitschülern gab. Besonders in der Oberstufe wurden mir Anpassungen ermöglicht, die meine Situation deutlich erleichterten. Zum Beispiel durfte ich Schularbeiten in einem separaten Raum schreiben, was mir half, mich besser zu konzentrieren. Diese Unterstützung hatte einen positiven Einfluss auf meine Leistungen und meinen Umgang mit schulischen Anforderungen. Der Übergang von der Schule zur Universität war deutlich schwieriger. Die klaren Strukturen der Schule wurden durch die Eigenverantwortlichkeit und die unruhige Atmosphäre großer Hörsäle ersetzt. Geräusche, Bewegung und ständiges Kommen und Gehen führen oft zu Reizüberflutung, was mich daran hindert, mich ausreichend zu konzentrieren. Für mich ist es hilfreich, dass Vorlesungen aufgezeichnet werden, sodass ich sie in einem reizärmeren Umfeld nacharbeiten kann. Auch bei Prüfungen helfen Anpassungen, wie das Schreiben in einem separaten Raum oder das Umwandeln mündlicher Prüfungen in schriftliche, meine Leistungen zu verbessern. Solche Maßnahmen sollten Standard werden, um die Universität inklusiver zu gestalten. In meinen bisherigen Praktika als Lehramtsstudent merkte ich, dass ich zwar Freude am Unterrichten hatte, es aber

> dennoch anstrengend war mit Reizen wie Lärm und Bewegungen umzugehen. Dennoch denke ich, dass Menschen mit Autismus gute Lehrerinnen und Lehrer sein können, wenn das Umfeld entsprechend angepasst ist. Rückzugsräume und Verständnis im Kollegium sind essenziell, um eine inklusive Arbeitsumgebung zu schaffen. Offenheit über Autismus kann zudem Vorurteile abbauen und das Verständnis bei Schülerinnen und Schülern fördern.
>
> Felix Zych, 20, Asperger-Syndrom

Auch die Erfüllung der Bedürfnisse in der Freizeitgestaltung hat Auswirkungen auf das Wohlbefinden autistischer Erwachsener. Eine Studie zeigte, dass autistische und nicht-autistische Erwachsene ihre Freizeit etwa gleich häufig allein verbrachten, dass nicht-autistische Erwachsene aber zusätzlich mehr gemeinsam mit Freundinnen unternahmen (Stacey et al., 2019). Insgesamt waren autistische Erwachsene weniger zufrieden mit ihrer Freizeitgestaltung als »nicht-autistische« Erwachsene. Die Forschung zeigt, dass eine bessere Unterstützung in diesen Lebensbereichen zu einer Steigerung der Lebensqualität führen kann (Schmidt et al., 2015).

Über Autismus in höherem Alter ist noch sehr wenig bekannt. Da jedoch erwachsene Autistinnen und Autisten größere gesundheitliche Probleme als nicht-autistische Erwachsene hinsichtlich aller psychischen Störungen und fast aller körperlicher Erkrankungen (darunter Autoimmunerkrankungen, Schlaganfall, Herzinfarkt, Diabetes oder Bluthochdruck) haben (Croen et al., 2015) ist davon auszugehen, dass gesundheitliche Schwierigkeiten das Leben vieler älterer autistischer Menschen besonders prägen. In einer Studie zur Entwicklung kognitiver Fertigkeiten über die Lebensspanne wurde erstens beobachtet, dass Autistinnen und Autisten in manchen Bereichen, wie z. B. dem visuellen Kurzzeitgedächtnis, besser abschnitten als die Vergleichsstichprobe und zweitens zeigten sie einen vergleichbaren und in manchen Bereichen sogar reduzierten Verfall kognitiver Leistungsfähigkeit im Alter (Lever & Geurts, 2016).

2.2.4 Mortalität

Autistische Menschen sterben früher als nicht-autistische. In einer großen schwedischen Studie zeigte sich eine höhere Mortalität in Zusammenhang mit allen untersuchten Todesursachen, darunter körperliche Erkrankungen, psychischen Störungen sowie äußeren Ursachen (Hirvikoski et al., 2016). Das Risiko früh zu sterben war besonders hoch bei autistischen Frauen mit starker kognitiver Beeinträchtigung. Besonders dramatisch ist die insgesamt hohe Suizidrate bei Autismus. Das Risiko einen Suizid zu begehen ist bei autistischen Menschen 7–8-mal höher als in der Allgemeinbevölkerung. Es ist besonders hoch bei Autistinnen und Autisten ohne kognitive Beeinträchtigung. Eine Übersichtsarbeit, die Ergebnisse aus mehreren Ländern zusammenfasste, berichtete, dass Suizidalität bei autistischen Jugendlichen nicht nur höher als bei nicht-autistischen Gleichaltrigen, sondern auch höher als bei autistischen Erwachsenen war (O'Halloran et al., 2022; Vu et al., 2024). Eine von vier autistischen Personen unter einem Alter von 25 Jahren berichtete

Suizidgedanken, fast eine von zehn berichtete von mindestens einem Selbsttötungsversuch.

Die erhöhte Mortalität bei Autismus kann mehrere Gründe haben. Laut Hirvikoski et al. (2016) könnte es eine generell höhere Vulnerabilität für körperliche und psychische Erkrankungen geben, aber auch ein zu geringes Bewusstsein im Gesundheitssystem für das Erkennen und die Behandlung komorbider Erkrankungen bei Autismus. Als eine Reaktion auf die alarmierenden Befunde muss Fachpersonal des Gesundheitssystems besser über Autismus aufgeklärt werden, um die Hürden für eine adäquate Gesundheitsversorgung von Autisten und Autistinnen zu reduzieren.

2.3 Folgen für autistische Kinder und Jugendliche und ihr soziales Umfeld

Autismus wird von den meisten autistischen Menschen als etwas beschrieben, was sie definiert, was also einen bedeutenden Anteil ihrer Persönlichkeit und ihres Selbstbilds ausmacht. Autismus hat demnach über die gesamte Lebensspanne Auswirkungen auf alle Lebensbereiche. Wie es ist, als Autistin oder Autist in einer nicht-autistischen Welt zu leben, ist von außen nur schwer nachvollziehbar. Manche beschreiben, es sei wie als Außerirdischer auf einem fremden Planeten zu sein. Vor allem soziale Regeln, die unseren Alltag prägen und Beziehungen gestalten, müssen von vielen wie eine Fremdsprache mühsam gelernt und geübt werden. Das gesamte Erleben, Denken und Handeln ist anders, sodass Alltägliches, was für nicht-autistische Menschen selbstverständlich ist, für viele autistische Menschen mit erheblichem kognitivem Mehraufwand und großer körperlicher Anstrengung verbunden ist. So können beispielsweise ein unvorhergesehenes Ereignis auf dem Schulweg, das Konzentrieren im Unterricht, oder ein scheinbar beiläufiger Smalltalk bereits eine persönliche Überforderung darstellen und mit großer Erschöpfung einhergehen.

Die psychosozialen Folgen sind groß. Die meisten Autistinnen und Autisten werden von klein auf als »andersartig« wahrgenommen, es entstehen vermehrt soziale Missverständnisse und sie erfahren dadurch oft Ablehnung durch ihr soziales Umfeld. Viele Kinder werden in der Schule Opfer von Mobbing (Cappadocia et al., 2012) und viele autistische Jugendliche fühlen sich ausgegrenzt und einsam (Locke et al., 2010). Aber auch als Erwachsene werden viele Autistinnen und Autisten als »seltsam« wahrgenommen und nicht-autistische Personen haben weniger Interesse daran, mit ihnen zu interagieren (Sasson et al., 2017). Darüber hinaus sorgen die für viele autistische Kinder und Jugendlichen nicht adäquaten Rahmenbedingungen von Schule, Ausbildung und Beruf für Schwierigkeiten in diesen Bereichen. Eine gelungene Inklusion und gegenseitiges Verständnis sind dann möglich, wenn eine Aufklärung des Umfelds über die spezifischen Besonderheiten in Wahrnehmung und Erleben stattfindet und Rahmenbedingungen an die individuellen Bedürfnisse angepasst werden.

Die Eltern bzw. Bezugspersonen autistischer Kinder sind je nach Ausprägung der autistischen Symptomatik ebenfalls stark belastet. Sie zeigen ein erhöhtes Stresserleben und eine geringere psychische Gesundheit (Hastings et al., 2005), auch im Vergleich zu Eltern von Kindern mit anderen Behinderungen. Die elterlichen Herausforderungen und Aufgaben unterscheiden sich individuell und auch in Abhängigkeit des Alters des Kindes. Kämpft man als Elternteil eines autistischen Kleinkindes z. B. mit Schlafmangel wegen Schlafproblemen des Kindes, versucht man später Wutausbrüche seines Grundschulkindes zu Co-regulieren oder adäquat auf pubertäre Veränderungen seines Kindes im Teenager-Alter zu reagieren. Auch Geschwister autistischer Kinder sind mehr belastet als Kinder ohne autistisches Geschwister (Hastings, 2003). Viele Eltern berichten, dass das Unterstützungsangebot und das Wissen über Autismus bei Personen, die beruflich mit ihrem Kind zu tun haben, nicht ausreichend ist. So müssen viele selbst die Lehrkräfte ihres Kindes über Autismus aufklären oder erreichen nur mit großem Aufwand die dem Kind rechtlich zustehenden Hilfen wie eine Schulbegleitung oder einen Nachteilsausgleich. Dies erfordert viel Zeit und Kraft und stellt eine zusätzliche Quelle der Belastung für Familien mit autistischen Kindern dar.

2.4 Überprüfung der Lernziele

- Wieviel Prozent der Allgemeinbevölkerung haben eine Autismus-Diagnose?
- Warum erhalten Mädchen und Frauen ihre Autismus-Diagnose oft später als Jungen und Männer?
- Was ist Camouflaging?
- Wie verändert sich autistische Symptomatik in der Adoleszenz?
- Wie werden viele autistische Kinder und Jugendliche von ihrem Umfeld wahrgenommen und welche Folgen hat dies?

3 Komorbidität und Differenzialdiagnosen

Fallbeispiel

Die Eltern des 10-jährigen Matteo stellen sich mit ihrem Sohn in der kinder- und jugendpsychotherapeutischen Ambulanz vor. Matteo hat Schwierigkeiten, seine Aufmerksamkeit aufrechtzuerhalten, zeigt impulsives Verhalten und hat Probleme, Regeln und Anweisungen einzuhalten. In der Schule fällt es ihm schwer, stillzusitzen und dem Unterricht zu folgen. Er wirkt oft abwesend, unterbricht die Lehrkraft und andere Kinder in der Klasse und hat Schwierigkeiten, seine Aufgaben zu beenden. Zudem fällt es Matteo schwer, mit anderen Kindern in Kontakt zu treten. Er vermeidet Blickkontakt, wirkt unsicher, wenn es darum geht, auf andere zuzugehen, und bleibt häufig allein. Wenn er mit anderen Kindern spricht, beschreiben diese ihn im Nachhinein als »irgendwie komisch«. Das liegt auch daran, dass er oft nur von europäischen Ritterrüstungen des 14. Jahrhunderts erzählt. Seine Eltern berichten, dass er sich mit diesem Thema intensiv, oft stundenlang, beschäftigt und sich darin sehr gut auskennt. Matteo zeigt repetitive Verhaltensmuster wie Handflattern und das wiederholte Sprechen bestimmter Worte oder Phrasen. Seine Eltern berichten, dass es ihm schwerfällt, seine Bedürfnisse und Wünsche verbal auszudrücken, und dass er oft Unbehagen bei Veränderungen im Alltag zeigt. Der Auftrag an die psychiatrische Praxis besteht in der diagnostischen Abklärung der Symptomatik. Die Eltern vermuten eine Aufmerksamkeitsdefizit-/Hyperaktivitätsstörung. Die mit der Testdiagnostik beauftragte Psychologin führt das DISYPS-III (Diagnostik-System für psychische Störungen nach ICD-10 und DSM-5 für Kinder und Jugendliche – III) als Fremdbeurteilungsverfahren mit den Eltern durch. Dabei ergeben sich Hinweise auf eine Aufmerksamkeitsdefizit-/Hyperaktivitätsstörung sowie auf eine Autismus-Spektrum-Störung. Der zusätzlich mit den Eltern durchgeführte FSK (Fragebogen zur sozialen Kommunikation) erhärtet den Verdacht auf eine Autismus-Spektrum-Störung.

Lernziele

- Sie können die häufigsten Komorbiditäten benennen und den Altersstufen zuordnen, für die sie charakteristisch sind.
- Sie kennen die häufigsten Differentialdiagnosen und können jeweils Gemeinsamkeiten und Unterschiede benennen.

- Sie können erklären, warum es bei Autismus-Spektrum-Störungen schwierig sein kann, komorbide psychische Störungen, Differenzialdiagnosen und autistische Kernsymptomatik voneinander zu unterscheiden.

3.1 Komorbidität

In der klinischen Praxis begegnet man nur selten autistischen Kindern und Jugendlichen, die keine komorbide körperliche Erkrankung oder psychische Störung haben. Komorbide Störungen müssen unbedingt abgeklärt und im Verlauf (mit) behandelt werden, da sie den langfristigen Verlauf und die Lebenszufriedenheit autistischer Menschen und ihrer Familien maßgeblich mit beeinflussen. Autistische Kinder und Jugendliche haben besonders häufig Komorbiditäten aus den Bereichen Entwicklungsstörungen, psychische Störungen, körperlich-neurologische Auffälligkeiten und funktionelle Probleme. Die folgende Tabelle (▶ Tab. 3.1) gibt eine Übersicht über die häufigsten komorbiden Störungen oder Krankheiten aus diesen vier Bereichen.

Definition: Komorbidität

Unter Komorbidität versteht man eine weitere, diagnostisch abgrenzbare körperliche Erkrankung oder psychische Störung, die zusätzlich zur Autismus-Spektrum-Störung vorliegt. Eine Person kann eine oder mehrere solcher Begleiterkrankungen haben.

Mehr als 70 % aller autistischen Kinder und Jugendlichen im Alter zwischen 6 und 18 Jahren haben zumindest eine weitere psychische Störung oder körperliche Erkrankung (Gjevik et al., 2011; Leyfer et al., 2006; Simonoff et al., 2008). Studien mit Fokus auf eine jüngere Altersgruppe zwischen 4,5 und 10 Jahren berichten sogar eine Prävalenz über 90 % für eine komorbide psychische Störung (Lundström et al., 2015; Salazar et al., 2015; Soke et al., 2018). Darüber hinaus haben viele Kinder und Jugendliche sogar zwei oder mehrere weitere Diagnosen neben der Autismus-Diagnose, wobei die Zahlen von Studie zu Studie variieren. Simonoff et al. (2008) berichten, dass 41 % der von ihnen untersuchten 10- bis 14-Jährigen zwei oder mehr komorbide Störungen aufwiesen. In einer großen schwedischen Studie hatten 51 % der untersuchten 9-Jährigen sogar vier oder mehr komorbide Störungen und bei lediglich 4 % lag keine weitere komorbide Störung vor (Lundström et al., 2015). In einer amerikanischen Studie hatten 4-jährige autistische Kinder im Mittel vier und 8-jährige Kinder im Mittel fünf komorbide körperliche Erkrankungen oder psychische Störungen (Soke et al., 2018).

Tab. 3.1: Übersicht über die häufigsten komorbiden Störungen oder Krankheiten (AWMF-Leitlinien 2016, S. 183)

Bereich	Komorbide Störung oder Krankheit
Entwicklungsstörungen	• Globale Entwicklungsverzögerungen oder Intelligenzminderung • Umschriebene Entwicklungsstörungen motorischer Funktionen • Lernstörungen • Sprachstörungen
Psychische oder Verhaltensprobleme und psychische Störungen	• Aufmerksamkeitsdefizit-/Hyperaktivitätsstörung (ADHS) • Angststörungen und Phobien • Affektive Störungen • Oppositionelles Verhalten • Tics oder Tourette-Syndrom • Zwangsstörungen • Selbstverletzendes Verhalten
Körperlich-neurologische Auffälligkeiten und Störungen	• Epilepsie und epileptische Enzephalopathie • Chromosomale Störungen • Genetische Auffälligkeiten, einschließlich Fragiles X-Syndrom • Tuberöse Sklerose • Muskuläre Dystrophie • Neurofibromatose
Funktionelle Probleme und Störungen	• Ernährungsprobleme, einschließlich restriktiver Diäten • Harninkontinenz oder Enuresis • Verstopfung, Darmprobleme, Stuhl-Inkontinenz oder Enkopresis • Schlafstörungen • Seh- oder Hör-Beeinträchtigungen

Neben Schwierigkeiten in der Kommunikation und Interaktion sowie eingeschränkten und repetitiven Verhaltensmustern, der Kernsymptomatik von Autismus (▶ Kap. 1), hat die Mehrheit autistischer Kinder, Jugendlicher und Erwachsener verschiedene weitere psychische Auffälligkeitsbereiche bzw. Schwierigkeiten, wie z. B. motorische Unruhe, Konzentrationsschwierigkeiten oder soziale Ängste. Das individuelle Erscheinungsbild von Autismus kann also Symptome enthalten, die üblicherweise als Teil einer anderen Störung betrachtet werden. Auf dieser Grundlage wurde z. B. im DSM-IV die Diagnose einer Aufmerksamkeitsdefizit-/Hyperaktivitätsstörung (ADHS) in Gegenwart einer Autismus-Diagnose ausgeschlossen. Im DSM-5 wurde dieses Ausschlusskriterium entfernt und ein agnostischer Ansatz für die Gründe der Überlappung gewählt, so dass die Diagnose einer komorbiden ADHS möglich wird. In der klinischen Praxis ist es mittlerweile, trotz noch geltender ICD-10 Klassifikation, ratsam, eine AD(H)S-Diagnose zusätzlich zu vergeben um den unterschiedlichen Symptomen entsprechend gerecht zu werden.

Die große Heterogenität der autistischen Symptomatik macht es besonders schwierig, komorbide psychische Störungen zu erkennen. Bei jedem beobachteten

Symptom muss die Frage gestellt werden, ob es zum Erscheinungsbild der Autismus-Spektrum-Störung gezählt werden kann, oder ob es einer zusätzlichen komorbiden Störung zuzuordnen ist. Erschwerend kommt hinzu, dass die Symptome komorbider Störungen bei manchen autistischen Menschen anders als bei nichtautistischen Menschen ausfallen können. So verändert z. B. ein eingeschränktes verbales Repertoire und/oder eine zusätzlich vorliegende Intelligenzminderung das Symptomprofil einer komorbiden Angststörung oder Depression (Matson & Nebel-Schwalm, 2007; Stewart et al., 2006). In einer Studie konnte gezeigt werden, dass die Verwendung eines diagnostischen Interviews, bei dem Symptomdefinitionen so angepasst wurden, dass sie besser der Ausprägung bei Autistinnen und Autisten entsprachen, dazu führte, dass weniger komorbide Störungen diagnostiziert wurden und die beobachtete Symptomatik eher zum Autismus gezählt wurde (Mazefsky et al., 2012).

Das Vorhandensein komorbider Störungen erhöht die Wahrscheinlichkeit ungünstiger Entwicklungsverläufe (Chiang & Gau, 2016; Helles et al., 2017), wie auch das Mortalitätsrisiko bei autistischen Menschen (Schendel et al., 2016). Es ist also von größter Bedeutung, komorbide Störungen möglichst früh zu erkennen. Immer mehr Forscherinnen und Klinikerinnen erkennen, wie komorbide Störungen dazu beitragen, Unterschiede zwischen autistischen Menschen zu erklären. Das Wissen über das Zusammenspiel von Autismus und vorhandenen Komorbiditäten hilft individuelle Entwicklungsverläufe besser zu prognostizieren und beeinflusst die Wahl personalisierter Interventionen (Hyman et al., 2020).

Good to know

Es ist nicht nur schwierig, Komorbiditäten bei Autismus zu diagnostizieren, komorbide Störungen erschweren auch die Autismus-Diagnostik. Dies kann zu einer Verzögerung des Erhalts der Autismus-Diagnose führen. Leader et al. (2022) berichten, dass Kinder mit einer körperlichen oder psychischen Störung ihre Autismus-Diagnose im Durchschnitt 13 Monate später erhielten als Kinder ohne komorbide Störung. Eine frühere Studie zeigte, dass autistische Kinder mit ADHS ihre Autismus-Diagnose im Mittel nach ihrem sechsten Geburtstag erhielten. Kinder ohne ADHS wurden im Durchschnitt mit zweieinhalb Jahren mit Autismus diagnostiziert (Stevens et al., 2016).

Über die Ursachen der hohen Komorbiditätsrate bei Autismus und möglicher Kausalzusammenhänge zwischen autistischer und komorbider psychischer Symptomatik ist bisher noch wenig bekannt. Eine aktuelle große längsschnittliche Studie untersuchte Komorbiditäten in einer Stichprobe von über 40.000 autistischen Kindern (Khachadourian et al., 2023). Autistische Kinder waren im Vergleich zu ihren nicht-autistischen Geschwistern einer erhöhten Anzahl prä- und postnataler Belastungen wie Gehirnblutungen, fetales Alkoholsyndrom, oder Infektionskrankheiten während der Schwangerschaft ausgesetzt. Es bestand ein Zusammenhang zwischen diesen Belastungsfaktoren und späterer komorbider Symptomatik. Da dieser Zusammenhang auch in der Kontrollgruppe der Geschwisterkinder bestand, ist davon auszugehen, dass prä- und postnatale Belastungsfaktoren nicht ursächlich für Autismus sind, aber mit der Entstehung von Komorbiditäten in Verbindung gebracht werden können.

Im Bereich depressiver und ängstlicher Symptomatik finden Studien Belege dafür, dass eine autistische Kernsymptomatik oder damit verbundene Merkmale das Risiko für entsprechende komorbide Störungen erhöhen. So wurde in einer Studie mit Jugendlichen ein Zusammenhang zwischen Schwierigkeiten im Bereich der exekutiven Funktion (wie z. B. Handlungsplanung oder Inhibitionskontrolle) und Angstsymptomatik gefunden (Hollocks et al., 2014). Das Zurechtkommen in einer nicht-autistischen Umwelt, Erfahrungen sozialer Ablehnung und damit zusammenhängendes Verbergen der autistischen Symptomatik erhöht das Depressionsrisiko (Magnusson et al., 2012; Ross et al., 2023).

3.1.1 Komorbiditäten nach Altersgruppen

Wie häufig eine bestimmte körperliche Erkrankung oder psychische Störung bei autistischen Kindern und Jugendlichen auftritt, ist schwer zu bestimmen. Entsprechend uneindeutig ist die Studienlage und folglich unterscheiden sich die berichteten Prävalenzen für komorbide psychische Störungen von Studie zu Studie teils erheblich (Lai et al., 2019). Zusätzlich unterscheidet sich die Häufigkeit vieler komorbider Störungen je nach Lebensalter. Die folgende Beschreibung konzentriert sich auf die häufigsten komorbiden Störungen und ordnet diese den Altersgruppen zu, in denen sie am häufigsten bzw. zum ersten Mal auftreten. Diese Aufstellung ist nicht erschöpfend, sondern orientiert sich an den jeweils höchsten Prävalenzen. Obwohl die beschriebenen Krankheiten und Störungen auch in den jeweils anderen Altersgruppen auftreten können, sind sie für die zugeordnete Altersgruppe besonders charakteristisch.

> **Forschung: Die häufigsten komorbiden psychischen Störungen bei Autismus**
>
> Die Studienlage zur Prävalenz komorbider psychischer Störungen bei Autismus ist sehr uneindeutig. Es gibt zwar viele Studien zu diesem Thema, diese unterscheiden sich jedoch erheblich in ihren Stichprobenmerkmalen (Alter, Herkunft, Rekrutierungswege), der methodischen Herangehensweise, und folglich in den Ergebnissen zur Auftretenshäufigkeit verschiedener Komorbiditäten. Lai et al. (2019) fassten diese teils stark variierenden Ergebnisse in einer Metaanalyse zusammen. Basierend auf 96 Studien, die zwischen 1993 und 2019 veröffentlicht wurden, identifizierten sie acht Störungsbilder, die über alle Studien hinweg am häufigsten beobachtet wurden. Hierbei handelt es sich um (ermittelte Prävalenz in Prozent in Klammern): Aufmerksamkeitsdefizit-/Hyperaktivitätsstörung (20%), Angststörungen (20%), Schlafstörungen (13%), Impuls-Kontroll-Störung und Störung des Sozialverhaltens (12%), Depression (11%), Zwangsstörung (9%), bipolare affektive Störung (5%), Schizophrenie (4%). Die Variablen Alter, Geschlecht, Ausmaß der Intelligenzminderung und das Land, in dem die

Studie durchgeführt wurde, hatten Einfluss auf die Prävalenzschätzungen, konnten aber die Heterogenität der eingeschlossenen Einzelstudien nicht vollständig erklären.

Frühe Kindheit bis Grundschulalter

Babys und Kleinkinder, die später eine Autismus-Diagnose erhalten, haben häufig Regulations-, Schlaf- und Essstörungen und motorische Auffälligkeiten (Kozlowski et al., 2012; West, 2019). Schlafstörungen beinhalten Einschlafschwierigkeiten, häufiges Aufwachen während der Nacht oder unregelmäßige Schlafmuster. Essstörungen im Kleinkindalter äußern sich vor allem in selektiven Essgewohnheiten oder Ablehnung bestimmter Nahrungsmittelgruppen. Bei autistischen Kleinkindern wird oft eine Präferenz für eine bestimmte Nahrungsmittelkonsistenz oder eine bestimmte Sorte von Essen beobachtet. In einer Studie mit 4-Jährigen hatten 27 % eine Schlaf- und 51 % eine Essstörung.

Good to know: ARFID und Autismus

ARFID ist die Abkürzung für Avoidant/Restrictive Food Intake Disorder (auf Deutsch nach DSM-5 Code 307.59/ICD-11 Code 6B83: Störung mit Vermeidung oder Einschränkung der Nahrungsaufnahme). Diese Störung zeichnet sich durch mind. eins der folgenden Merkmale aus: signifikanter Gewichtsverlust, signifikantes Ernährungsdefizit, Abhängigkeit von enteraler Ernährung oder oraler Nährstoffergänzung, Ausgeprägte psychosoziale Beeinträchtigung. Zudem kann die Störung nicht besser durch mangelnde Verfügbarkeit oder kulturelle sanktionierte Praktiken erklärt werden und sie tritt nicht im Rahmen einer Anorexie, Bulimie oder Störung in der Verarbeitung von Figur oder Gewicht auf. Es werden drei Subtypen unterschieden: Restriktiver, aversiver und vermeidender Typ. ARFID tritt gehäuft bei Personen mit sensorischen Empfindlichkeiten auf. Die Prävalenz für ARFID bei Kindern und Jugendlichen liegt bei 20–30 %, sodass bei selektivem Essverhalten, das fast alle Menschen mit Autismus berichten (~95 %), immer auch die Ausprägung einer möglichen relevanten Essstörung, wie ARFID abgeklärt werden sollte (Casati et al., 2024).

In den ersten Lebensjahren werden auch bald allgemeine Entwicklungsverzögerungen im Sinne einer Intelligenzminderung auffällig. Dies betrifft die Entwicklung kognitiver, sprachlicher, motorischer sowie sozialer Fähigkeiten. Ungefähr 30–50 % aller autistischen Menschen haben eine komorbide Intelligenzminderung (Charman et al., 2011; Fombonne et al., 2020), Sprachentwicklungsstörungen (ca. 60 %) treten im Vergleich zu motorischen Entwicklungsstörungen (ca. 20 %) häufiger auf. Autistische Kleinkinder unter 5 Jahren mit Intelligenzminderung haben darüber hinaus ein erhöhtes Risiko für das Auftreten einer komorbiden Epilepsie (ein zweiter Höhepunkt des Auftretens epileptischer Anfälle liegt in der Adoleszenz nach dem 10. Lebensjahr; Tuchman & Rapin, 2002). Die Beobachtung, dass auch Kinder, die schon früh unter epileptischen Anfällen leiden, häufig eine Autismus-Diagnose haben, zeigt einen möglichen systematischen Zusammenhang beider Phänomene (Lukmanji et al., 2019).

Bereits in der frühen Kindheit zeigen viele autistische Kinder aggressives Verhalten, das sich sowohl gegen andere Personen und Gegenstände als auch gegen sich selbst richten kann. In der Studie von Soke et al. (2018) zeigten 40 % der untersuchten 4-Jährigen aggressives Verhalten, 55 % hatten Wutanfälle. Bei einer Untersuchung autistischer Kinder unter 7 Jahren zeigte die Hälfte autoaggressives Verhalten (Baghdadli et al., 2003). Dieses Verhalten ist besonders bei Kindern mit Intelligenzminderung und geringen sprachlichen Fähigkeiten zu beobachten.

Grundschulalter bis frühes Jugendalter

Die meisten komorbiden Störungen, die in der frühen Kindheit auftreten, bleiben im Grundschulalter bis ins frühe Jugendalter bestehen (Simonoff et al., 2008; Soke et al., 2018). Weiterhin bestehendes aggressives Verhalten wird nun zunehmend in Zusammenhang mit oppositionellem Trotzverhalten diagnostiziert (Diagnosen aus dem Bereich Störung des Sozialverhaltens im ICD-10). Die Diagnose bezieht sich auf ein Verhaltensmuster, das durch anhaltenden Widerstand, Auflehnung oder Ungehorsam gekennzeichnet ist. Personen mit oppositionellem Trotzverhalten zeigen oft eine deutliche Ablehnung von Regeln, Autoritätspersonen und sozialen Normen. Es kann zu erheblichen Konflikten in der Familie, Schule und sozialen Umgebung kommen. Die Häufigkeitsangaben für Problemverhalten aus diesem Bereich variieren zwischen einzelnen Studien. Soke et al. (2018) berichteten bei 54 % der von ihnen untersuchten 8-Jährigen aggressives Verhalten. In der Studie von Simonoff et al. (2018) zeigten 28 % der untersuchten 10- bis 14-Jährigen oppositionelles Trotzverhalten. In einer Studie von Brookman-Frazee (2018) wurde diese Diagnose sogar bei 58 % autistischer Kinder beobachtet (die Kinder dieser Studie waren im Mittel 9 Jahre alt, wobei die Altersspanne mit 4–14 Jahren in das frühe Kindheitsalter hineinreichte).

Ab dem Grundschulalter wird zunehmend die Diagnose ADHS gestellt. Zwar ist diese komorbide Störung auch schon früher zu beobachten, jedoch steigt die Häufigkeit der Diagnose in diesem Alter stark an. Die Prävalenzschätzungen unterscheiden sich zwischen einzelnen Studien und liegen ungefähr zwischen 30–60 % (Gjevik et al., 2011; Simonoff et al., 2008; Soke et al., 2018; Stevens et al., 2016). Konzentrationsschwierigkeiten, (scheinbare) Unaufmerksamkeit, körperliche Unruhe und Impulsivität sind Symptome, die sowohl bei Autismus als auch bei ADHS oft vorkommen. Trotz Überlappungen bestehen ausreichend qualitative und quantitative Unterschiede in den Symptomprofilen, um separate diagnostische Kategorien zu rechtfertigen (Antshel & Russo, 2019; Mayes et al., 2012; ▶ Kap. 3.2.3).

> **Merke**
>
> Die Aufmerksamkeitsdefizit-/Hyperaktivitätsstörung (ADHS) ist eine häufige komorbide psychischen Störung, sie ist aber auch eine häufige Differenzialdiagnose. Eine zusätzliche große Überlappung einer autistischen und ADHS-Symptomatik erschwert die Diagnostik zusätzlich. Im diagnostischen Prozess gilt es die beobachtete Symptomatik möglichst eindeutig einer Autismus-Spektrum-Störung oder ADHS, oder beidem zuzuordnen (▶ Kap. 4 Diagnostik und Indikation).

Neben ADHS treten ab dem Grundschulalter zusätzlich Angststörungen vermehrt auf. In Studien wird die Prävalenz für eine komorbide Angststörung sehr unterschiedlich auf ca. 40–80 % geschätzt (Brookman-Frazee et al., 2018; Gjevik et al., 2011; Salazar et al., 2015; Simonoff et al., 2008; White et al., 2009). Unter den komorbiden Angststörungen kommen v. a. spezifische Phobien und die soziale Phobie besonders häufig vor. Kinder mit höherem Intelligenzniveau haben häufiger eine komorbide Angststörung (Salazar et al., 2015). In einer Studie gaben Eltern autistischer Jugendlicher an, dass ihre Kinder v. a. Angst vor sozialen und unbekannten Situationen, anstehenden Ereignissen, lauten Geräuschen und Veränderungen ihrer Routinen hatten, was zu Vermeidungsverhalten, einem großen Bedürfnis nach Rückversicherung durch die Eltern, repetitivem Verhalten mit dem Ziel der Angstreduktion, Shutdowns und übermäßig starker Reaktion auf Veränderung führte (Chen et al., 2023). Vor allem Kinder mit größeren sozial-kognitiven Schwierigkeiten, stark ausgeprägtem restriktivem und repetitivem Verhalten, und chronischen Schlafproblemen zeigten in ein erhöhtes Angstniveau.

Eine weitere komorbide psychische Störung in diesem Alter ist die Zwangsstörung. Diagnostisch muss hier abgeklärt werden, ob beobachtbares ritualisiertes Verhalten im Rahmen einer autistischen Kernsymptomatik erklärt werden kann, oder ob es sich um eine Zwangssymptomatik handelt. Ungefähr 10–40 % autistischer Kinder und Jugendlicher haben diese komorbide Diagnose (Gjevik et al., 2011; Leyfer et al., 2006; Simonoff et al., 2008).

> **Bericht einer Erfahrungsexpertin: Begleiterkrankungen**
>
> Meine Tochter ist stark belastet durch eine Vielzahl von Begleiterkrankungen, die mehrere Körpersysteme betreffen. Die Medikamente, die sie zur Behandlung von Angststörungen und Depressionen einnimmt, haben zu einer deutlichen Gewichtszunahme geführt. Zusätzlich leidet sie unter Schlafstörungen und Magen-Darm-Problemen, die durch Nahrungsmittelunverträglichkeiten noch verstärkt werden. Vor drei Jahren wurde bei ihr außerdem ADHS diagnostiziert. Die Diagnose dieser Begleiterkrankungen war ein langwieriger und herausfordernder Prozess. Ihre Schlafstörungen und Magen-Darm-Probleme verstärken ihre ohnehin ausgeprägte sensorische Empfindlichkeit erheblich. Diese Belastungen beeinträchtigen nicht nur ihren Alltag, sondern auch ihre schulischen

Leistungen und ihre Fähigkeit, aktiv am Unterricht teilzunehmen. Besonders schwierig ist es für sie, sich zu konzentrieren, wenn ihre Symptome stark ausgeprägt sind. Ein weiteres Problem ist ihre hohe Empfindlichkeit gegenüber Medikamenten. Viele Präparate zeigen bei ihr unerwartete Wirkungen oder führen zu Nebenwirkungen, die ihre Situation zusätzlich erschweren. All diese Faktoren zusammen zeigen, wie komplex der Umgang mit Begleiterkrankungen bei Autismus sein kann – sowohl für die betroffene Person selbst als auch für ihr Umfeld.

Melika Ahmetovic mit Tochter M., 17 Jahre, frühkindlicher Autismus

Jugendalter/Erwachsenenalter

Die häufigsten komorbiden psychischen Störungen im Jugend- und Erwachsenenalter sind Angststörungen, affektive Störungen und ADHS (Lai et al., 2019; Lugo-Marín et al., 2019). Obwohl mit steigendem Alter die Häufigkeit von ADHS-Diagnosen zurückgeht, bleibt sie auf einem hohen Niveau. Eine Metaanalyse zeigte, dass ungefähr 30 % autistischer Erwachsener eine Angststörung haben (Hollocks et al., 2019). Die Häufigkeit affektiver Störungen, in erster Linie Depression, aber auch bipolarer affektiver Störungen steigt mit zunehmendem Alter auf ca. 20 %. Dieselbe Metaanalyse berichtet, dass 37 % autistischer Erwachsener mindestens einmal in ihrem bisherigen Leben eine depressive Episode gehabt hatten. Viele autistische Kinder, Jugendliche und Erwachsene empfinden das Leben in einer Welt, die nicht ausreichend ihren Bedürfnissen entspricht, als sehr belastend. Gesellschaftliche Verhaltensnormen, vor allem auch in der zwischenmenschlichen Interaktion, zwingen viele Autistinnen und Autisten zu Camouflaging, um möglichst wenig aufzufallen. Studien zeigen, dass dieses Sich-verstellen-müssen nicht nur oft zu Überbelastung führt, sondern auch mit dem Auftreten einer internalisierenden Symptomatik wie Ängsten, Depression und psychosomatischen Beschwerden in Zusammenhang steht (Hull et al., 2017; Ross et al., 2023). Dieser Effekt ist bei Minderheiten wie nicht-heterosexuellen autistischen Erwachsenen vermutlich zusätzlich verstärkt (George & Stokes, 2018).

Über komorbide körperliche Krankheiten bei Autistinnen und Autisten aller Altersgruppen gibt es noch vergleichsweise wenig Forschung. Eine Übersichtsarbeit von Rydzewska et al. (2021) zeigte, dass diese jedoch weit verbreitet sind. Neben den bereits dargestellten Schlafproblemen und Epilepsie treten v. a. sensorische Einschränkungen wie eingeschränktes Seh- oder Hörvermögen, Allergien, Autoimmunerkrankungen und Adipositas im Vergleich zur Allgemeinbevölkerung bei autistischen Kindern, Jugendlichen und Erwachsenen vermehrt auf.

Merke

Komorbide körperliche Erkrankungen und psychische Störungen können die Lebensqualität autistischer Kinder, Jugendlicher und Erwachsener erheblich beeinträchtigen. Je eher sie diagnostisch bekannt sind, desto effektiver kann man eine an die Bedürfnisse der jeweiligen Person angepasste Behandlung anbieten.

3.2 Differenzialdiagnosen

Die drei Kernbereiche einer autistischen Symptomatik – Beeinträchtigungen in sozialer Interaktion, Kommunikation sowie repetitives und stereotypes Verhalten – können auch bei einer Reihe anderer psychischer Störungen auftreten. Daher ist es bei der Diagnosestellung entscheidend, Autismus-Spektrum-Störungen von anderen psychischen Erkrankungen des Kindes- und Jugendalters abzugrenzen. Die folgende Tabelle (▶ Tab. 3.2) bietet eine Übersicht über körperliche und psychische Erkrankungen, die als Differenzialdiagnosen besonders zu berücksichtigen sind. Eine zusätzliche Herausforderung besteht darin, dass Symptome auch im Rahmen komorbider Störungen auftreten können. Der differenzialdiagnostische Prozess erfordert umfassendes klinisches Fachwissen, um anhand der individuellen Symptomausprägungen und des Entwicklungsverlaufs eine mögliche Autismus-Spektrum-Störung von anderen Störungen zu unterscheiden. Im Folgenden werden die Gemeinsamkeiten und Unterschiede zwischen Autismus und den häufigsten Differenzialdiagnosen im Kindes- und Jugendalter näher beleuchtet.

Definition: Differenzialdiagnose

Eine Differenzialdiagnose ist eine körperliche Erkrankung oder psychische Störung, die aufgrund ähnlicher oder identischer Symptomatik alternativ zur Verdachtsdiagnose als Erklärung für die beobachtete Symptomatik in Betracht gezogen werden muss.

Tab. 3.2: Übersicht über die häufigsten Differenzialdiagnosen (AWMF-Leitlinien 2016, S. 190)

Bereich	Komorbide Störung oder Krankheit
Störungen der neuronalen und mentalen Entwicklung	• Sprachentwicklungsverzögerung oder Sprachentwicklungsstörung • Intelligenzminderung oder globale Entwicklungsverzögerung • Entwicklungsbezogene Koordinationsstörung
Mentale und Verhaltensstörungen	• Aufmerksamkeitsdefizit-/Hyperaktivitätsstörung (ADHS) • Affektive Störungen • Angststörungen • Bindungsstörungen • Oppositionelle Störungen

Tab. 3.2: Übersicht über die häufigsten Differenzialdiagnosen (AWMF-Leitlinien 2016, S. 190) – Fortsetzung

Bereich	Komorbide Störung oder Krankheit
Andere Störungen	• Verhaltensstörungen • Zwangsstörungen • Psychosen • Schwerwiegende Hör- oder Sehbeeinträchtigung • Misshandlungen • Selektiver Mutismus
Störungen, die mit einer Regression in der Entwicklung einhergehen	• Rett-Syndrom • Epileptische Enzephalopathie

3.2.1 Sprachentwicklungsverzögerung oder Sprachentwicklungsstörung

Sprachentwicklungsstörungen bezeichnen Beeinträchtigungen im Erwerb, Verständnis und/oder der Anwendung von Sprache im Vergleich zum zu erwartenden Entwicklungsstand, ohne dass dafür erkennbare Ursachen wie z. B. Gehörverlust oder eine Intelligenzminderung vorliegen. Insbesondere eine Störung oder Entwicklungsverzögerung der rezeptiven Sprache, also des Sprachverständnisses, kann schwer von einer Autismus-Spektrum-Störung zu unterscheiden sein. Bei beiden Diagnosen können Kinder Schwierigkeiten haben, gesprochene Sprache zu verstehen, insbesondere in komplexen oder mehrdeutigen Situationen, wie z. B. beim Erfassen von abstrakten Begriffen oder bei der Interpretation von Sprache bzgl. des Kontextes. Weitere Gemeinsamkeiten sind Echolalien, stereotyper Sprachgebrauch oder Wortneubildungen. Auch können bei beiden Diagnosen Schwierigkeiten in der nonverbalen Kommunikation auftreten. Kinder mit einer Sprachentwicklungsstörung können, wie autistische Kinder, Schwierigkeiten haben, nonverbale Signale wie Blickkontakt, Gestik oder Mimik zu verstehen oder passend einzusetzen.

Obwohl Kinder mit einer Sprachentwicklungsstörung aufgrund dieser Schwierigkeiten wie autistische Kinder Auffälligkeiten in der sozialen Kognition (z. B. Theory-of-Mind-Schwierigkeiten ▶ Kap. 5; Nilsson & De López, 2016) und Interaktion zeigen können, sind beide Gruppen mit den geeigneten diagnostischen Instrumenten gut unterscheidbar. So berichten Ventola et al. (2007), dass autistische Kinder in den gängigen diagnostischen Instrumenten, darunter M-CHAT und ADOS (▶ Kap. 4, Diagnostik und Indikation), in vielen Bereichen schlechter abschnitten als Kinder mit einer Sprachentwicklungsstörung. Besonders deutlich ausgeprägt waren die Unterschiede in nonverbalen Kommunikationsmitteln, die wichtig für soziale Interaktion sind, insbesondere dem Verstehen und eigenen Einsatz von Blickkontakt und Zeigegesten, um geteilte Aufmerksamkeit zu initiieren. Auch versuchen autistische Kinder weniger das mangelnde sprachliche Vermögen durch alternative nonverbale und deutlich sozial-gerichtete Verhaltensweisen zu kompensieren. Das DSM-5 benennt zusätzlich das Vorhandensein von restriktivem und repetitivem Verhalten als unterscheidendes Merkmal. Liegen bei einer Person Symptome vor, die sowohl die Diagnose Autismus als auch Sprachentwicklungsstörung oder -verzögerung zulassen, aber die Person zeigt keine restriktiven und repetitiven Verhaltensweisen oder Interessen, könnten die Kriterien für eine Sprachentwicklungsstörung oder -verzögerung eher erfüllt sein.

3.2.2 Globale Entwicklungsverzögerungen bzw. Intelligenzminderung

Je nach Schweregrad der Entwicklungsverzögerung bzw. Intelligenzminderung gibt es Ähnlichkeiten in Bezug auf alle Aspekte einer autistischen Kernsymptomatik. So haben viele Kinder und Jugendliche mit einer Intelligenzminderung Schwierigkeiten in der Interaktions- und Beziehungsgestaltung sowie in der verbalen und nonverbalen Kommunikation. Der sprachliche Ausdruck ist oft nicht altersgerecht entwickelt und Phänomene wie Echolalien sind zu beobachten. Darüber hinaus können auch Kinder und Jugendliche mit Intelligenzminderung Beeinträchtigungen in der sozialen Kognition, z. B. im Umgang mit eigenen und fremden Gefühlen oder mit Perspektivenwechsel haben. Auch repetitive und restriktive Verhaltensweisen sind bei Kindern und Jugendlichen mit Intelligenzminderung zu beobachten, ebenso wie sensorische Über- und Unterempfindlichkeit. Hyperaktivität, Schwierigkeiten in der Emotionsregulation sowie selbst-, und fremdaggressives Verhalten sind Gemeinsamkeiten von Intelligenzminderung und Autismus. Vor allem bei jungen Kindern kann eine Intelligenzminderung schwer von Autismus zu unterscheiden sein (Thurm et al., 2019).

Um die Unterschiede zwischen Intelligenzminderung und Autismus zu erkennen, ist es wichtig, die Kombination der Symptome sorgfältig zu betrachten. Die Differenzen zwischen beiden Störungsbildern sind häufig quantitativer Natur. Kinder und Jugendliche mit Autismus und Intelligenzminderung zeigen in der Regel stärkere Auffälligkeiten im Bereich der sozialen Interaktion und Kommunikation als gleichaltrige Kinder und Jugendliche mit Intelligenzminderung ohne Autismus, die sich auf einem vergleichbaren kognitiven Niveau befinden. Dabei muss insbesondere der Schweregrad der Intelligenzminderung in Abhängigkeit vom Alter berücksichtigt werden, vor allem im Hinblick auf repetitive und stereotype Verhaltensweisen. Je jünger das Kind und je ausgeprägter die Intelligenzminderung, desto mehr treten auch bei nicht-autistischen Kindern repetitive und stereotype Verhaltensmuster auf. Gemäß DSM-5 sollte diagnostisch geprüft werden, ob die Beeinträchtigungen in der sozialen Interaktion und Kommunikation deutlich über das hinausgehen, was aufgrund des Entwicklungsstands in anderen Bereichen, wie nonverbalem Problemlösen oder feinmotorischen Fertigkeiten, zu erwarten wäre. Wenn dies zutrifft, kann die Diagnose einer Autismus-Spektrum-Störung mit komorbider Intelligenzminderung gestellt werden. Allerdings gestaltet sich die diagnostische Einschätzung anhand dieses Diskrepanzkriteriums bei jüngeren Kindern oft schwierig. In solchen Fällen wird Autismus häufig zunächst als Verdachtsdiagnose formuliert, und es bedarf einer weiteren Beobachtung des Entwicklungsverlaufs, um eine fundierte Diagnose stellen zu können.

> **Merke**
>
> Eine differenzialdiagnostische Abklärung von Autismus und einer globalen Entwicklungsverzögerung bzw. Intelligenzminderung ist grundsätzlich wichtig, um eine optimale therapeutische Unterstützung bieten zu können. Aufgrund der hohen Überlappung von Autismus und Intelligenzminderung, vor allem im frühen Kindesalter, fällt eine diagnostische Unsicherheit in der Praxis oft weniger ins Gewicht, da Kinder mit beiden Diagnosen von einer frühen Förderung profitieren und bei beiden Diagnosen eine Förderzielplanung basierend auf dem individuellen Entwicklungsstand ausschlaggebend ist (Thurm et al., 2019).

3.2.3 Aufmerksamkeitsdefizit-/Hyperaktivitätsstörung (ADHS)

ADHS zeigt sich durch Schwierigkeiten bei der Aufmerksamkeitssteuerung, Hyperaktivität, Impulsivität und motorische Unruhe. ADHS beginnt im Kindesalter und bleibt häufig bis ins Erwachsenenalter bestehen. Diese Symptome können nicht nur im Rahmen einer Autismus-Spektrum-Störung auftreten, sondern auch in Form einer komorbiden ADHS-Diagnose vorliegen. Sowohl Kinder mit ADHS als auch Kinder mit Autismus haben häufig Schwierigkeiten, ihre Aufmerksamkeit über längere Zeit aufrechtzuerhalten. Sie lassen sich leicht ablenken und haben Probleme, sich auf eine Aufgabe zu fokussieren. Hyperaktivität, Impulsivität und motorische Unruhe treten ebenfalls bei beiden Gruppen häufig auf. Eine weitere Überschneidung betrifft die soziale Interaktion. Kinder mit ADHS können, ähnlich wie Kinder mit Autismus, Schwierigkeiten in der verbalen und nonverbalen Kommunikation haben, etwa beim Verstehen und Anwenden sozialer Hinweise. Auch im Bereich der sozial-kognitiven Fähigkeiten, wie der Theory of Mind oder der Emotionsverarbeitung, sind bei Kindern mit ADHS Auffälligkeiten dokumentiert (Maoz et al., 2019; Özbaran et al., 2018). Diese Defizite führen bei beiden Diagnosen zu Herausforderungen in der Gestaltung von Beziehungen und sozialen Interaktionen, etwa beim Eingliedern in Gruppensituationen oder beim Aufbau und Erhalt von Freundschaften (De Boer & Pijl, 2016).

Trotz der erheblichen symptomatischen Überlappung zwischen ADHS und Autismus gibt es eine Reihe von Unterschieden, die eine zuverlässige differenzialdiagnostische Abgrenzung ermöglichen. Kinder mit ADHS zeigen insgesamt weniger Auffälligkeiten in der Kommunikation und sozialen Interaktion im Vergleich zu Kindern mit Autismus (Mayes et al., 2012). Antshel und Russo (2019) vermuten, dass diese Auffälligkeiten bei Kindern und Jugendlichen mit ADHS eher auf ein Performanzdefizit als auf ein Kompetenzdefizit zurückzuführen sind. Das bedeutet, dass ihre sozial-kognitiven Fähigkeiten zwar grundsätzlich vorhanden sind, ihre

Probleme in sozialen Interaktionen jedoch durch Aufmerksamkeitsprobleme, Impulsivität und Hyperaktivität entstehen.

Darüber hinaus sind restriktive und repetitive Verhaltensmuster bei Kindern mit ADHS deutlich seltener zu beobachten als bei Kindern mit Autismus. Klinische Studien zeigen, dass die gängigen diagnostischen Instrumente (▶ Kap. 4) gut bis sehr gut zwischen reiner ADHS, Autismus und Autismus mit komorbider ADHS differenzieren können (Grzadzinski et al., 2016; Mayes et al., 2012; Schwenck & Freitag, 2014).

3.2.4 Emotionale, affektive und soziale Angststörungen

Die heterogene Gruppe der emotionalen, affektiven und sozialen Angststörungen mit Beginn in der Kindheit oder Jugend hat in ihrer Symptomatik soziale Komponenten, die Gemeinsamkeiten mit einer autistischen Symptomatik aufweisen können. Die Kategorie emotionale Störungen des Kindesalters umspannt psychische Störungen, bei denen Kinder und Jugendliche übermäßige Angst vor bestimmten üblicherweise ungefährlichen Objekten oder Situationen haben. Mit affektiven Störungen sind in erster Linie depressive Störungen gemeint, mit sozialen Angststörungen die soziale Phobie und die ängstlich-vermeidende Persönlichkeitsstörung mit Beginn im frühen Erwachsenenalter. Kinder und Jugendliche mit einer Störung aus dieser Gruppe zeigen oft eine Verhaltenshemmung im sozialen Kontext, d. h. sie sind sehr vorsichtig gegenüber anderen, vor allem weniger bekannten Erwachsenen oder Gleichaltrigen, ihre Anspannung und Angst ist im Kontakt deutlich erkennbar. Auch direkter Blickkontakt wird eher vermieden. Sie spielen eher allein und haben wenig Kontakt zu Gleichaltrigen. Diese Verhaltenshemmung im Sozialkontakt kann schwer von entsprechendem Verhalten autistischer Kinder in sozialen Interaktionen zu unterscheiden sein (Hartley & Sikora, 2009). Auch sie zeigen oft Anspannung und Angst im Sozialkontakt, meiden Blickkontakt und ziehen sich aus sozialen Situationen zurück. Kinder mit einer emotionalen Störung haben wie viele autistische Kinder Veränderungsängste, vor allem vor neuen und unbekannten Situationen. Wie autistische Kinder können Kinder mit einer emotionalen oder sozialen Angststörung Verhaltensstereotypien in Form von zwanghaftem oder ritualisiertem Verhalten aufweisen. Depressive Störungen in der Kindheit sind ebenfalls durch sozialen Rückzug und reduzierten bzw. gehemmten kommunikativen Ausdruck geprägt.

Eine genauere Betrachtung dieser überlappenden Symptomatik kann eine Unterscheidung zwischen autistischer und rein ängstlicher bzw. depressiver Symptomatik ermöglichen. Mimik und Gestik sind bei beiden Diagnosegruppen reduziert, bei Angststörungen und depressiven Störungen ist dies jedoch eher situationsabhängig. Während in angstbesetzten Situationen eine Verhaltenshemmung eintritt, sind Gestik und Mimik in vertrauten Situationen eher unauffällig. Bei der sozialen Phobie steht die Angst vor negativer Bewertung durch andere im Vordergrund. Bei autistischen Kindern und Jugendlichen ohne soziale Phobie sind soziale Interaktionen weniger aus Angst vor negativer Bewertung, sondern eher durch ihre Unvorhersehbarkeit belastend. Eine Studie zeigte, dass Kinder mit einer sozialen

Phobie in sozialen Situationen stärkere Ängste und geringere soziale Kompetenzen als Kinder mit Asperger-Syndrom hatten (Scharfstein et al., 2011). Die Angst vor negativer Bewertung ist bei Kindern und Jugendlichen mit einer sozialen Angststörung mit einer Fehleinschätzung der Mimik und des mentalen Zustands des Gegenübers verbunden. Neutrale Gesichtsausdrücke und Aussagen des Gegenübers werden eher als feindselig und abwertend interpretiert und bestätigen so die Angst. Diese Beeinträchtigung in der Emotionserkennung und Theory of Mind ist jedoch beschränkt auf angstbesetzte Situationen, während Auffälligkeiten bei autistischen Kindern und Jugendlichen in diesem Bereich situationsunabhängig bestehen.

Die Unterscheidung zwischen Zurückgezogenheit bei depressiven Störungen und autistischen Symptomen kann insbesondere durch die Beobachtung des zeitlichen Verlaufs erfolgen. Nach dem Abklingen einer depressiven Episode zeigen betroffene Kinder und Jugendliche in der Regel wieder ein stärkeres soziales Interesse und eine zugewandtere Haltung. Schwieriger wird die Differenzierung bei chronischen Verläufen depressiver Störungen, da der soziale Rückzug in solchen Fällen schwer von der Zurückgezogenheit bei Autismus zu unterscheiden ist. Die AWMF-Leitlinien weisen in diesem Zusammenhang auch auf den selektiven Mutismus hin. Diese Störung betrifft Kinder, die in bestimmten angstbesetzten sozialen Situationen, wie im Kindergarten oder in der Schule, trotz vorhandener Sprachfähigkeit nicht sprechen. Im Gegensatz zu Autismus ist dieses Schweigen jedoch auf spezifische Situationen begrenzt, und die verbale Kommunikation der Kinder ist in anderen Kontexten völlig unauffällig.

Die differenzialdiagnostische Abgrenzung zwischen emotionalen, affektiven und sozialen Angststörungen und Autismus ist herausfordernd. Diagnostische Screening-Instrumente haben sich bisher als nicht ausreichend zuverlässig in der Differenzierung zwischen diesen Diagnosegruppen erwiesen (Cholemkery et al., 2014). Die hohe Komorbidität von sozialen Angststörungen mit Autismus erschwert die Differenzialdiagnostik zusätzlich. Eine präzise Unterscheidung erfordert daher eine genaue Exploration situationsabhängiger Emotionen und Kognitionen, was durch diagnostische Fremdbeurteilungsinstrumente oft nur eingeschränkt möglich ist. Selbstbeurteilungsinstrumente wiederum setzen ein ausreichendes kognitives Niveau und metakognitives Verständnis eigener psychischer Vorgänge voraus – Anforderungen, die besonders bei jüngeren Kindern oder bei eingeschränkten kognitiven und sprachlichen Fähigkeiten oft nicht erfüllt werden können (Kerns & Kendall, 2014).

Vor diesem Hintergrund sollten ausführliche klinische Interviews, wie beispielsweise das Kinder-DIPS, als ergänzende diagnostische Methode stärker berücksichtigt werden. Obwohl solche Verfahren zeitaufwendiger sind, liefern sie wertvolle und reliable Informationen für die differentialdiagnostische Abgrenzung. Insbesondere bei Jugendlichen hat sich der Einsatz solcher Interviews als äußerst hilfreich erwiesen, da sie eine umfassendere Einschätzung der subjektiven Erlebniswelt und der Kontextabhängigkeit von Symptomen ermöglichen. Es wäre daher empfehlenswert, diese diagnostischen Methoden stärker in die Standarddiagnostik bei Verdacht auf Autismus oder komorbide soziale Angststörungen zu integrieren.

3.2.5 Störung des Sozialverhaltens

Kinder und Jugendliche mit einer Störung des Sozialverhaltens zeigen dissoziales, aggressives und aufsässiges Verhalten, das in seiner Qualität und Intensität deutlich schwerwiegender ist, als entsprechend des Entwicklungsstands zu erwarten wäre. Da auch viele autistische Kinder und Jugendliche oppositionelles bzw. aggressives Verhalten gegenüber Bezugspersonen und Anderen zeigen, kann eine Unterscheidung beider Diagnosen schwerfallen. Bei beiden kommt es durch dieses Verhalten zu erheblichen Problemen in der Interaktions- und Beziehungsgestaltung. Studien zeigen, dass auch Kinder und Jugendliche mit Störung des Sozialverhaltens sozial-kognitive Auffälligkeiten in den Bereichen Emotionserkennung und Theory of Mind haben können (Kohls et al., 2020; Martin-Key et al., 2018; Pasalich et al., 2014).

> **Good to know: Was ist Pathological Demand Avoidance (PDA)?**
>
> Ein Verhaltensprofil, das in jüngster Zeit vermehrt wissenschaftlich diskutiert und von – oftmals bereits sehr stark belasteten Eltern – gezielt erfragt wird, ist pathological demand avoidance (PDA), was zu Deutsch mit »pathologischem Vermeidungsverhalten von Anforderungen« übersetzt werden kann. Menschen mit PDA zeigen eine starke Vermeidung von Anforderungen und Erwartungen, die über eine gewöhnliche Vermeidung hinausgeht und angstbasiert zu sein scheint. Jegliche wahrgenommene Einschränkung der Autonomie wird, selbst in scheinbar trivialen Situationen, als belastend erlebt, was dann oft mit starken emotionalen Reaktionen verbunden ist. Bei PDA handelt es sich um keine eigenständige Diagnose, sondern ein spezifisches Muster, bzw. Profil von Verhaltensweisen. Dieses relativ neue Konzept wird kritisch diskutiert, in Deutschland wird es bis dato nicht als spezifischer Subtyp von Autismus anerkannt und Kamp-Becker et al. (2023) betonen eine entscheidende Rolle der Reaktionen durch die Interaktionspartner und die Notwendigkeit von mehr Forschung zu diesem Thema.

Trotz Schwierigkeiten in der Interaktionsgestaltung haben Kinder und Jugendliche mit einer Störung des Sozialverhaltens kein grundlegendes Kommunikationsdefizit. Auch ist ihr Verhalten oft provozierend und ihr aggressives Verhalten zielgerichtet und instrumentell. Sie sagen und tun also Dinge, von denen sie wissen, dass es das Gegenüber wütend macht oder verletzt, oder um bestimmte Ziele zu erreichen. Dies setzt intakte sozial-kognitive Fähigkeiten wie z. B. Perspektivübernahme, voraus und reflektiert ein Suchen nach Sozialkontakten, wenn auch auf dysfunktionale Art und Weise. Bei autistischen Kindern und Jugendlichen ist aggressives Verhalten oft weniger zielgerichtet und kann z. B. auch Ausdruck einer Überlastung in einer bestimmten Situation sein.

3.3 Überprüfung der Lernziele

- Ungefähr wie viele autistische Kinder und Jugendliche haben mindestens eine komorbide Störung? Wie viele haben zwei oder mehr komorbide Störungen?
- Welche sind die häufigsten komorbiden psychischen Störungen bei autistischen Kindern, Jugendlichen und jungen Erwachsenen?
- Was bedeutet das Vorhandensein einer oder mehrerer komorbider Störungen für die Therapie und Prognose?
- Welche sind die häufigsten Differenzialdiagnosen bei Autismus im Kindes- und Jugendalter?
- Wie kann eine Autismus-Spektrum-Störung von einer Aufmerksamkeitsdefizit-/Hyperaktivitätsstörung abgegrenzt werden?

4 Diagnostik und Indikation

Fallbeispiel 1

Die Eltern der 5-jährigen Matilda sind seit ihren ersten Lebensmonaten auf der Suche nach Erklärungen des für die Eltern sehr herausfordernden Verhaltens ihrer Tochter. Matilda hat bereits von klein auf viel geschrien und wenig am Stück geschlafen. Die Kinderärztin hatte die Eltern damals an eine Schreiambulanz überwiesen. Empfehlungen zu festen Routinen und einer Reduzierung von zu vielen neuen Reizen hat damals wie heute Entlastung geschaffen. Aufgrund des jungen Alters sah man Regulationsstörungen und mit weiterem Verlauf auch eine Sprachentwicklungsstörung als passende Diagnose an. Nachdem die Eltern mehrere Jahre verschiedene Frühfördermaßnahmen in Anspruch genommen haben, fallen weiter die langsame Sprachentwicklung und vor allem auch die atypische sozial-emotionale Entwicklung von Matilda auf. Häufig wirken Stimmungsausdruck und Mimik neutral, Reaktionen auf Mitmenschen bleiben oft aus oder wirken unpassend. Sie beschäftigt sich viel allein mit dem Bauen und Betrachten von Lego-Gebäuden, reagiert unruhig auf Veränderungen ihrer Umwelt und schlägt im Kindergarten andere Kinder. Die Pädagogin der Frühförderstelle hat den Verdacht Autismus geäußert und den Eltern sowie dem Kindergarten einen Autismus-Screening-Fragebogen mitgegeben. Nachdem Matilda hier deutlich auffällige Werte erreichte, wurde die Familie an die Spezialambulanz des örtlichen SPZ zur Autismus-Diagnostik überwiesen. Die Wartezeit beträgt hier 13 Monate, die Familie plant in der Zeit eine Zurückstellung der Einschulung und hofft auf mehr Klarheit und Optionen zu passenden Förderungen, wenn der diagnostische Prozess abgeschlossen ist.

Fallbeispiel 2

Christina fiel schon im Kindergarten durch ihren Rückzug und ihre intensiven Reaktionen auf Veränderungen auf. In der Grundschule verstärkten sich diese Auffälligkeiten: Sie hatte Schwierigkeiten, Freundschaften zu schließen, zog sich in Pausen zurück und zeigte stark ausgeprägte Interessen, wie das Zeichnen ähnlicher Motive. Lehrkräfte beschrieben sie als intelligent, jedoch unflexibel und schnell überfordert. Ihre Eltern deuteten ihr Verhalten als Schüchternheit. Während der Sekundarstufe traten ihre sozialen Schwierigkeiten in den Hintergrund, auch weil v. a. ihre sehr guten schulischen Leistungen und ihre Spezialinteressen besonders auffielen. Der Wechsel auf eine neue Schule mit 15

Jahren führte zu einer erheblichen Verschlechterung ihres Wohlbefindens: Sie zog sich zunehmend zurück, litt unter Schlafproblemen und reagierte gereizt auf die vielen Veränderungen. Ihre sensorische Empfindlichkeit, insbesondere gegenüber lauten Geräuschen und hellen Lichtern, führte zu häufigen Überreizungen, die in emotionalen Zusammenbrüchen endeten. Christinas Mutter, die begann, Parallelen zwischen Christinas Verhalten und ihren eigenen Erfahrungen zu erkennen, informierte sich intensiver über Autismus bei Mädchen. Sie stieß auf Berichte, die ihre Vermutung stärkten, dass Christinas Schwierigkeiten über reine Schüchternheit hinausgehen könnten. Nach einem belastenden Vorfall in der Schule, bei dem Christina während eines lauten Projekttages weinend den Klassenraum verließ, suchten die Eltern Rat bei einer Spezialambulanz für Autismus, wo die Autismus-Diagnose bestätigt wurde, nachdem sie aufgrund von Christinas Anpassungsfähigkeit und guten Leistungen lange unbemerkt geblieben war. Christina zeigte sich zunächst skeptisch, empfand die Diagnose aber bald als entlastend, da sie ihr half, ihre Herausforderungen besser zu verstehen. Parallel ließ sich auch ihre Mutter diagnostisch abklären und erhielt ebenfalls die Diagnose einer Autismus-Spektrum-Störung. Der gemeinsame diagnostische Prozess half beiden, ihre Erlebnisse besser einzuordnen und gezielte Unterstützung in Anspruch nehmen zu können.

> **Lernziele**
>
> - Sie wissen, was die Indikation für einen autismusspezifischen diagnostischen Prozess ist, und kennen hilfreiche Screening-Instrumente.
> - Sie kennen die notwendigen Rahmenbedingungen für die Diagnostik von Autismus-Spektrum-Störungen.
> - Sie kennen die gängigen Diagnostikinstrumente und können die Notwendigkeit des zeitintensiven Diagnostikprozesses nachvollziehen.
> - Sie können die Ergebnisse aus Screening-, und Diagnostikprozess entsprechend dem Entwicklungsalter an Kinder, Jugendliche und Eltern sowie Lehrkräfte zurückmelden.

4.1 Stufenkonzept des diagnostischen Prozesses

Der Verlauf des diagnostischen Prozesses ist für autistische Kinder und Jugendliche häufig nicht geradlinig, vor allem Personen mit guten kognitiven Fähigkeiten und weniger ausgeprägter Symptomatik werden erst später als autistisch erkannt und erhalten zunächst andere (Fehl-)Diagnosen. Von den ersten Anzeichen bis zur konkreten Diagnostik vergehen im Schnitt etwa drei Jahre (Matos et al., 2022). In Deutschland liegt der durchschnittliche Zeitpunkt für eine Autismus-Diagnose im Mittel im frühen Grundschulalter (Noterdaeme & Hutzelmeyer-Nickels, 2010),

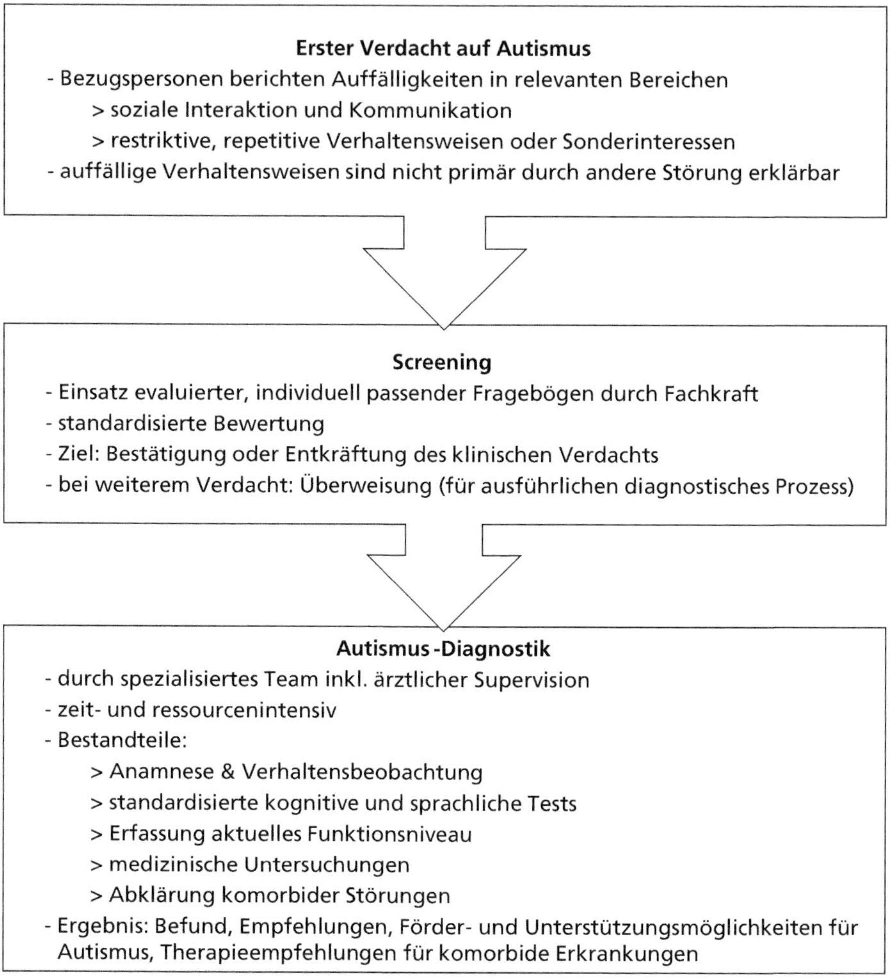

4 Diagnostik und Indikation

Erster Verdacht auf Autismus
- Bezugspersonen berichten Auffälligkeiten in relevanten Bereichen
  > soziale Interaktion und Kommunikation
  > restriktive, repetitive Verhaltensweisen oder Sonderinteressen
- auffällige Verhaltensweisen sind nicht primär durch andere Störung erklärbar

⬇

Screening
- Einsatz evaluierter, individuell passender Fragebögen durch Fachkraft
- standardisierte Bewertung
- Ziel: Bestätigung oder Entkräftung des klinischen Verdachts
- bei weiterem Verdacht: Überweisung (für ausführlichen diagnostisches Prozess)

⬇

Autismus-Diagnostik
- durch spezialisiertes Team inkl. ärztlicher Supervision
- zeit- und ressourcenintensiv
- Bestandteile:
  > Anamnese & Verhaltensbeobachtung
  > standardisierte kognitive und sprachliche Tests
  > Erfassung aktuelles Funktionsniveau
  > medizinische Untersuchungen
  > Abklärung komorbider Störungen
- Ergebnis: Befund, Empfehlungen, Förder- und Unterstützungsmöglichkeiten für Autismus, Therapieempfehlungen für komorbide Erkrankungen

Abb. 4.1: 3-Stufenkonzept zur Autismus-Diagnostik entsprechend den AWMF-Leitlinien (2016)

was später ist als in anderen westlich geprägten Ländern. Geschuldet ist dies vor allem dem anspruchsvollen diagnostischen Prozess und damit einhergehenden langen Wartezeiten, von meist über einem Jahr, aber auch einer oft zu späten Überweisung an spezialisierte Stellen. Mittlerweile gibt es eine Bandbreite an spezialisierten Anlaufstellen, wie z. B. Autismus-Ambulanzen in KJPs, Sozialpädiatrischen Zentren (SPZs) oder Autismus-Sprechstunden in psychiatrischen und psychotherapeutischen Praxen. Eine frühe, aber auch wohlüberlegte Überweisung an solche spezialisierten Stellen ist ausschlaggebend für eine möglichst frühe Diagnostik und darauf aufbauende weiterführende unterstützende Schritte. In den medizinischen Leitlinien zur Diagnostik von Autismus wird zur gezielten Verbesserung der Versorgungslage ein Drei-Stufenkonzept empfohlen (AWMF, 2016).

Demnach soll bei einem ersten Verdacht auf Autismus (durch Symptombeobachtung oder Fremdbeschreibung) zunächst eine zeitnahe und orientierende Abklärung durch angemessene Screening-Instrumente erfolgen und bei Erhärtung des Verdachts an eine auf Autismus spezialisierte Stelle überwiesen werden, die dann eine vollständige Diagnostik und Differentialdiagnostik mit der notwendigen Expertise gewährleisten kann (▶ Abb. 4.1).

4.2 Indikation zum Screening

Autistische Verhaltensweisen und Symptome sind typischerweise bereits in der frühen Kindheit vorhanden, fallen aber meist erst in neuen Situationen auf, wie im Kontakt mit anderen Menschen und außerhalb der Familie, häufig im Rahmen von Fremdbetreuung und Schule. Bisher erfolgt die Autismus-Diagnostik auf Basis von gegenwärtigen und retrospektiven Verhaltensbeobachtungen. Auch wenn es wissenschaftlich viel diskutiert wird und fortlaufend, insbesondere in Genetikstudien danach gesucht wird, gibt es bisher keine verlässlichen biologischen Marker, also keine objektiv messbare Eigenschaft oder Substanz im Körper, die als Indikator dient. Die Leitsymptome sind entsprechend der gängigen Klassifikationssysteme (▶ Kap. 1) sehr breit beschrieben, mit Auffälligkeiten in der *wechselseitigen sozialen Interaktion und Kommunikation* sowie *restriktive, repetitive und stereotype Verhaltensweisen* und können altersabhängig sehr unterschiedlich ausgeprägt sein (▶ Kap. 2). Viele Eltern datieren (meist retrospektiv) die ersten beobachteten Auffälligkeiten bereits um das erste Lebensjahr. Den Sorgen der Eltern hinsichtlich der Entwicklung des Kindes sollte jederzeit Gehör geschenkt werden. Eltern haben meist ein gutes Gespür für eine abweichende Entwicklung des Kindes, auch wenn es noch nicht differenzierter oder konkreter beschrieben werden kann. Die regelmäßigen kinderärztlichen U-Untersuchungen, Unterstützungssysteme im Rahmen der »Frühen Hilfen« und auch die Schuleingangsuntersuchung bieten sich an, um frühe sozial-kommunikative Verhaltensweisen und die Entwicklung von Spielverhalten und Sonderinteressen zu erfragen und direkt zu beobachten. Bisher gibt es, aufgrund zu hoher falsch-positiver Zuweisungen, keine routinemäßigen Screening-Verfahren; diese werden erst auf begründeten Verdacht durchgeführt. Frühe Symptome unterscheiden sich im Erscheinungsbild von den offensichtlicheren, später auftretenden Verhaltensweisen und werden häufig mit der breiten Entwicklungsaltersspanne für unterschiedliche Fertigkeiten »abgetan« und nicht direkt weiterverfolgt. Da auch dies dazu führt, dass vielen autistischen Kindern und ihren Familien die notwendige und hilfreiche frühe autismusspezifische Förderung entgeht, ist es wichtig, frühe Anzeichen zu erkennen und die notwendigen Prozesse frühzeitig anzustoßen.

4 Diagnostik und Indikation

Frühe Symptome und Warnzeichen

Bei sehr jungen Kindern herrscht allgemein weiterhin die Annahme, dass es keine eindeutigen frühen diagnostischen Anzeichen gäbe. Häufig wird dann länger abgewartet, bis sich die Symptomatik deutlicher zeigt. Dadurch geht jedoch Zeit verloren, die für gezielte frühe Förderungen genutzt werden könnte. Im Folgenden finden sich frühe Anzeichen für Autismus. Ab dem Alter von 18 Monaten können Screening-Instrumente genutzt und Diagnosen relativ verlässlich von erfahrenen und qualifizierten Stellen gestellt werden (AWMF, 2016).

- Für das Säuglingsalter (< 12 Monaten) liegen keine wissenschaftlichen Belege für eindeutige, verlässliche Anzeichen zur Vorhersage von Autismus vor. Entwicklungsauffälligkeiten sollten im weiteren Verlauf beobachtet werden.
- Im Alter zwischen 12–18 Monaten (dem Zeitpunkt der routinemäßigen kinderärztlichen U6-Untersuchung) sollten folgende Auffälligkeiten die Behandelnden aufmerksam werden lassen und diagnostisch weiterverfolgt werden: Keine Zeigegeste um Interesse zu teilen, keine Winke-Geste zum Abschied, fehlende Reaktion auf den eigenen Namen, fehlende Imitation von Verhalten Anderer, kein Folgen der Zeigegeste Anderer, seltenes soziales Lächeln. Diese Auffälligkeiten sind auch im weiteren Verlauf zu beobachten.
- Hinzu kommen bis Ende des 2. Lebensjahrs v. a. fehlendes oder verringertes Verfolgen der Blickrichtung einer anderen Person und geringes oder fehlendes »Als-ob«-Spiel als Indikatoren.
- Ab etwa zwei Jahren (zum Zeitpunkt der kinderärztlichen Untersuchungen U7–U9) sollten auch mangelnder oder fehlender Blickkontakt, fehlendes Bringen von Gegenständen zum Teilen des Interesses, fehlende mimische Reaktion auf Schmerzäußerungen anderer Menschen, Rückschritte oder Verluste von Sprache oder sozialer Interaktion, zu weiterer Abklärung führen.

Wenn autismustypische Symptome bei dem Kind oder der Jugendlichen zu beobachten sind oder von den Eltern beschrieben werden, sollte durch evidenzbasierte Screening-Verfahren der Verdacht überprüft und an entsprechende Stellen weitergeleitet werden.

!Achtung vor zu frühem Ausschluss eines Verdachts!

In der klinischen Praxis hört man häufig von Vorbehandlerinnen Begründungen für den Ausschluss einer Autismus-Diagnose, die auf Falschannahmen und mangelnden tieferen Kenntnissen beruhen. Hierzu zählen Aussagen, wie »aber das Kind zeigt Blickkontakt«, »es spielt doch mit anderen«, »Man kann sich mit ihm unterhalten«. Übersehen werden kann hier, dass es nicht primär darum geht, dass autistische Kinder und Jugendliche bestimmte Fertigkeiten gar nicht hätten, sondern dass einerseits die Qualität des Verhaltens abweicht und andererseits hohe Anpassungsleistungen stattfinden können. Der Blickkontakt kann zwar vorhanden sein, ist aber beispielsweise deutlich vermindert, aus der Sicht nicht-autistischer Interaktionspartnerinnen unpassend (z. B. auch zu intensiv) oder nicht mit den verbalen Äußerungen koordiniert. Spiel mit anderen Kindern kann zwar vorhanden, aber sehr passiv, von außen initiiert und/oder mit einer großen Unsicherheit angemessen mit anderen in Kontakt zu treten, verbunden sein. Eine Konversation beinhaltet üblicherweise eine gewisse soziale Wechselseitigkeit, also ein ausgewogenes Verhältnis von Sprechen und Zuhören. Darüber hinaus führen viele Menschen Small Talk, leichte, informelle Konversationen, die dazu dienen, eine freundliche Atmosphäre herzustellen und alltägliche Themen zu besprechen, ohne tiefergehende Diskussionen zu führen. Vielen autistischen Menschen fällt dies oft schwer. Es kann passieren, dass autistische Menschen sehr ausdauernd über eigene Interessen sprechen ohne dabei das Gegenüber ausgeglichen mit ins Gespräch einzubeziehen. Insbesondere autistische Personen mit guten kognitiven Fähigkeiten haben durch gezielte Beobachtung und Imitation gelernt, Erwartungen der nicht-autistischen Umwelt an Konversationsabläufe zu erfüllen und sich (unter Anstrengung) anzupassen. Die Bandbreite der Ausprägungsgrade der individuellen sozial-kommunikativen und interaktionalen Entwicklung ist groß, was die Notwendigkeit einer ausführlichen Diagnostik durch erfahrene Autismus-Experten verdeutlicht.

Bericht eines Erfahrungsexperten: Blickkontakt

Soweit ich zurückdenken kann, höre ich immer wieder einen Satz meiner Mutter: »Schau mich an, wenn ich mit dir rede!« Dabei schaute ich sie doch an. Erst heute verstehe ich, dass sie Blickkontakt meinte, während ich meistens auf ihren Mund blickte und ihre Lippenbewegungen verfolgte, wenn sie sprach. So konnte ich mich viel besser auf das Gesprochene konzentrieren und eher verstehen, was sie meinte, während mich der direkte Blickkontakt irritierte. Das geht mir heute noch genauso. Besonders, wenn ich etwas erklären soll und mich auf meine inneren Gedankenbilder konzentrieren muss, fixiere ich einen festen und möglichst neutralen Punkt im Raum. Vor allem beim Sprechen brauche ich einen Ruhepol für meine Augen. In meiner Kindheit war ich dagegen beim Spiel »Sich in die Augen starren – wer zuerst wegschaut, verliert« unschlagbar. Ich fixierte einfach einen imaginären Punkt irgendwo im Hintergrund hinter dem Kopf meines Gegenübers. Da konnte die andere Person Grimassen schneiden oder sonst etwas versuchen – es hat mich nicht berührt, und ich habe immer gewonnen. Deshalb ließ das Interesse der anderen, mit mir dieses Spiel zu spielen, auch schnell nach.

Werner Kelnhofer, 73 Jahre, ICD-10: F84.5 Asperger-Syndrom

4.3 Screening-Verfahren

Screening-Untersuchungen sollten nur von qualifizierten Fachkräften des Gesundheitswesens durchgeführt werden, die über eine ausreichende Expertise im Bereich psychischer Erkrankungen und Entwicklungsstörungen verfügen. Die zu verwendenden autismusspezifischen Screening-Instrumente müssen bekannt sein und die zuständigen Personen mit der Auswertung und Interpretation der Ergebnisse ausreichend vertraut sein.

4.3.1 Screening-Instrumente

Die Auswahl an autismusspezifischen Screening-Verfahren ist mittlerweile groß und teilweise unübersichtlich. Folgend werden nur evidenzbasierte Verfahren beschrieben, die für den deutschsprachigen Raum auch in den medizinischen Leitlinien empfohlen werden (▶ Tab. 4.1). Alle Verfahren sind Fremdbeurteilungsinstrumente, die von Eltern und/oder anderen Bezugspersonen, wie Lehrkräften ausgefüllt, bzw. bei der Skala zur Erfassung von Autismus-Spektrum-Störungen bei Minderbegabten (SEAS) auch ausführlicher im Interview erfragt werden können.

Tab. 4.1: Empfohlene Screening-Instrumente entsprechend der AWMF-Leitlinien, ergänzt durch M-CHAT-R/F

Verfahrensname	Anwendungsbereich	Umfang und Dauer	Cut-Offs und weitere relevante Informationen
M-CHAT (Modified Checklist for Autism in Toddlers; Bölte, 2005)	für Kleinkinder (16–30 Monate)	Fragebogen 23 Items, < 10 Minuten Folgeinterview auffälliger Items entsprechend länger	niedrige Spezifität, Vorsicht bei der Interpretation geboten, als 2-stufiges Verfahren aufwändiger, aber höhere Spezifität Online verfügbar unter: https://www.mchatscreen.com/wp-content/uploads/2015/05/M-CHAT_German.pdf (Zugriffsdatum: 19.05.2025)
M-CHAT-R/F (Modified Checklist for Autism in Toddlers, Revised with Follow-Up; Robins et al., 2009)	für Kleinkinder (16–30 Monate)	Fragebogen 20 Items, < 10 Minuten, Folgeinterview auffälliger Items entsprechend länger	Weiterentwicklung zum M-CHAT, entsprechend weniger Studien verfügbar, Gütekriterien bisher vergleichbar, Anwendbarkeit durch Flussdiagramm vereinfacht. Online verfügbar, unter: https://mchatscreen.com/wp-content/uploads/2015/09/M-CHAT-R_F_German.pdf (Zugriffsdatum: 19.05.2025)

Tab. 4.1: Empfohlene Screening-Instrumente entsprechend der AWMF-Leitlinien, ergänzt durch M-CHAT-R/F – Fortsetzung

Verfahrensname	Anwendungsbereich	Umfang und Dauer	Cut-Offs und weitere relevante Informationen
FSK (Fragebogen zur sozialen Kommunikation; Bölte & Poustka, 2006)	für Kinder und Jugendliche (ab 4 Jahre, mentales Alter mind. 2 Jahre)	Fragebogen 40 Items, < 10 Minuten	Es existieren mehrere Cut-Offs und zwei Versionen (Lebenszeit/aktuell) Vorschul- und Grundschulkindern Cut-off-Wert von 11 Schulkindern und Jugendlichen Cut-off-Wert von 15
MBAS (Marburger Beurteilungsskala zum Asperger-Syndrom; Kamp-Becker et al., 2005)	Grundschul- und Jugendalter (6–24 Jahre) hoch-funktionaler Autismus	Fragebogen 65 Items, 20–30 Minuten	Online frei zugänglich unter: Fragebogen: https://www.kinderohneangst.de/Mbas-Asperger/2-Fragebogen%5B2%5D.pdf Auswertung: https://www.kinderohneangst.de/Mbas-Asperger/4-Auswertungsblatt[2].pdf (Zugriffsdatum beider Dokumente: 19.05.2025)
SRS (Skala zur sozialen Reaktivität; Bölte & Poustka, 2007)	für Kinder und Jugendliche (ab 4 Jahre)	Fragebogen 65 Items, 15–20 Minuten	Der Cut-Off-Wert ab 60 zeigt eine hohe Sensitivität, aber eine niedrige Spezifität. Der Cut-Off-Wert von 75 gute differentialdiagnostische Abgrenzung.
SEAS-M (Skala zur Erfassung von Autismus-Spektrum-Störungen bei Minderbegabten; Kraijer & Melchers, 2003)	breite Altersspanne (2–70 Jahre) für Menschen mit Intelligenzminderung	Interview Itemanzahl zwischen 30–50, 10–25 Minuten	Dieses Instrument hat sich im praktischen Alltag bewährt, es liegen jedoch keine Validierungsstudien vor.

4.3.2 Interpretation der Screening-Ergebnisse

Bei einem begründeten klinischen Verdacht und einem positiven Screening-Ergebnis sollte die Person an eine auf Autismus-Diagnostik spezialisierte Stelle weitergeleitet werden. Im Kontakt mit den Eltern ist zu beachten, dass die mehrstufige Vorgehensweise ausreichend verständlich erläutert wird.

Im Fall eines negativen Screening-Ergebnisses, ungenügendem klinischen Verdacht und nicht ausreichenden Hinweisen aus den Berichten der Eltern, sollte die Autismus-Diagnose ausgeschlossen werden. Die gängigen Prozesse zur anderweitigen differenzialdiagnostischen Abklärung und entsprechender Unterstützungsmaßnahmen sollten zusammen mit der Familie in Gang gesetzt werden.

Sollte trotz eines negativen Screening-Ergebnisses weiterhin im klinischen Eindruck und dem Empfinden des Umfelds ein Verdacht auf Autismus bestehen, sollte die Person entweder im Verlauf zum wiederholten Screening vorgestellt werden oder ebenfalls mit hinreichender klinischer Begründung direkt an eine spezialisierte Stelle weitergeleitet werden. Dies kann insbesondere bei hochmaskierenden, sich sehr gut anpassenden Kindern und Jugendlichen der Fall sein. Auch bei Mädchen ist besondere Aufmerksamkeit geboten, da die meisten Screening-Instrumente an überwiegend männlichen Personen validiert wurden und Mädchen häufig, durch bessere soziale Fertigkeiten, eine bessere Anpassungsleistung erbringen können (▶ Kap. 1 zu »masking«).

4.4 Diagnostik

Nach einem positiven Screening-Befund muss eine ausführliche diagnostische Abklärung des Verdachts erfolgen. Die Diagnostik einer Autismus-Spektrum-Störung ist zeitintensiv und stellt umfangreiche Anforderungen an die Diagnostizierenden. Es gab bereits verschiedene und wiederholte Versuche, den diagnostischen Prozess, v. a. aus ökonomischen Gründen, zu reduzieren. Zugunsten einer verlässlichen Diagnosestellung empfehlen sich jedoch weiterhin eher mehr als weniger Untersuchungen und Testungen (Kaufman, 2022).

4.4.1 Rahmenbedingungen des diagnostischen Prozesses

Im Rahmen der autismusspezifischen Diagnostik müssen auch Differenzialdiagnosen, internistisch-neurologische und komorbide psychische Störungen untersucht werden. Zudem gehören die Befundaufklärung und Empfehlungen für geeignete Förderungen und mögliche Therapien selbstverständlich mit zum diagnostischen Prozess. In spezialisierten Stellen findet der diagnostische Prozess meist durch mehrere Personen aus unterschiedlichen Professionen statt. Es hat sich gezeigt, dass eine teambasierte Diagnostik eine Diagnostik durch eine Einzelperson in ihrer Qualität übertrifft (Westman Andersson et al., 2013). Approbierte und autismusgeschulte Psychotherapeutinnen für Kinder und Jugendliche sollten bei der Diagnosestellung eine Fachärztin für Kinder- und Jugendpsychiatrie und -psychotherapie oder, bei vorhandener spezieller Qualifizierung, für Kinder- und Jugendmedizin mit einbeziehen um auch relevante medizinische Aspekte berücksichtigen zu können. Andererseits müssen neben den Autismus-Tests auch testpsychologische Untersuchungen zur kognitiven Entwicklung und eventuell zur Sprachentwicklung durchgeführt werden, sodass Mitarbeitende aus Sprachtherapie, Psychologie und Psychotherapie sich hinsichtlich ihrer jeweiligen Expertise ergänzen.

> **Empfehlungen zur Kompetenz autismusdiagnostizierender Stellen**
>
> Die umfassende Diagnostik bei Verdacht auf Autismus-Spektrum-Störung soll in einer darauf spezialisierten Stelle durchgeführt werden. Bezüglich der Diagnostik von Kindern und Jugendlichen soll in dieser Stelle folgende Kompetenz vorhanden sein (AWMF-Leitlinien, 2016, S. 130):
>
> - Fähigkeiten in der Verwendung von spezifischen diagnostischen Instrumenten,
> - differenzialdiagnostische Fähigkeiten bezüglich sämtlicher psychischer und somatischer Komorbiditäten,
> - Fähigkeiten in der Durchführung einer internistisch-neurologischen Untersuchung und der korrekten Interpretation der Ergebnisse,
> - Fähigkeiten in der testpsychologischen Untersuchung von Sprachentwicklung und kognitiver Entwicklung,
> - Fähigkeiten in der professionellen Beratung bezüglich therapeutischer, schulischer und sozialer Fragestellungen.
> - Die Diagnosestellung soll unter Einbeziehung eines Facharztes für Kinder- und Jugendpsychiatrie und -psychotherapie oder eines hierfür speziell qualifizierten Facharztes für Kinder- und Jugendmedizin durchgeführt werden.

Autismus ist eine Entwicklungsstörung und hat ihren Beginn dementsprechend bereits in der frühen Kindheit. Aus diesem Grund muss im Rahmen der Diagnostik immer sowohl das aktuelle Verhalten des Kindes in einer interaktionalen Testsituation (▶ Kap. 4.4.3) mit geübten Untersuchenden beobachtet werden. Zudem muss eine standardisierte Erfassung der frühkindlichen Entwicklung hinsichtlich wechselseitiger Interaktion, Kommunikation und restriktiven, repetitiven und stereotypen Verhaltensweisen mit einer engen Bezugsperson durchgeführt werden (▶ Kap. 4.4.2).

Generell müssen die spezifischen diagnostischen Instrumente von den Diagnostizierenden beherrscht und die Beziehung zum Kind oder Jugendlichen unter Berücksichtigung der autismusspezifischen Besonderheiten entsprechend sensibel und reflektiert gestaltet werden.

4.4.2 Anamneseerhebung und diagnostisches Interview mit Bezugspersonen

Zunächst soll eine ausführliche Anamnese hinsichtlich des Symptomverlaufs, der kindlichen Entwicklung, der schulischen Laufbahn, der Komorbiditäten sowie Behandlungs- und Familienanamnese durchgeführt werden. Dies wird im Rahmen der kinder- und jugendtherapeutischen Untersuchungen meist routinemäßig nach gängigen Leitlinien, aber überwiegend frei, erhoben.

Zusätzlich sollen autismusspezifische Symptome systematisch erfasst werden. Hierfür hat es sich als hilfreich und verlässlich erwiesen, ein (halb-)standardisiertes Interview mit den Sorgeberechtigten durchzuführen. Umfangreiche Forschung belegt eine optimale Erfüllung der Testgütekriterien für das diagnostische Interview für Autismus (ADI-R; Bölte et al., 2006). Dementsprechend wird dieses Instrument seit geraumer Zeit als Teil des Goldstandards zur Autismus-Diagnostik empfohlen (Falkmer et al., 2013). Je nach Umfang der Auskünfte der Bezugspersonen dauert die Durchführung 2–4 Stunden, es werden sowohl aktuelle als auch frühere Auffälligkeiten im Alter zwischen 4–5 Jahren durch 93 Items erfragt. Je nach Alter der zu diagnostizierenden Person stehen unterschiedliche Algorithmen zur Auswertung mit entsprechenden Grenzwerten zur Verfügung. Beurteilt werden hierbei vier Bereiche: Soziale Interaktion, Kommunikation, restriktive und repetitive Verhaltensweisen sowie Alter der Auffälligkeiten.

Es gab in der Vergangenheit bereits Versuche, die Ausführlichkeit des ADI-R zugunsten einer besseren Ökonomie zu reduzieren. Bestimmte Items haben sich hier als besonders aussagekräftig erwiesen und können ergänzend als Screening-Fragen genutzt werden. Für eine umfassende Diagnostik sind sie jedoch nicht ausreichend (Hoffmann et al., 2015). Zum aktuellen Zeitpunkt empfiehlt es sich weiterhin, mindestens die altersentsprechenden Algorithmus-Items vollständig zu erheben. Die Durchführung des gesamten Interviews ergibt ein umfassendes Bild der (frühen) Entwicklung des Kindes und ist ergänzend zur Anamnese ein wertvolles Informationsinstrument. Neben den Auswertungsalgorithmen des Originalinstruments hat es im letzten Jahrzehnt Bemühungen gegeben, auch bei jüngeren Kindern (ab 12 Monaten) Auffälligkeiten differenziert und verlässlich erfragen zu können. Hierzu wurde der Toddler-Algorithmus entwickelt (Kim & Lord, 2012), in dem nach Sprachniveau bei Kindern unter 4 Jahren unterschiedliche Items den meisten Informationsgehalt für einen Cut-Off Wert bieten.

4.4.3 Diagnostisches Beobachtungsverfahren mit dem Kind

Im Rahmen der Diagnostik soll ein klassischer psychopathologischer Befund (PPB) erhoben und dokumentiert werden. Er gibt Hinweise auf mögliche komorbide Erkrankungen oder Differenzialdiagnosen. Bei der Interpretation muss berücksichtigt werden, dass autismusspezifische Besonderheiten in der Wahrnehmung, Kommunikation und Interaktion zu Fehlschlüssen führen können. So könnte die eingeschränkte (nonverbale) soziale Interaktion fälschlicherweise als sozialer Rückzug interpretiert werden, eine monotone Sprachmelodie könnte als depressive Verstimmung fehlgedeutet werden oder stark routiniertes Verhalten als Zwang eingeordnet werden.

Da die autismusspezifische Symptomatik im klassischen PPB nicht ausreichend abgedeckt ist, muss zusätzlich eine (halb-)standardisierte autismusspezifische Verhaltensbeobachtung durchgeführt werden.

Hierfür werden die Instrumente *CARS* (Childhood Autism Rating Scale; Schopler et al., 1980) und *ADOS-2* (Diagnostische Beobachtungsskala für *Autismus*;

Poustka et al., 2015) empfohlen. Beide eignen sich für den Einsatz bei jungen Kindern bis ins Erwachsenenalter, die Vorgehensweise wird standardisiert, nach klinischem Eindruck an den (sprachlichen) Entwicklungsstand des Kindes angepasst. Beide Verfahren erfordern eine intensive Einarbeitung und Schulung durch erfahrene Anwender, regelmäßige Durchführungen und Abstimmungen mit Kolleginnen für eine ausreichend hohe Inter-Rater Reliabilität. Neben der Auswahl der passenden Inhalte und der etwa 60-minütigen Durchführung mit Spiel- und Interaktionssequenzen müssen im Anschluss an die Testung eine Vielzahl an Items kodiert werden, um die Bandbreite an autismusspezifischen Verhaltensweisen adäquat erfassen zu können.

Die CARS ist das älteste eingesetzte Instrument zur Verhaltensbeobachtung bei Autismus und liegt mittlerweile in revidierter Version als CARS-2 vor. In Deutschland ist vor allem der ADOS-2 gebräuchlich und es gibt mehr deutschsprachige Schulungsmöglichkeiten als für CARS-2. Für den ADOS-2 gibt es fünf Module, deren Inhalte sich nach dem sprachlichen Entwicklungsstand des Kindes richten (▶ Tab. 4.2).

Tab. 4.2: Übersicht der ADOS-2 Module

ADOS-2 Modul	Alter	Sprachniveau
Kleinkind (Toddler)	12–30 Monate	nonverbal bis verbal, unterschiedliche Algorithmen nach Sprachstand
Modul 1	ab 2 ½ Jahren	nicht-sprechend/wenige Worte
Modul 2	ab 2 ½ Jahren	Sprache in (Zwei-Wort) Sätzen
Modul 3	ab 5 Jahren	flüssige Sprache
Modul 4	ab spätem Jugendalter/junges Erwachsenenalter	flüssige Sprache

4.4.4 Testpsychologische Untersuchungen

Für die Einschätzung der kognitiven Fähigkeiten und Fertigkeiten soll ein aktuell normierter Entwicklungs- bzw. mehrdimensionaler Intelligenztest durchgeführt werden. Die Testauswahl muss auf der klinischen Einschätzung des Entwicklungsstands beruhen. Hierbei gilt es einerseits Überforderungssituationen zu vermeiden, andererseits aber verlässliche (standardisierte) Werte mit repräsentativer Aussagekraft der kognitiven Leistungen zu erhalten.

Rahmenbedingungen können bis zu einem gewissen Maß angepasst werden, sollten aber ausreichend im Befund dokumentiert sein. So kann dem Kind beispielsweise im Vorfeld Zeit zur Erkundung des Raumes eingeräumt und mehr Pausenmöglichkeiten angeboten werden. Vor allem sollte eine klare Struktur des Ablaufs der Testung kommuniziert werden. Sollte keine ausreichende Kooperationsbereitschaft bestehen oder sollten (v. a.) kognitiv sehr schwache Kinder nicht in der Lage sein, die Aufgaben zu bewältigen, kann es hilfreich sein, alternative Verfahren zur Einschätzung des Entwicklungsstands zu nutzen. Hier bieten sich beispielsweise Skalen zur Erfassung des adaptiven Verhaltens (Vineland-3 Skalen [VABS]; Sparrow et al., 2021) an, in denen Eltern alltägliche Fertigkeiten des Kindes bewerten und ein Entwicklungsalter (ab 3 Jahren) berechnet werden kann. Mit zeitlichem Abstand sollte eine Wiederholung der kognitiven Testung geplant werden.

Bei Kindern mit auffälliger Sprachentwicklung sollten standardisierte Sprachentwicklungstests durchgeführt werden. Hier sollte insbesondere ein Vergleich der rezeptiven und expressiven Sprachfertigkeiten erfolgen. Viele autistische Menschen haben ein schwächeres Sprachverständnis als der aktive Sprachschatz vermuten lassen würde, was im Alltag vermehrt zu Überforderung und Stress führen kann (Kwok et al., 2015).

4.4.5 Körperliche Untersuchung und Laboruntersuchungen

Bei autistischen Kindern und Jugendlichen finden sich erhöhte Prävalenzen für mögliche internistische-neurologische Erkrankungen (z. B. infantile Zerebralparese, Epilepsie, Schlafprobleme, etc., ▶ Kap. 3.1) und genetische Störungen (z. B. fragiles X-Syndrom, Landau-Kleffner-Syndrom). Bei jeder Person mit einem Verdacht auf Autismus soll im Rahmen der Diagnostik eine komplette umfassende internistisch-neurologische Untersuchung durchgeführt werden. Hierbei soll explizit auf Hinweise auf (Selbst-)Verletzungen, Waschzwänge, Essstörungen und körperliche Misshandlung geachtet werden. Eine humangenetische Untersuchung sowie apparative Diagnostik (Elektroenzephalografie (EEG), Magnetresonanztomographie (MRT), etc.) soll den Sorgeberechtigten nur bei bestehender klinischer Indikation empfohlen werden.

4.4.6 Komorbiditäten und Differenzialdiagnosen

Es ist unerlässlich, im Verlauf des diagnostischen Prozesses differenziert einzuschätzen, ob bestimmte Symptome im Rahmen der autistischen Symptomatik einzuordnen sind, zusätzlich zum Autismus vorliegen oder auf eine differenzialdiagnostisch abzugrenzende andere zugrundeliegende Störung hinweisen (▶ Kap. 3). Dies ist eine große diagnostische Herausforderung und erfordert neben der autismusspezifischen Expertise eine breite klinische Erfahrung hinsichtlich des gesamten kinder- und jugendtherapeutischen Störungsspektrums und der entsprechenden Klassifikationen. Differenzialdiagnostisch müssen vor allem folgende Störungen bei der entsprechenden Indikation in Betracht gezogen werden:

- Entwicklungsstörungen:
  Sprachstörungen und globale Entwicklungsstörungen oder Intelligenzminderung
- Psychische und Verhaltensprobleme bzw. Störungen:
  Aufmerksamkeitsdefizit-/Hyperaktivitätsstörung (ADHS), emotionale Störun-

gen und Angststörungen, affektive Störungen, oppositionelles Verhalten/Störung des Sozialverhaltens, Persönlichkeitsstörungen, Zwangsstörungen, Bindungsstörungen, stereotype Bewegungsstörung, psychotische Störungen

Sollte eine andere Störung die vorliegende Symptomatik ausreichend erklären, ist auch dieses Ergebnis den Bezugspersonen zu vermitteln. Zusätzlich muss auch in diesem Fall eine Beratung zu entsprechenden weiteren Behandlungsschritten und Unterstützungsangeboten erfolgen.

Sollten neben der Autismus-Symptomatik auch komorbide Störungen auffallen, müssen diese ebenfalls im Verlauf abgeklärt und perspektivisch (mit-)behandelt werden.

4.4.7 Integration der Ergebnisse und Diagnosestellung

Im Optimalfall wird die Autismus-Diagnostik durch ein multidisziplinäres erfahrenes Team, bestehend aus Kinder- und Jugendpsychotherapeutin, -ärztin oder -psychiaterin, klinischer oder pädagogischer Psychologin und Logopädin, durchgeführt. Wenn alle Untersuchungen und Testungen durchgeführt wurden, werden die Ergebnisse durch die Hauptbehandelnden zusammengetragen und im Team hinsichtlich der passenden Diagnose interpretiert. Sind die Kriterien entsprechend dem Klassifikationssystem erfüllt, Komorbiditäten bestimmt und andere Störungen differenzialdiagnostisch ausgeschlossen, kann mit hoher Verlässlichkeit eine valide Autismus-Diagnose gestellt werden. Die Rückmeldung der Ergebnisse sollte von der diagnostizierenden spezialisierten Stelle durch die diagnostizierende Person, bzw. die Diagnostizierenden erfolgen.

4.5 Rückmeldung der Diagnostikergebnisse

Im abschließenden Rückmeldegespräch werden alle relevanten Ergebnisse des Screenings, der Anamnese, der direkten Verhaltensbeobachtung, der strukturierten Erhebung der Entwicklung autismustypischer Symptome aktuell und in der Kindheit, der kognitiven und sprachlichen Testverfahren und medizinischen Untersuchungen mit den Eltern und je nach Entwicklungsstand auch mit dem Kind oder Jugendlichen besprochen. Die Stellung einer Autismus-Diagnose hat für die Familien meist eine hohe Bedeutung. Die Rückmeldung sollte feinfühlig, ausführlich, klar verständlich und damit für alle nachvollziehbar sein. Es sollte über die Symptome, Ursachen, Prognosen, sowie hilfreiche Unterstützungsmaßnahmen informiert werden. Das Aufklärungsgespräch erfordert Feingefühl von der durchführenden Fachperson. Dazu gehört es, die Situation des Gegenübers zu verstehen, sich empathisch zu zeigen, jedoch gleichzeitig eine angemessene professionelle Distanz zu wahren, um professionell alle relevanten Informationen zu vermitteln.

Im Gespräch eventuell aufkommende Ängste oder Schuldgefühle der Eltern sollten konkret besprochen werden, um die Familie aufzuklären und zu entlasten.

Hierbei sollte den Familien das Konzept der Diagnosestellung und die Klassifikation entsprechend den Vorgaben des Gesundheitssystems im Sinne einer Autismus-Spektrum-Störung genauso erläutert werden wie das autistische Identitätskonzept im Sinne einer neurodiversen Wahrnehmung und Verarbeitung der (sozialen) Welt.

> **Unterscheidung autistisches Identitätskonzept vs. »Autismus-Spektrum-Störung«-Diagnose**
>
> Bei der Rückmeldung einer Autismus-Diagnose ist es wichtig, die klinisch-psychologische Perspektive von Autismus als »Störung« von einem positiven, ressourcenorientierten Identitätskonzept klar zu unterscheiden.
>
> Bei der Diagnoseperspektive kann erläutert werden, dass die Diagnose »Autismus-Spektrum-Störung« in erster Linie ein Werkzeug ist, um bestimmte Verhaltensweisen und neurologische Unterschiede zu beschreiben, die im Alltag zu Herausforderungen führen können. Eine Diagnose ist notwendig, um Zugang zu Unterstützung und Therapie zu erhalten, aber auch um rechtliche Ansprüche, wie bspw. Nachteilsausgleiche, geltend machen zu können.
>
> Eine Beispielformulierung könnte etwa sein: »*Die Diagnose hilft uns zu verstehen, welche Unterstützung nützlich sein könnte, um bestimmte Hürden zu überwinden und Strategien zu entwickeln, die dir helfen deinen Alltag einfacher zu gestalten.*«
>
> Ergänzend dazu sollte erklärt werden, dass Autismus nicht nur als Störung betrachtet werden kann, sondern auch eine neurologische Variation ist, die Einfluss auf die Persönlichkeit, Denkweise und Wahrnehmung der Welt hat. Autismus als Teil des Selbstverständnisses kann ein essenzieller Bestandteil der Identität sein. Viele autistische Menschen erleben Autismus als Teil dessen, wer sie sind, mit einzigartigen Stärken und Herausforderungen. Autismusspezifische persönliche Stärken können gemeinsam herausgearbeitet werden, diese liegen häufig in folgenden Bereichen: ausgeprägte Aufmerksamkeit für Details, kreative Denkansätze oder Ehrlichkeit und Loyalität in sozialen Beziehungen.
>
> Beispielformulierung: »*Autismus bedeutet auch, dass du eine besondere Perspektive auf die Welt hast, was sehr bereichernd sein kann. Die Diagnose definiert dich nicht komplett, sondern beschreibt nur einen Teil deiner Eigenschaften.*«

Neben den defizitorientierten Punkten, die einen großen Raum im Rahmen der Diagnostik eingenommen haben, sollten ebenfalls unbedingt individuelle Kompetenzen und Möglichkeiten aufgegriffen und reflektiert werden. Schulische Unterstützungsvarianten, mögliche Jugendhilfemaßnahmen und auch lokale Selbsthilfegruppen für Jugendliche und Eltern können hilfreich sein und sollten den Familien erläutert werden.

Die Planung therapeutischer Interventionen und notwendiger Hilfen, auch hinsichtlich einer sozialrechtlichen Beratung, sollte frühzeitig erfolgen. Zur Orientierung sollten konkrete Ansprechpartnerinnen benannt werden. In manchen Bundesländern gibt es Autismus-Therapiezentren, in anderen auch Autismus-Kompetenzzentren. Diese Stellen sind spezialisiert auf Autismus und meist beratend als auch therapeutisch tätig. Jedoch werden sie teilweise von unterschiedlichen Trägern finanziert und unterscheiden sich stark in den verfügbaren Angeboten. Die lokale Vernetzung und der Ausbau therapeutischer Angebote werden zwar zunehmend verbessert, dennoch gibt es oft nur wenige autismusspezifische Hilfsangebote oder zu wenig verfügbare Plätze. Sollten Diagnostizierende keine nahen Ansprechpartnerinnen nennen können, kann den Eltern auch der allgemeine Kontakt zum Bundesverband Autismus Deutschland e.V. (https://www.autismus.de) weitergeleitet werden. Hierüber erhalten Eltern wichtige orientierende Informationen sowie weitere Kontaktmöglichkeiten.

> **Bericht einer Erfahrungsexpertin: Diagnostischer Prozess**
>
> Meiner Erfahrung nach liegt ein Problem in der Diagnostik von Autismus oft darin, dass in einzelnen Facharztpraxen die entsprechenden Details untersucht werden, ohne frühzeitig das »große Ganze« im Blick zu haben. Als die Sprache unseres Sohnes bis zum zweiten Lebensjahr ausblieb, lag der Fokus zunächst ausschließlich auf der Untersuchung seines Hörvermögens. Diese Untersuchungen waren langwierig, und obwohl sich zeigte, dass sein Hörvermögen nicht beeinträchtigt war, wurden Verhaltensauffälligkeiten, die rückblickend klar auf Autismus hindeuteten, als Teil einer normalen Entwicklungsvariation angesehen. Ein Psychologe, der meinen Sohn in der Kita beobachtete, schloss Autismus sogar aus, da er ja Blickkontakt aufnehmen und mit anderen Kindern rennen konnte. Dies verdeutlicht, dass die Vielseitigkeit von Autismus oft nicht ausreichend bekannt ist, selbst bei Fachpersonen. Letztendlich war es mein Gefühl als Mutter, das uns auf den richtigen Weg brachte. Ich informierte mich umfassend, organisierte eigenständig Termine bei spezialisierten Stellen und setzte mich dafür ein, dass unser Sohn untersucht wurde. Nach einer »gefühlten« langen Wartezeit von sechs Monaten – was im Vergleich wohl tatsächlich kurz ist – hatten wir den ersten Termin bei einer spezialisierten Kinder- und Jugendpsychiaterin. Ein weiteres halbes Jahr später erhielt er mit 3,5 Jahren die Diagnose frühkindlicher Autismus. Eine frühzeitige Diagnose ist entscheidend. Sie ermöglicht nicht nur, betroffene Kinder rechtzeitig zu fördern, sondern auch Eltern, Angehörige und Betreuungspersonen besser aufzuklären, um ein tieferes Verständnis für den Umgang mit Autismus zu schaffen. Nur so kann der Grundstein für eine langfristig erfolgreiche Unterstützung gelegt werden.
>
> Nora L. mit Sohn Paul, 4 Jahre, frühkindlicher Autismus

4.6 Überprüfung der Lernziele

- Warum ist der Prozess der Autismus-Diagnostik unterteilt und wie sieht das Stufen-Modell aus?
- Was sind hilfreiche Screening-Instrumente bei einem Verdacht auf Autismus?
- Was sind notwendige Rahmenbedingungen für die Diagnostik von Autismus-Spektrum-Störungen?
- Warum ist der Diagnostikprozess sehr aufwendig und zeitintensiv?
- Welche Bestandteile gehören zum Rückmeldegespräch nach der Diagnosestellung?

5 Störungstheorien und -modelle

Fallbeispiel

Nach einer zeitintensiven Suche nach einer Erklärung für die Auffälligkeiten ihres Sohnes bei vielen verschiedenen Fachärztinnen und langer Wartezeit hatte die Familie des 8-jährigen Benni einen Termin für eine Autismus-Diagnostik in einer Spezialambulanz erhalten. Die Kombination aus psychologischen und medizinischen Untersuchungen bestätigte schließlich die Diagnose Asperger-Syndrom. Neben den Gesprächen mit dem Fachpersonal haben sich die Eltern auch im Internet und in Büchern über Autismus und mögliche Ursachen informiert. Die Eltern beschreiben diesen Prozess als belastend und sehr verunsichernd. Insbesondere im Internet kursieren Aussagen wie »Autismus kommt vom Impfen« oder »die Eltern sind schuld am Autismus ihres Kindes, weil sie nicht genügend emotionale Wärme entgegengebracht haben«. Und auch populärwissenschaftliche Artikel und Bücher sind nicht hilfreich. In manchen wird von einer starken Erblichkeit gesprochen, andere Quellen beschreiben den Einfluss von Umweltgiften oder die Rolle des sozialen Umfelds. All diese Informationen hinterlassen die Eltern von Benni mit folgenden unzureichend beantworteten Fragen: Warum hat Benni das Asperger-Syndrom? Haben wir etwas falsch gemacht? Was können wir tun, um ihn optimal zu unterstützen?

Lernziele

- Sie können den Stand der Ursachenforschung richtig einordnen. Dabei wissen Sie insbesondere, was bisher erklärt werden und kann und was noch nicht.
- Sie haben einen Überblick über das Ausmaß des genetischen Einflusses auf die Entstehung von Autismus.
- Sie wissen, welche Umweltfaktoren sich wie stark auf die Entstehung von Autismus auswirken.
- Sie kennen die wichtigsten kognitiven Erklärungstheorien, die Defizite in spezifischen Funktionsbereichen postulieren.
- Sie kennen die bedeutendsten domänenübergreifenden kognitiven Erklärungsmodelle.
- Sie kennen ein Arbeitsmodell autistischer und komorbider Symptomatik, das zur Ableitung eines individuellen Störungsmodells in der Psychotherapie mit autistischen Kindern und Jugendlichen adaptiert werden kann.

5.1 Überblick zur Ursachenforschung

Als tiefgreifende Entwicklungsstörung unterscheidet sich Autismus von anderen psychischen Störungen des Kindes- und Jugendalters durch das Vorhandensein von Entwicklungseinschränkungen oder -verzögerungen von Funktionen, die eng mit der biologischen Reifung des zentralen Nervensystems verknüpft sind. Dies könnte vermuten lassen, dass es klar umschriebene genetische, körperliche bzw. hirnphysiologische Veränderungen gibt, die Autismus verursachen. Obwohl in jahrzehntelanger interdisziplinärer Forschung reiche Erkenntnisse über solche Veränderungen auf biologischer Ebene gewonnen wurden, gibt es bisher kein umfassendes, empirisch ausreichend belegtes ätiologisches Modell für die Entstehung von Autismus. Es wird davon ausgegangen, dass genetische Veränderungen über veränderte Stoffwechselprozesse zu einer veränderten Gehirnstruktur und -aktivität führen, was autistisches Erleben und Verhalten verursacht (Frith et al., 1991). Für dieses grundlegende ätiologische Modell gibt es empirische Belege auf allen erwähnten Ebenen, von genetischen Veränderungen bis zu kognitiven Unterschieden. Insgesamt sind diese Erkenntnisse jedoch größtenteils eher beschreibend und konkrete Veränderungsmechanismen unklar. Das bedeutet, es ist bisher noch wenig darüber bekannt, welche Veränderungen in dieser Kausalkette auf welche Weise genau von der genetischen zur Symptomebene welche Folgen auslösen und dadurch Autismus bedingen.

Definition: Ätiologie

In der klinischen Psychologie bezieht sich der Begriff Ätiologie auf die Lehre der Ursachen von psychischen Störungen. Dies beinhaltet das Erforschen und Beschreiben verschiedener Einflüsse, wie biologischer, genetischer, psychologischer, sozialer sowie Umweltfaktoren, um ein besseres Verständnis für die Entstehung psychischer Störungen zu gewinnen und effektive Behandlungsansätze entwickeln zu können.

Aufgrund der Komplexität der bisher gewonnenen Erkenntnisse über ätiologische Zusammenhänge auf allen Erklärungsebenen geht man davon aus, dass verschiedene Ursachen und Entwicklungswege zu Autismus führen können. Das bedeutet, dass es keinen einheitlichen Grund oder Entwicklungspfad für Autismus gibt, sondern dass Autismus bei verschiedenen Menschen aufgrund verschiedener Faktoren und Entwicklungsverläufe auftreten kann. Diese Annahme der Äquifinalität hilft die Vielfalt möglicher ursächlicher Faktoren zu erklären. Gleichzeitig kann Äquifinalität auch ein Faktor bei der Erklärung der Heterogenität von Autismus-Spektrum-Störungen und dem jeweilig vorliegenden Funktionsniveau sein.

Definition: Äquifinalität

In der Entwicklungspsychopathologie bedeutet Äquifinalität, dass verschiedene Ursachen und Entwicklungswege zum selben Ergebnis führen können. Im Kontext von Autismus kann das z. B. bedeuten, dass verschiedene genetische Faktoren und/oder Umweltfaktoren eine Symptomatik hervorrufen können, die zur Diagnose einer Autismus-Spektrum-Störung führt.

In diesem Kapitel werden auf den jeweiligen Erklärungsebenen die mutmaßlichen Einflüsse untersuchter Faktoren vorgestellt. Obwohl deutlich wird, dass die im Folgenden beschriebenen Faktoren und deren Rolle bei Autismus gut untersucht sind, ist es bisher über keinen dieser Faktoren allein oder in Kombination möglich, die Entstehung von Autismus eindeutig zu erklären.

Good to know: Widerlegte Erklärungsmodelle »Kühlschrank-Mutter« und »Impfschaden«

In den 1950er und 1960er Jahren wurde die Theorie populär, Eltern und insbesondere Mütter würden durch mangelnde emotionale Wärme Autismus bei ihrem Kind verursachen. Diese psychoanalytisch verortete Erklärung wurde, basierend auf Aussagen von Leo Kanner, maßgeblich von Bruno Bettelheim ausgearbeitet und populär gemacht. Die sogenannte »Kühlschrankmuttertheorie« entbehrte jedoch nicht nur empirischer Evidenz, sondern führte darüber hinaus zur Stigmatisierung von Eltern autistischer Kinder, denen dadurch die »Schuld« an der Verfassung ihrer Kinder gegeben wurde. Die Arbeit von Bernard Rimland, selbst Vater eines autistischen Sohnes, half schließlich ab Mitte der 1960er Jahre mit dieser Theorie aufzuräumen und die Bedeutung genetischer, neurologischer und kognitiver Faktoren in den Fokus ätiologischer Störungsmodelle zu rücken (Rimland, 1964).

Im Jahr 1998 wurde eine Studie veröffentlicht, die in einer kleinen Stichprobe von Kindern einen Zusammenhang zwischen einer aufgetretenen Autismus-Spektrum-Störung und der Dreifachimpfung für Masern, Mumps und Röteln postulierte. Es wurde vermutet, dass eine Quecksilberverbindung, die in diesem Impfstoff enthalten war, Darmentzündungen, schädliche Effekte auf das zentrale Nervensystem und schließlich Autismus ausgelöst haben soll. In einer Vielzahl von Folgestudien konnte dieser Zusammenhang jedoch nicht nachgewiesen werden (z. B. De Stefano et al., 2007). Darüber hinaus wurde die Originalstudie im Jahr 2010 aufgrund gravierender methodischer Mängel und wissenschaftlichem Fehlverhalten zurückgezogen und der Erstautor der Studie verlor seine Zulassung als Arzt. Dennoch hält sich, auch aufgrund vom Autor weiter fortgeführter »Anti-Impf-Kampagnen«, hartnäckig in einigen Kreisen die Annahme, Impfungen im Kindesalter würden Autismus auslösen, was jedoch weiterhin nicht haltbar ist (Deer, 2020).

5.2 Biologische Faktoren

5.2.1 Genetischer Einfluss

Genetischen Faktoren wird bei der Entstehung von Autismus eine zentrale Bedeutung beigemessen. Hierfür gibt es gute Belege vor allem aus drei Hauptbereichen verhaltensgenetischer Forschung: Zwillingsstudien, Familienstudien und Studien zu seltenen genetischen Syndromen, bei denen Autismus komorbid auftritt.

Bei Zwillingsstudien werden eineiige mit zweieiigen Zwillingen verglichen. Eineiige Zwillinge teilen 100 % ihrer Gene, während zweieiige Zwillinge wie gewöhnliche Geschwister in der Hälfte ihrer Gene gleich sind. Eineiige und zweieiige Geschwister teilen sich ihre Umwelt ab der Konzeption, also bereits im Mutterleib. Wenn nun eine höhere Rate von Autismus-Spektrum-Störungen bei eineiigen im Vergleich zu zweieiigen Zwillingen beobachtet wird, spricht dies für eine genetische Ursache. In einer Metaanalyse von Zwillingsstudien wurde eine Erblichkeit von 64–91 % geschätzt (Tick et al., 2016).

> **Good to know: Erblichkeit bei Autismus**
>
> Der Grad der Erblichkeit, auch Heritabilität genannt, variiert zwischen 0 und 100 % und gibt an, wie viel von den beobachteten Variationen in einem Merkmal, hier der Autismus-Spektrum-Störung, auf genetische Unterschiede zurückzuführen sind. Dies bedeutet jedoch nicht, dass Autismus zu einem bestimmten Prozentsatz »vererbt« wird. Vielmehr zeigt der Grad der Erblichkeit an, wie viel von der beobachteten Variation in einem Merkmal innerhalb einer bestimmten Population auf genetische Unterschiede zurückzuführen ist. Ein hoher Heritabilitätswert, beispielsweise 80 %, deutet darauf hin, dass die beobachteten Unterschiede in einem Merkmal hauptsächlich auf genetische Faktoren zurückzuführen sind. Ein niedriger Heritabilitätswert, wie 20 %, zeigt an, dass Umweltfaktoren einen größeren Einfluss auf die beobachteten Unterschiede haben.
>
> Erblichkeit kann je nach Population und Umweltbedingungen variieren.

In Familienstudien wird die Rate der Autismus-Diagnosen bei Verwandten einer autistischen Person mit der Rate an Autismus-Diagnosen in der Allgemeinbevölkerung verglichen. Die bislang größte populationsbasierte prospektive Längsschnittstudie mit über zwei Millionen untersuchten Kindern und Jugendlichen und deren Familien (darunter auch Zwillinge) aus Dänemark, Finnland, Schweden, Israel und Australien fand eine Erblichkeit von 81 % (Bai et al., 2019).

Ungefähr 10 % aller Fälle von Autismus treten in Zusammenhang mit seltenen genetischen Syndromen wie dem Fragilen-X-Syndrom, der tuberösen Sklerose, dem Joubert-Syndrom oder dem Smith-Lemli-Opitz-Syndrom auf. Allerdings haben bei vielen dieser Syndrome weniger als die Hälfte auch eine Autismus-

Diagnose (Abrahams & Geschwind, 2008). Obwohl dies also ebenfalls für eine genetische Ursache von Autismus spricht, ist diese Form der Entstehung von Autismus als selten einzuschätzen und nur bedingt für ein umfassendes Erklärungsmodell von Autismus zu nutzen.

In den letzten 20 Jahren wurden aufgrund der mittlerweile verfügbaren technischen Möglichkeiten (v. a. einer schnelleren und billigeren DNA-Sequenzierung) Studien durchgeführt, die in Familien mit autistischen Kindern und der Allgemeinbevölkerung Zusammenhänge zwischen bestimmten genetischen Variationen und Autismus untersuchten. In diesen genomweiten Assoziationsstudien wird in großen Stichproben untersucht, ob ein bestimmter genetischer Marker, also ein bestimmter eindeutig identifizierbarer DNA-Abschnitt, bei Autistinnen und Autisten bzw. ihren Familienmitgliedern, nicht aber bei einer nicht-autistischen Kontrollgruppe, gehäuft auftritt. Von so identifizierten Genvarianten wird vermutet, dass sie in Zusammenhang mit der Entstehung von Autismus stehen. Es ist wichtig zu betonen, dass dieser rein korrelative Zusammenhang noch nicht belegt, dass diese Genvariante tatsächlich Autismus verursacht.

Genomweite Assoziationsstudien haben eine Reihe von Genvarianten identifiziert, die in unterschiedlich starkem Zusammenhang mit dem Auftreten von Autismus stehen (The Autism Spectrum Disorders Working Group of The Psychiatric Genomics Consortium, 2017). Die meisten dieser Genvarianten sind verantwortlich für die Entwicklung und Funktionsweise des zentralen Nervensystems, was die Erklärung stützt, dass bestimmte genetische Veränderungen die Entwicklung und Funktionsweise des Gehirns beeinflussen, was dann eine autistische Symptomatik auf Erlebens- und Verhaltensebene zur Folge hat. Allerdings schränken methodische Probleme die Interpretierbarkeit genomweiter Assoziationsstudien ein. Selbst Studien mit großen Stichproben, wie die hier berichtete Metaanalyse mit über 16.000 autistischen Menschen, müssen sich der methodischen Kritik stellen, dass bei der Vielzahl der in diesen Studien durchgeführten statistischen Analysen die Wahrscheinlichkeit falsch positive Ergebnisse zu finden (es wird ein Zusammenhang beobachtet, den es in Wirklichkeit nicht gibt) zu hoch ist, um verlässliche Aussagen treffen zu können. Border et al. (2019) zeigten am Beispiel von genomweiten Assoziationsstudien zur Identifizierung genetischer Marker bei Depressionen, dass Studien mit Stichproben von weniger als 34.000 untersuchten Personen keine verlässlichen Ergebnisse erwarten lassen. Tatsächlich scheint es auch bei genomweiten Assoziationsstudien in der Autismus-Forschung Schwierigkeiten zu geben, die Rolle zuvor identifizierter genetischer Marker in unabhängigen Stichproben zu belegen (Torrico et al., 2017).

Betrachtet man die Erkenntnisse verschiedener Studienarten der Genforschung, ist festzustellen, dass es eine Vielzahl von Genvariationen gibt, die mit Autismus in Verbindung stehen (De La Torre-Ubieta et al., 2016). Einige dieser Genvariationen stehen aber nicht nur mit der Entstehung von Autismus in Zusammenhang, sondern erhöhen auch das Risiko für andere Auffälligkeiten, wie Intelligenzminderung, Schizophrenie, Sprachentwicklungsstörungen, Epilepsie oder Aufmerksamkeitsdefizit-/Hyperaktivitätsstörung. Daher ist es eine große Herausforderung für zukünftige Forschung zu verstehen, wie bestimmte genetische Variationen über ihre Beeinflussung neuronaler Prozesse spezifisch zu Autismus beitragen (Geschwind, 2011).

5.2.2 Umweltrisikofaktoren

Umweltrisikofaktoren bei der Entstehung von Autismus bezeichnen Gegebenheiten und Bedingungen in der individuellen Entwicklungsgeschichte, die die Wahrscheinlichkeit einer Autismus-Diagnose erhöhen. Das bedeutet nicht, dass bei jeder Person das Vorhandensein eines oder mehrerer Risikofaktoren zwangsläufig zu einer Autismus-Diagnose führt. Vielmehr gibt die Höhe des Umweltrisikos an, in welchem Ausmaß bestimmte äußere Einflussfaktoren mit dem Auftreten von Autismus zusammenhängen.

Umweltrisikofaktoren in der Herkunftsfamilie

Eine Reihe von Studien legt einen Zusammenhang zwischen dem Alter der Eltern zum Zeitpunkt der Geburt und einer Autismus-Diagnose ihres Kindes nahe. Obwohl das Risiko einer Autismus-Diagnose mit steigendem Alter sowohl der Mutter als auch des Vaters größer wird (Hultman et al., 2011), scheint vor allem das Alter der Mutter eine entscheidende Rolle zu spielen. Als mögliche Erklärung für das erhöhte Risiko bei höherem Alter der Mutter werden Spontanmutationen und epigenetische Veränderungen diskutiert. Neben dem Alter der Eltern berichten Studien ein Zusammenhang sowohl zwischen der Zuwanderungsgeschichte (Magnusson et al., 2012) als auch dem sozioökonomischen Status der Familie und einer Autismus-Diagnose (Hultman et al., 2011). Es ist aktuell jedoch unklar, wie robust diese Befunde sind und wie ein solcher Zusammenhang erklärt werden könnte. Vermutet werden auch hier epigenetische Veränderung aufgrund von erhöhtem Stress in Zusammenhang der Migration in ein anderes Land bzw. erhöhter und vielfältiger alltäglicher Belastung durch einen niedrigen sozioökonomischen Status. Auch eine Verbindung zwischen Vorerkrankungen der Eltern, in erster Linie der Mutter, und einer Autismus-Diagnose wird diskutiert. Zusammenhänge wurden z. B. für Diabetes, Autoimmunerkrankungen oder psychischen Störungen der Mutter hergestellt (Bölte et al., 2019; Daniels et al., 2008). Auch hier ist die Studienlage dünn, was aktuell keine stark belastbaren Aussagen über die Folgen dieser Vorerkrankungen zulässt.

Schwangerschafts- und geburtsassoziierte Risiken

Einige Gegebenheiten oder Ereignisse während der Schwangerschaft werden mit der Entstehung von Autismus in Zusammenhang gebracht. Schon früh fanden Längsschnittstudien Hinweise darauf, dass eine Rötelninfektion in der Schwangerschaft die Wahrscheinlichkeit einer Autismus-Diagnose des Kindes erhöht (Chess et al., 1978). Auch die Einnahme von Medikamenten in der Schwangerschaft scheint laut einigen Studien das Risiko einer Autismus-Diagnose zu erhöhen.

Zusammenhänge wurden insbesondere für Antiepileptika (v. a. Valproat) berichtet. Ein leicht erhöhtes Risiko wurde auch für Antidepressiva beobachtet. Jedoch gibt es auch eine Reihe von Studien, die keinen Zusammenhang finden konnten, weshalb ein Verzicht auf SSRI während der Schwangerschaft auf Populationsebene wohl nur einzelne Fälle von Autismus verhindern würde (Bölte et al., 2019). Der Kontakt mit Pestiziden (Kalkbrenner et al., 2014) sowie Rauchen und Alkoholkonsum während der Schwangerschaft werden ebenfalls als Ursachen diskutiert (Bölte et al., 2019). Rauchen und Alkoholkonsum stellen zwei erhebliche Risikofaktoren für eine Vielzahl negativer Entwicklungsfolgen für das ungeborene Kind dar. Ein spezifisch erhöhtes Risiko für Autismus ist jedoch nicht eindeutig belegt (Rosen et al., 2015). Eine Gehirnblutung vor, während oder kurz nach der Geburt, bei der v. a. die Schläfenlappen betroffen sind (infantile Zerebralparese), kann das Risiko einer Autismus-Diagnose erhöhen (Fombonne, 2003). Ein beobachteter Zusammenhang zwischen Autismus und einer Kaiserschnittgeburt ist in Studien vor allem durch konfundierte Einflussgrößen wie andere genetische und Umweltfaktoren erklärbar (Curran et al., 2015).

Frühkindliche Deprivation

Extreme Vernachlässigung durch z. B. Mangelernährung, unzureichende Hygiene und das Fehlen einer festen Bezugsperson oder altersgerechter Beschäftigungsmöglichkeiten im Säuglings- und Kleinkindalter kann autistische Verhaltensweisen verursachen (Rutter et al., 2007). Da dies jedoch nur sehr selten vorkommt, kann ausgeschlossen werden, dass dies eine zentrale Ursache für Autismus ist. Zusätzlich muss in solchen Fällen eine mögliche Bindungsstörung differenzialdiagnostisch gut abgegrenzt werden.

5.2.3 Gehirnentwicklung

Durch die um die Jahrtausendwende aufgekommene breitere Verfügbarkeit von nicht-invasiven Methoden zur Untersuchung des Aufbaus und der Funktionsweise des Gehirns ist ein bedeutender Forschungszweig entstanden, der versucht, die Entstehung von Autismus anhand von Veränderungen in der strukturellen und funktionellen Gehirnentwicklung zu erklären. Viele Studien aus diesem Forschungsbereich fanden übereinstimmend, dass autistische Kleinkinder im Alter von 2–4 Jahren im Durchschnitt ein größeres Gehirnvolumen als nicht-autistische Kinder haben. Dieses erhöhte Gehirnvolumen scheint jedoch um das 6.–8. Lebensjahr wieder zu verschwinden. Ab dann ist bei autistischen Kindern kein wesentlicher Zuwachs an Gehirnmasse zu beobachten (Ecker et al., 2015).

Dies führte zur Annahme, dass der Verlauf der Gehirnentwicklung bei Autismus verändert ist. Ein typischer Prozess der Gehirnentwicklung ist eine anfängliche Überproduktion von Synapsen (»blooming«), den Schnittstellen zwischen Nervenzellen im Gehirn, von denen anschließend jene, die zu wenig genutzt werden, wieder absterben (»pruning«). Auf diese Weise bilden sich spezifische Netzwerke innerhalb des Gehirns heraus. Es wird vermutet, dass dieser Prozess bei Autismus verändert ist, sich eventuell insgesamt mehr Synapsen bilden oder weniger der irrelevanten Verbindungen absterben, was zu den beobachteten Unterschieden im absoluten Gehirnvolumen führen könnte.

Darüber hinaus gibt es Hinweise, dass diese veränderte Entwicklungskurve für bestimmte Teile des Gehirns unterschiedlich ist. Besonders der Frontallappen und die Temporallappen scheinen davon stärker betroffen zu sein als der Parietal- und Okzipitallappen. Da Frontal- und Temporallappen sowohl an der Verarbeitung sozialer Informationen als auch an der Handlungsplanung und -steuerung beteiligt sind, wurde angenommen, dass diese Veränderungen die Grundlage für spezifische Defizite in sozialer Kognition und Interaktion sowie im Bereich der Handlungskontrolle sind (Volkmar, 2011). Aktuelle Längsschnittstudien sprechen jedoch gegen diese Hypothese der lokalen Veränderung bestimmter Gehirnbereiche und legen eher den Schluss nahe, dass die atypische Gehirnentwicklung alle Regionen und damit auch alle kognitiven Bereiche wie Wahrnehmung, exekutive Funktionen, soziale Kognition oder Motorik betrifft (Elsabbagh & Johnson, 2016).

Die Theorie, dass eine veränderte kortikale Ausdifferenzierung in der Gehirnentwicklung Autismus auf neuronaler Ebene bedingt, kann auch den Befund erklären, dass die Konnektivität innerhalb und zwischen einzelnen Gehirnregionen bei Autismus verändert ist. Mittels funktioneller Magnetresonanztomographie (fMRT) kann man, während eine Person entweder eine Aufgabe bearbeitet oder auch an nichts Bestimmtes denkt, messen, wie sehr die Aktivität innerhalb verschiedener Gehirnregionen miteinander in Verbindung steht. Darüber hinaus können über das Messen des Volumens der weißen Substanz, die hauptsächlich aus Axonen, also den Verbindungen zwischen den Nervenzellen bestehen, Rückschlüsse auf das Ausmaß der Verbindungen zwischen Gehirnregionen gezogen werden. Beide Untersuchungsmethoden zeigen, dass bei autistischen Erwachsenen sowohl weit entfernte als auch näher aneinander liegende Gehirnregionen, im Vergleich zu nicht-autistischen Erwachsenen, weniger gut miteinander verknüpft sind (Ecker et al., 2015; Hoppenbrouwers et al., 2014; Rane et al., 2015). Besonders das Corpus Callosum, die Verbindung zwischen der rechten und linken Gehirnhälfte scheint davon betroffen zu sein. Interessanterweise findet sich bei jüngeren Kindern (vor der Adoleszenz) mit einer Autismus-Diagnose eine erhöhte Konnektivität zwischen verschiedenen Gehirnregionen, die erst später abnimmt (Uddin et al., 2013).

Zusammenfassend kann festgestellt werden, dass sowohl die Gehirnstruktur als auch die Funktionsweise des Gehirns bei Autismus grundlegend verändert sind. Dafür verantwortlich scheint eine veränderte Entwicklung des Gehirns von früher Kindheit an zu sein. Was genau diese Veränderungen auslöst und wie welche Veränderung wiederum welche Folgen auf kognitiver und Verhaltensebene bedingt ist bisher jedoch weitgehend unklar.

Eine wichtige Rolle hierbei spielen vermutlich veränderte Neurotransmittersysteme. So wurden z. B. Unterschiede im Serotoninhaushalt nachgewiesen, ein Botenstoff des zentralen Nervensystems, der sowohl für die Funktionsweise des Gehirns, als auch für dessen Entwicklung von wesentlicher Bedeutung ist (Muller et al., 2016). Es ist naheliegend, dass durch eine veränderte Gehirnentwicklung auch alle kognitiven Prozesse beeinflusst sein können, was zu den beobachtbaren

Unterschieden und Schwierigkeiten in der Informationsverarbeitung sowohl im sozialen als auch nicht-sozialen Bereich bei Autismus passt.

5.3 Kognitive Faktoren

5.3.1 Modelle umschriebener Defizite

In den 1980er Jahren begann die psychologische Forschung mit der Suche nach bestimmten kognitiven Funktionen, deren Beeinträchtigung eine autistische Symptomatik erklären könnte. Diese Zeit war geprägt durch eine modulare Sichtweise kognitiver Architektur, also der Annahme, dass einer bestimmten menschlichen Fähigkeit eine klar umschriebene kognitive Funktion zugrunde liegt. Sich in Andere hineinzuversetzen beispielsweise, wurde als »Theory-of-Mind-Modul« bezeichnet (Leslie, 1994). Heutzutage geht man eher davon aus, dass bestimmte kognitive Fähigkeiten aus einem Zusammenspiel vieler kognitiver Teilprozesse entstehen (z. B. Schaafsma et al., 2015). Gleichzeitig herrschte damals noch stärker als heute eine defizitorientierte Sicht auf Autismus, die kognitive Unterschiede zwischen autistischen und nicht-autistischen Menschen weniger als Variation mit Nach- aber auch Vorteilen verstand, sondern eher als Abweichung von der Norm, die eine klare Beeinträchtigung darstellt (einen guten Überblick über frühe und aktuelle kognitive Theorien über Autismus aktuelle Debatten darüber liefern Fletcher-Watson & Happé, 2019).

Exekutive Funktionen

Exekutive Funktionen sind kognitive Prozesse, die für die Planung, Organisation, Initiierung, Steuerung und Überwachung des eigenen Verhaltens verantwortlich sind. Diese Funktionen ermöglichen es einer Person z. B. komplexe Aufgaben zu bewältigen, Prioritäten zu setzen, impulsives Verhalten zu kontrollieren, flexibel zu denken und Probleme zu lösen. Exekutive Funktionen spielen eine entscheidende Rolle bei der Selbstregulation und der Umsetzung von kurz- oder langfristigen Zielen. Beispiele für exekutive Funktionen sind das Arbeitsgedächtnis, Inhibition von Gedanken und Verhalten, Flexibilität zur Anpassung an veränderte Aufgabenanforderungen, Planung von Aufgaben und Teilaufgaben oder Selbstkontrolle. Viele autistische Kinder und Erwachsene erleben Schwierigkeiten bei alltäglichen Aufgaben, die exekutive Funktionen erfordern, was zur Annahme führte, dass die Beeinträchtigung dieses kognitiven Teilbereichs autistischer Symptomatik zugrunde liegt (Hughes & Russell, 1993). Gleichzeitig sind autistische Verhaltensweisen, wie das Verharren in einer bestimmten Handlung oder die Rigidität im Ablauf von Handlungen und Schwierigkeiten beim Wechsel zu anderen Handlungen gut durch beeinträchtigte exekutive Funktionen erklärbar. Eine Metaanalyse bestätigt, dass exekutive Funktionen über die Lebensspanne bei autistischen Menschen beeinträchtigt sind, zeigt aber auch, dass das Vorhandensein einer solchen Beeinträchtigung keine diagnostische Sensitivität besitzt. Mit anderen Worten, die Information darüber, ob eine Person beeinträchtigte exekutive Funktionen hat oder nicht, ist nicht aussagekräftig dafür, ob eine Autismus-Diagnose zu stellen oder auszuschließen ist (Demetriou et al., 2018). Dies liegt vor allem auch daran, dass exekutive Funktionen bei vielen weiteren Störung ebenfalls beeinträchtigt sind, insbesondere bei ADHS. Deshalb geht man aktuell davon aus, dass veränderte exekutive Funktionen zwar die Entstehung von Autismus nicht vollständig erklären können, sie aber eine wichtige Rolle dabei spielen zu erklären, wie gut eine autistische Person im Alltag zurechtkommt (Pellicano, 2012). Je weniger exekutive Funktionen beeinträchtigt sind, desto günstiger fällt die Prognose für das Meistern schulischer und beruflicher Herausforderungen, aber auch für Interaktionsqualität aus. Gute exekutive Funktionen haben demnach vermutlich auch eine wichtige kompensatorische Bedeutung (Livingston & Happé, 2017).

Soziale Kognition

Soziale Kognition bezeichnet die Fähigkeit, Informationen über die soziale Welt wahrzunehmen, zu verarbeiten, zu verstehen und darauf zu reagieren. Dies bestimmt die Art und Weise, wie wir Andere und uns selbst wahrnehmen, soziale Situationen verstehen und gestalten. Soziale Kognition bei Autismus wurde und wird intensiv beforscht, wohl auch weil Schwierigkeiten in Kommunikation und Interaktion so markant sind. Eine Schlüsselfähigkeit der sozialen Kognition ist die Theory of Mind, die Fähigkeit, Anderen und sich selbst mentale Zustände wie Wünsche, Gedanken oder Gefühle zuzuschreiben um Verhalten erklären, vorhersagen und beeinflussen zu können (Wimmer, 1983).

Merke

Im Gegensatz zu früheren Annahmen zeigt die heutige Forschung, dass sozialkognitive Prozesse bei Autismus nicht grundlegend beeinträchtigt sind. Autistinnen und Autisten haben eine Theory of Mind, also die Fähigkeit sich in Andere hinzuversetzen und auch Empathie, können also mit anderen Personen mitfühlen und Gefühle teilen. Studien zeigen, dass sozial-kognitive Prozesse im Zusammenhang mit diesen Fähigkeiten durchaus anders als bei nicht-autistischen Menschen ablaufen können, was aber kein Fehlen dieser Fähigkeiten zur Folge hat. Das Vorurteil, autistische Menschen könnten beides nicht, ist gesellschaftlich immer noch weit verbreitet. Dementsprechend ist es wichtig, diese Erkenntnisse im psychotherapeutischen Kontext und überhaupt in der Interaktion mit autistischen Kindern, Jugendlichen und Erwachsenen zu berücksichtigen.

Eine einflussreiche Studie, die besonders ausgeprägte Theory-of-Mind-Schwierigkeiten bei autistischen Kindern im Vergleich zu Kindern mit Trisomie 21 und typisch entwickelten Kindern fand, prägt das Feld bis heute durch die theoretische Annahme, dass eine autistische Symptomatik durch beeinträchtigte soziale Kognition und insbesondere durch ein Theory-of-Mind-Defizit erklärt werden kann (Baron-Cohen et al., 1985). Mittlerweile zeichnet eine Vielzahl von Studien zu den verschiedenen Facetten sozialer Kognition ein komplexeres Bild und relativiert diese Annahme. Die folgende Tabelle (▶ Tab. 5.1) gibt einen Überblick über die Forschung zur Entwicklung der Bausteine sozialer Kognition, sowie Evidenz für und gegen eine atypische Entwicklung bei Autismus.

> **Bericht einer Erfahrungsexpertin: Andere Menschen verstehen**
>
> Soziale Interaktionen sind für mich oft stressig, weil sie ein hohes Maß an Unvorhersehbarkeit mit sich bringen. Mein Modell der Wirklichkeit schließt das Verhalten von Menschen nicht ein. Ich kann mir viele Dinge gut vorstellen – zum Beispiel, woran eine Pflanze leidet, wenn sie kränkelt, oder warum ein Raum ungemütlich wirkt. Aber wenn es um andere Menschen geht, fällt es mir schwer herauszufinden, warum sie so oder so handeln. Oft überraschen mich die Fragen oder Antworten meines Gegenübers, und niemand mag Überraschungen. Ich brauche dann lange, um zu überlegen, was die andere Person meinen könnte, und liege trotzdem oft falsch. Das spüre ich und werde dadurch noch verwirrter. Nicht-autistische Menschen können sich oft gar nicht vorstellen, dass jemand sie nicht auf allen Kommunikationsebenen instinktiv versteht. Sie können deshalb auch oft nur schwer verdeutlichen, was sie meinen. Die einzigen Menschen, die ich gut »lesen« kann, sind andere Autistinnen und Autisten, sowie meine Kinder. Zu meinen Kindern habe ich eine sehr enge emotionale Bindung und ich liebe sie über alles.
>
> Da ich oft andere Interessen habe als die Mehrheit, ist soziale Interaktion für mich besonders schwierig. Ich habe gelernt, dass Kommunikation häufig dazu dient, Gemeinsamkeiten zu finden und ein Gefühl von Zugehörigkeit zu schaffen. Leider treffe ich selten Menschen, die meine Interessen teilen, und habe mich daher daran gewöhnt, viel Zeit allein zu verbringen. Dabei kommuniziere ich gerne, das habe ich v. a. gemerkt, als ich andere Autistinnen und Autisten kennengelernt habe. Auch ohne gemeinsame Interessen verbindet uns die Erfahrung des Nichtverstandenwerdens, und es ist ein schönes Gefühl, sich verstanden und akzeptiert zu fühlen.
>
> Ilona Mennerich, 54 Jahre, Autistin

Betrachtet man den aktuellen Forschungsstand (▶ Tab. 5.1), dann wird deutlich, dass die Annahme eines klar umschriebenen Defizits der sozialen Kognition, das Kommunikations- und Interaktionsschwierigkeiten erklärt, aufgrund der mittlerweile starken Evidenz für intakte Fähigkeiten in allen Teilbereichen sozialer Kognition, nicht mehr haltbar ist. Bei dem Versuch, die Befundlage zu beeinträchtigten bzw. intakten sozial-kognitiven Teilbereichen zu erklären, kommt die aktuelle Forschung zu dem Schluss, dass soziale Kognition bei Autismus weder genauso wie bei nicht-autistischen Menschen funktioniert noch, dass sie deutlich beeinträchtigt ist. Vielmehr geht man mittlerweile davon aus, dass soziale Kognition bei autistischen Menschen, von früh an, in vielen Bereichen anders abzulaufen scheint als bei nicht-autistischen Menschen. So zeigt eine Studie von Schuwerk und Sodian (2023) z. B., dass erwachsene Autisten eine klassische Theory-of-Mind-Aufgabe zwar korrekt lösen können, dabei aber langsamer sind und mehr Fehler machen als nicht-autistische Erwachsene. Dieses, auch in anderen Studien beobachtete, Phänomen kann dazu führen, dass in manchen Fällen keine Unterschiede zwischen autistischen und nicht-autistischen Kindern, Jugendlichen und Erwachsenen zu beobachten sind, in anderen Fällen jedoch durch weniger effiziente Informationsverarbeitung und/oder eine erhöhte kognitive Anstrengung Schwierigkeiten und Überlastung in sozialen Situationen entstehen können. Der Anspruch an zukünftige Forschung besteht darin, nicht nach den beeinträchtigen Aspekten sozialer Kognition zu suchen, sondern zu verstehen, wie sozial-kognitive Prozesse bei Autismus ablaufen. Die hieraus entstehenden möglichen Folgen für die individuelle Person und der daraus resultierende Bedarf an Unterstützung stellen eine relevante neue Sichtweise dar (Livingston & Happé, 2017).

Tab. 5.1: Übersicht über den aktuellen Forschungsstand zur Entwicklung der Bausteine sozialer Kognition und Forschung die für, bzw. gegen eine spezifische Beeinträchtigung der jeweiligen Fähigkeit bei Autismus spricht.

Baustein sozialer Kognition	Typische Entwicklung	Evidenz für atypische Entwicklung bei Autismus	Evidenz für intakte Fähigkeit bei Autismus
Aufmerksamkeit für soziale Signale	frühe Präferenz für soziale Reize, z. B. Gesichter (Kelly et al., 2019; Omer et al., 2019), Präferenz für direkten Blickkontakt (Farroni et al., 2002), biologische Bewegung (Simion et al., 2008) und »Babytalk« (Cooper & Aslin, 1990)	reduzierte Präferenz für Gesichter, Personen und soziale Situationen (Chawarska et al., 2013; Falck-Ytter & Von Hofsten, 2011; Jones & Klin, 2013), reduzierte Präferenz für biologische Bewegung (Klin et al., 2009), untypische Präferenz für »Babytalk« (Filipe et al., 2018)	typische Verarbeitung von direktem Blickkontakt (Moriuchi et al., 2017), intakte Verarbeitung biologischer Bewegung (Cusack et al., 2015), keine qualitative Beeinträchtigung sozialer Aufmerksamkeit (Guillon et al., 2014)
Geteilte Aufmerksamkeit	Folgen der Blickrichtung anderer und Lenken der Aufmerksamkeit anderer in 2. Hälfte des ersten Lebensjahres (Mundy, 2018)	reduziertes Folgen und Initiieren aufmerksamkeitslenkender kommunikativer Gesten (Mundy et al., 1990)	intaktes Verständnis intentionaler Gesten bei reduzierten äußeren Anzeichen dafür (Gernsbacher et al., 2008)

Tab. 5.1: Übersicht über den aktuellen Forschungsstand zur Entwicklung der Bausteine sozialer Kognition und Forschung die für, bzw. gegen eine spezifische Beeinträchtigung der jeweiligen Fähigkeit bei Autismus spricht. – Fortsetzung

Baustein sozialer Kognition	Typische Entwicklung	Evidenz für atypische Entwicklung bei Autismus	Evidenz für intakte Fähigkeit bei Autismus
Imitation und Antizipation zielgerichteter Handlungen	Nachmachen einfacher Objekt-gerichteter Handlungen mit 6–8 Monaten (Barr et al., 1996), Imitation zielgerichteter Handlungen mit ca. 1,5 Jahren (Carpenter et al., 1998)	fehlende Imitation intentionaler Handlungen (D'Entremont & Yazbek, 2007); abweichende Verarbeitung von Handlungsabfolgen (Cattaneo et al., 2007)	Imitation zielgerichteter Handlungen (jedoch reduzierte Imitation in anderen Aufgaben in derselben Studie, Colombi et al., 2009), Imitation zielgerichteter Handlungen bei autistischen Kindern auf niedrigem Funktionsniveau (Somogyi et al., 2013); intaktes Verstehen von Zielen und Absichten (Hamilton, 2009)
Theory of Mind	Verstehen der falschen Überzeugung Anderer ab 3–5 Jahren (Wellman et al., 2001)	fehlendes Verständnis falscher Überzeugungen (Baron-Cohen et al., 1985; Senju et al., 2009)	intaktes Verständnis falscher Überzeugungen (Gernsbacher & Yergeau, 2019; Schaller & Rauh, 2017; Scheeren et al., 2013; Schuwerk et al., 2015)

Diese Zweiteilung des Forschungsfelds, in die klassische Sichtweise eines spezifischen Defizits und neuere Forschung, die Evidenz für Kompetenzen findet und dadurch ein differenziertes Bild zeichnet, ist auch im Bereich der Erforschung der Empathiefähigkeit bei Autismus zu beobachten (Schuwerk, 2024). Viele Studien sprechen für ein Empathiedefizit bei Autismus, das zu atypischen empathischen Reaktionen führt, was sich negativ auf Interaktion und Kommunikation auswirkt (Harmsen, 2019). Dies wurde v. a. bei Erwachsenen, aber auch bei autistischen Kindern erforscht (Campbell et al., 2017; Sigman et al., 1992). Mittlerweile liegt eine Vielzahl von Studien vor, die einzelne Teilprozesse von Empathiefähigkeit adressierten. Hier wurde gefunden, dass autistische Kinder, v. a. solche mit intellektueller Beeinträchtigung, weniger Aufmerksamkeit auf andere Menschen richten und dadurch auch seltener emotionale Ausdrücke registrieren können (Jones & Klin, 2013; Mundy, 2018). Bei anschließendem Erklären des emotionalen Ausdrucks (welche Emotion ist das und warum hat diese Person diese Emotion) haben autistische Menschen ebenfalls oft Schwierigkeiten (Dziobek et al., 2008). Ein dritter Teilprozess ist der eigentliche Kern von Empathie, das gleichzeitige Fühlen derselben Emotion. Hier zeigen Studien, dass dieses kongruente Mitfühlen bei autistischen Menschen genauso zu beobachten ist, wie bei nicht-autistischen (Dziobek et al., 2008; Hume & Burgess, 2021). Üblicherweise wird die mitgefühlte

Emotion anhand von Mimik und Gestik ausgedrückt. Basierend auf einem verringerten, aber normalerweise sehr deutlich beobachtbaren Verhalten werden autistische Kinder (und Erwachsene) dann oft als weniger empathisch eingeschätzt (Peterson, 2014).

> **Bericht eines Erfahrungsexperten: Emotionen**
>
> Ein häufiges Klischee über Autistinnen und Autisten ist, dass sie »keine Emotionen« haben und wie Roboter wirken. Das stimmt so weder vollständig noch gar nicht. Emotionen werden bei vielen Autistinnen und Autisten einfach anders verarbeitet. Häufig werden Gefühle nicht unmittelbar und »instinktiv« oder »automatisch« erlebt, sondern werden zunächst erst gedanklich »erschlossen«, was mit zusätzlichem kognitivem Aufwand verbunden ist. Eine wichtige Rolle spielen hier die Erfahrungen, also wie viel man schon über eine Emotion in bestimmten Kontexten gelernt hat. Der Ausdruck einer Emotion kann dann auf nicht-autistische Menschen manchmal wie »abgerufen«, simuliert oder unpassend wirken. Hilfreich für manche Autistinnen und Autisten sind daher Medien wie Zeichentrickserien oder Comics. Durch die dortigen übertriebenen Darstellungen von Emotionen ist es oft leichter, sie zu verstehen und deren Ausdruck selbst nachzuahmen und so einzuüben. Die Faszination vieler Autistinnen und Autisten für solche Unterhaltungsmedien wird dadurch verständlich: Figuren aus Tinte oder Animationen drücken Emotionen klarer und eindeutiger aus als menschliche Gesichter, die oft mit feinen Nuancen arbeiten, die schwerer zu interpretieren sind.
>
> Gerjet Joris Betker, 36 Jahre, Asperger-Syndrom

Neben diesem Befund, dass trotz abweichender Aufmerksamkeitsprozesse und Verständnisschwierigkeiten das empathische Erleben selbst unbeeinträchtigt zu sein scheint, deckten Studien das Wirken weiterer Einflussgrößen auf. So kann Alexithymie, also die Schwierigkeit beim Identifizieren und Beschreiben eigener Emotionen, ein Phänomen, das oft zusammen mit Autismus vorkommt, viele der Befunde eines vermeintlichen Empathiedefizits erklären (Shah et al., 2016; Vaiouli et al., 2022). Darüber hinaus wird in den letzten Jahren auch zunehmend der Einfluss des meist nicht-autistischen Umfelds auf soziale Interaktion erforscht (siehe Forschung: *Double Empathy* Problem).

> **Forschung: *Double Empathy* Problem**
>
> Das *Double Empathy* Problem beschreibt die Wechselwirkung von Empathie zwischen autistischen und nicht-autistischen Menschen. Im Kern geht es nicht nur darum, dass Autistinnen und Autisten Schwierigkeiten haben, die emotionale Welt nicht-autistischer Menschen zu verstehen, sondern auch umgekehrt (Milton, 2012). Es wird beschrieben, dass bei der Interaktion zwischen autistischen und nicht-autistischen Menschen beide Seiten in ihrer Empathiefähigkeit

herausgefordert sind, und dass Missverständnisse auf Schwierigkeiten in der wechselseitigen Verständigung beruhen. Studien, die diesen interpersonellen Ansatz stützen, zeigen, dass nicht-autistische Menschen ebenfalls Probleme haben, die emotionalen Ausdrücke und mentalen Zustände von Autistinnen und Autisten korrekt zu deuten (Brewer et al., 2016; Sheppard et al., 2016), sogar innerhalb der eigenen Familie. Heasman und Gillespie (2018) fanden in einer Studie, dass Eltern das Ausmaß des Egozentrismus ihres autistischen Kindes, also wie sehr es in seiner eigenen Sichtweise verhaftet ist, ohne die Sichtweisen anderer zu berücksichtigen, überschätzen. Das Double Empathy Konzept hebt hervor, dass Interaktionen zwischen autistischen Menschen untereinander oft reibungsloser verlaufen als diejenigen zwischen autistischen und nicht-autistischen Personen. Bei Letzteren treten häufiger Missverständnisse auf, was zu einer Beeinträchtigung der Qualität und Effektivität der Interaktion führen kann. Diese Theorie betont die Gleichwertigkeit der Perspektiven von autistischen und nicht-autistischen Menschen sowie die beidseitige Verantwortung. Durch gegenseitiges Anpassen und Verständnis für vorhandene Unterschiede kann soziale Interaktion zwischen autistischen und nicht-autistischen Menschen erfolgreich gelingen. Mittlerweile gibt es einige Studien, die diese Annahmen bestätigen (Crompton et al., 2020; Morrison et al., 2020). Insgesamt ist diese Theorie allerdings noch jung und bedarf weiterer empirischer Prüfung.

Modelle atypischer Entwicklungsverläufe sozialer Kognition

Diese Klasse von Theorien fokussiert ebenfalls auf Defizite in der sozialen Kognition als Erklärung für die Entstehung autistischer Symptomatik. Allerdings verorten diese Theorien die spezifischen Beeinträchtigungen von Bausteinen sozialer Kognition und deren Folgen stärker im Kontext individueller Entwicklung. Unterschiede im Erwerb sozial-kognitiver Fähigkeiten von autistischen im Vergleich zu nicht-autistischen Kindern markieren Abzweigungen von typischen Entwicklungsverläufen, die Einfluss auf den Erwerb oder die Beeinträchtigung weiterer Fähigkeiten haben (Shultz et al., 2015).

Eine bedeutende Studie, die zur Theorie der reduzierten sozialen Orientierung bei Autismus zu zählen ist, verdeutlicht diese theoretische Annahme. Jones und Klin (2013) untersuchten bei Babys in den ersten Lebensmonaten das Betrachten von Gesichtern der Bezugspersonen. Sie fanden heraus, dass Kinder, die später eine Autismus-Diagnose erhielten, als Baby in den ersten zwei Lebensmonaten zwar genauso viel Aufmerksamkeit auf die Gesichter ihrer Bezugspersonen lenkten wie Kinder, die keine Autismus-Diagnose erhielten, dass diese Aufmerksamkeit jedoch ab dann bis zum Alter von sechs Monaten kontinuierlich abnahm. Die Autoren schlussfolgerten, dass dies eines der ersten frühen Anzeichen von Autismus sein kann, und dass die Abnahme des Betrachtens des Gesichts der Bezugsperson späteren weiteren veränderten sozial-kognitiven Prozessen vorausgeht. Die Vermutung ist, dass autistische Kinder durch das reduzierte Betrachten von Gesichtern und anderen sozialen Reizen auch weniger natürlich in sozialen Situationen über und von anderen Menschen lernen, was den weiteren Verlauf atypischer Entwicklung noch verstärkt. Dieser Erfahrungsrückstand wirkt sich negativ auf das Erreichen folgender Meilensteine in der Entwicklung sozialer Kognition aus, wie zum Beispiel geteilte Aufmerksamkeit oder Theory of Mind. Andere Studien lieferten weitere Belege für eine reduzierte Aufmerksamkeit für soziale Reize (▶ Tab. 5.1).

Eine verwandte Theorie ist die der reduzierten sozialen Motivation bei Autismus. Darin wird davon ausgegangen, dass soziale Interaktion intrinsisch belohnend ist und sich Menschen deshalb von Geburt an intensiv mit sozialen Informationen auseinanderzusetzen und Interaktion suchen (Chevallier et al., 2012). Laut dieser Theorie erfahren autistische Kinder keine intrinsische Belohnung in der Auseinandersetzung mit der sozialen Welt, was erklären würde, warum sie dies weniger tun. Analog zur oben erwähnten Theorie der reduzierten sozialen Orientierung setzt diese fehlende Hinwendung zu anderen Personen atypische Entwicklungsverläufe mit resultierenden ausbleibenden sozialen Lernerfahrungen in Gang.

Diese beiden Theorien zu atypischen Entwicklungsverläufen wurden in mehreren Punkten kritisiert. So gibt es eine Reihe von Studien, die gegen eine qualitative Beeinträchtigung der Aufmerksamkeit für soziale Reize sprechen (Guillon et al., 2014; Johnson, 2014). Auch ist ein »spezielles Belohnungssystem« für soziale Reize bisher nicht belegt und bleibt eine theoretische Annahme. Ein schwerwiegender Kritikpunkt kommt von autistischen Menschen selbst, deren Erfahrungsberichte klar gegen eine reduzierte Motivation für soziale Interaktionen sprechen (Jaswal & Akhtar, 2019). Jaswal und Akhtar stellen in ihrer Kritik alternative Erklärungen dafür vor, warum Autistinnen und Autisten von außen scheinbar »sozial unmotiviert« wirken, in Wirklichkeit jedoch, genau wie nicht-autistische Menschen, interessiert sind an Sozialkontakten. So führen seltenerer direkter Blickkontakt, Motorstereotypien oder Echolalie häufig dazu, dass ein sozial unmotivierter Eindruck beim Gegenüber entsteht. Forschung, die zeigt, dass auch Autistinnen und Autisten unter Einsamkeit leiden, sich Beziehungen wünschen und soziale Teilhabe ihre Lebensqualität vorhersagt, stützt diese Kritik (DaWalt et al., 2019; Howard et al., 2006; Locke et al., 2010).

5.3.2 Modelle veränderter domänenübergreifender Informationsverarbeitung

Die meisten bisher beschriebenen kognitiven Erklärungstheorien versuchen veränderte sozial-kognitive Prozesse zu beschreiben und dadurch kommunikative und interaktionelle Schwierigkeiten autistischer Menschen zu erklären. Autistische Symptomatik äußert sich jedoch nicht nur im sozial-kommunikativen Bereich. Der klinische Eindruck sowie autistische Erfahrungsberichte legen vielmehr nahe, dass kognitive Prozesse umfassend, grundlegend und in allen kognitiven Domänen auch außerhalb der sozialen Kognition anders als bei nicht-autistischen Menschen ablaufen können. Die große Schwäche sozial-kognitiver ätiologischer Modelle ist daher ihre begrenzte Erklärungsbreite. Selbst wenn sie es schaffen, veränderte soziale Kognition als Ursache für eine autistische Symptomatik gut empirisch belegt erklären zu können, bleibt ein großer Bereich veränderter nicht-sozialer Kognition und Symptomatik außerhalb des sozialen Bereichs unerklärt. Zusätzlich stellt sich die Frage, inwieweit soziale und nicht-soziale Kognition als voneinander getrennte Inhalte betrachtet werden können.

Als Antwort auf diese Unvollständigkeit sozial-kognitiver Theorien wurde eine Reihe von domänenübergreifenden Theorien autistischer Informationsverarbeitung entwickelt. Die beiden einflussreichsten werden im Folgenden vorgestellt.

Theorie der schwachen zentralen Kohärenz

Die Theorie der schwachen zentralen Kohärenz wurde von der britischen Psychologin Uta Frith entwickelt, um die Besonderheiten der Wahrnehmung und kognitiven Verarbeitung bei Autismus zu erklären. Das Konzept der schwachen zentralen Kohärenz besagt, dass Autistinnen und Autisten dazu neigen, Schwierigkeiten bei der Verarbeitung von Informationen auf höheren Ebenen zu haben, während sie gleichzeitig überdurchschnittlich gute Fähigkeiten in der Verarbeitung von Einzelheiten und spezifischen Informationen zeigen. Anders ausgedrückt bedeutet dies, dass Menschen mit Autismus dazu tendieren, Details und spezifische Teile einer Information oder eines Stimulus besonders stark zu fokussieren, während sie Schwierigkeiten haben, diese Details in einen größeren Zusammenhang oder ein Gesamtbild zu integrieren (Frith & Happé, 1994; Shah & Frith, 1983).

Frith argumentiert, dass diese Tendenz zur Fokussierung auf Einzelheiten und zur Schwierigkeit bei der Verarbeitung von globalen Zusammenhängen auf eine Schwäche im Bereich der »zentralen Kohärenz« zurückzuführen ist. Die zentrale Kohärenz bezieht sich auf die kognitive Fähigkeit, Informationen zu integrieren und ein Gesamtbild zu bilden, indem es verschiedene Details und Einzelheiten zusammenfügt. Es ist wichtig zu betonen, dass die Theorie der schwachen zentralen Kohärenz nicht besagt, dass autistische Menschen unfähig sind, globale Zusammenhänge zu verstehen, sondern vielmehr, dass sie Schwierigkeiten haben können, diese Informationen in der gleichen Weise zu verarbeiten wie nicht-autistische Personen. Diese Theorie kann erklären, warum autistische Menschen bei manchen Aufgaben, die eine gezielte Aufmerksamkeit für Details erfordern (z. B. der Mosaiktest des Wechsler Intelligenztests), z. T. besser abschneiden als nicht-autistische Menschen. Gleichzeitig kann sie auch in den sozialen Bereich übertragen werden. So kann die Schwierigkeit, emotionale Gesichtsausdrücke zu erkennen, dadurch entstehen, dass einzelne Informationsbausteine, wie hochgezogene Augenbrauen oder nach oben gezogene Mundwinkel, weniger gut zu einem Gesichtsausdruck, der eine bestimmte Emotion ausdrückt, zusammengefügt werden können.

Eine aktuelle Metaanalyse, die Studien zu dieser Theorie aus dem Bereich der visuellen Informationsverarbeitung zusammengefasst untersuchte kam zum Schluss, dass die empirische Grundlage für diese Theorie weniger robust ist als bisher angenommen. Van der Hallen et al. (2015) fanden weder Evidenz für eine besonders gute Verarbeitung von Details, noch ein Defizit für die globale Verarbeitung visueller Informationen. Ein interessanter Befund war stattdessen ein Unterschied zwischen autistischen und nicht-autistischen Personen im zeitlichen Verlauf der Verarbeitung. Sie fanden, dass Autistinnen und Autisten langsamer in der globalen Verarbeitung visueller Information waren, was die beobachtbaren Schwierigkeiten in diesem Bereich erklären könnte. Weitere Forschung ist nötig, um mögliche Besonderheiten in lokaler vs. globaler Informationsverarbeitung bei Autismus genauer zu untersuchen.

Predictive Coding-Theorie

Die Predictive Coding-Theorie ist eine neurokognitive Theorie, die besagt, dass das Gehirn ständig Vorhersagen darüber trifft, welche Art von sensorischen Informationen es als nächstes empfangen wird (was es also erwartet zu sehen, zu hören, zu fühlen usw.) und dann diese Vorhersagen mit den tatsächlich empfangenen sensorischen Daten vergleicht (Clark, 2013). Diese Theorie geht davon aus, dass das Gehirn versucht, die Unterschiede zwischen seinen Vorhersagen und den tatsächlich empfangenen Informationen zu minimieren, indem es permanente Aktualisierungen durchführt. Das Grundprinzip ist also, dass das Gehirn versucht, seine Wahrnehmung und Aufmerksamkeit durch Vorhersagen zu steuern. Diese Vorhersagen basieren auf früheren Erfahrungen und bestehenden internen Modellen der Welt. Wenn die tatsächlich empfangenen sensorischen Daten mit den Vorhersagen übereinstimmen, gibt es keine Notwendigkeit für eine Aktualisierung. Wenn jedoch ein Unterschied zwischen Vorhersage und Wirklichkeit besteht, wird ein sogenannter »Prädiktionsfehler« erzeugt.

Die Predictive Coding-Theorie besagt, dass das Gehirn bestrebt ist, diese Prädiktionsfehler zu minimieren, indem es seine internen Modelle der Welt aktualisiert. Dies geschieht durch eine Rückmeldung des Prädiktionsfehlers in höhere Bereiche des Gehirns, wo die Vorhersagen generiert werden. Diese Rückmeldung führt zu einer Anpassung der internen Modelle, um die Differenz zwischen Vorhersage und Realität zu verringern. Auf diese Weise versucht das Gehirn, seine Wahrnehmung zu optimieren und die Genauigkeit seiner Vorhersagen zu verbessern. Diese Art der Informationsverarbeitung ist viel effizienter als das rein passive und naive Verarbeiten aller sensorischen Eindrücke, da nur im Fall, dass die Vorhersage nicht mit der eintreffenden sensorischen Information übereinstimmt, erhöhte kognitive Anstrengung erforderlich ist.

In Bezug auf Autismus postulieren einige Forscherinnen, dass autistische Menschen eine veränderte prädiktive Kodierung haben könnten, was zu Unterschieden in der Wahrnehmung führt. Pellicano und Burr (2012) vermuten, dass die Vorabannahmen bei Autismus abgeschwächt sind, was zu einer unvoreingenommenen und dadurch genaueren Wahrnehmung führt. Gleichzeitig führen solche abgeschwächten Vorabannahmen mutmaßlich aber dazu, dass sensorische Information ungefiltert in ihrer ganzen Komplexität verarbeitet werden müssen. Geht man davon aus, dass prädiktive Kodierung mittels starker Vorabannahmen dabei hilft, die überwältigende Menge an Sinneseindrücken, die die Welt zu bieten hat, auf gut zu verarbeitende kognitive Modelle herunterzubrechen, bedeutet das für die autistische Wahrnehmung eine kontinuierliche Überforderung durch fehlende Filtermechanismen. Dies kann dazu führen, dass autistische Menschen, abhängig von der Situation, sowohl vermehrte als auch reduzierte Aufmerksamkeit auf bestimmte Reize legen, was zu einer unvoreingenommenen – aber eben auch ungefilterten – Wahrnehmung führt und vermutlich Hypo- und Hypersensitivitäten zu Grunde liegt (Leekam et al., 2007).

Attraktiv an dieser Theorie ist, dass sie auch veränderte soziale Kognition, insbesondere Theory of Mind, erklären kann (Sinha et al., 2014). Aus Sicht der Predictive Coding-Theorie beschreibt Theory of Mind eine Vorhersageaufgabe: Basierend auf beobachtetem Verhalten einer Person in einer bestimmten Situation muss man einen mentalen Zustand ableiten, um das zukünftige Verhalten dieser Person vorherzusagen (Koster-Hale & Saxe, 2013). In Übereinstimmung mit dieser Idee wurde festgestellt, dass Autistinnen und Autisten weniger wahrscheinlich das Verhalten anderer vorhersagen (Ganglmayer et al., 2020; Schuwerk et al., 2016). Die Predictive Coding-Theorie als Erklärung veränderter Kognition bei Autismus ist jedoch neu und muss noch systematisch getestet werden. Eine erste Metaanalyse basierend auf 47 Studien bestätigt jedoch Unterschiede zwischen autistischen und nicht-autistischen Menschen in der prädiktiven Kodierung (Cannon et al., 2021).

5.4 Arbeitsmodell der Entstehung und Aufrechterhaltung autistischer und komorbider Symptomatik

Die Fülle der in diesem Kapitel dargestellten Erklärungstheorien zu Autismus aus den verschiedensten Disziplinen medizinischer und psychologischer Forschung zeigt deutlich, wie schwierig es ist, alle Komponenten und Aspekte dieses äußerst heterogenen Phänomens zu erfassen und zu verstehen. Obwohl bisher keine umfassende und empirisch gut belegte Störungstheorie zu Autismus vorliegt, können die bislang gewonnenen Erkenntnisse in der Psychotherapie mit autistischen Kindern und Jugendlichen genutzt werden. Zum Beispiel können neuere Erkenntnisse kognitiver Forschung dabei helfen, das Vorurteil, autistische Menschen hätten keine Theory of Mind oder Empathie, unter Psychotherapeutinnen, aber auch im weiteren Umfeld von autistischen Kindern und Jugendlichen, aus dem Weg zu räumen. Insgesamt fällt es jedoch schwer, alle bisher gewonnenen Erkenntnisse zur Ableitung eines individuellen Störungsmodells nutzbar zu machen. Im deutschsprachigen Raum legten Dziobek und Stoll (2024) in ihrem Psycho-

5 Störungstheorien und -modelle

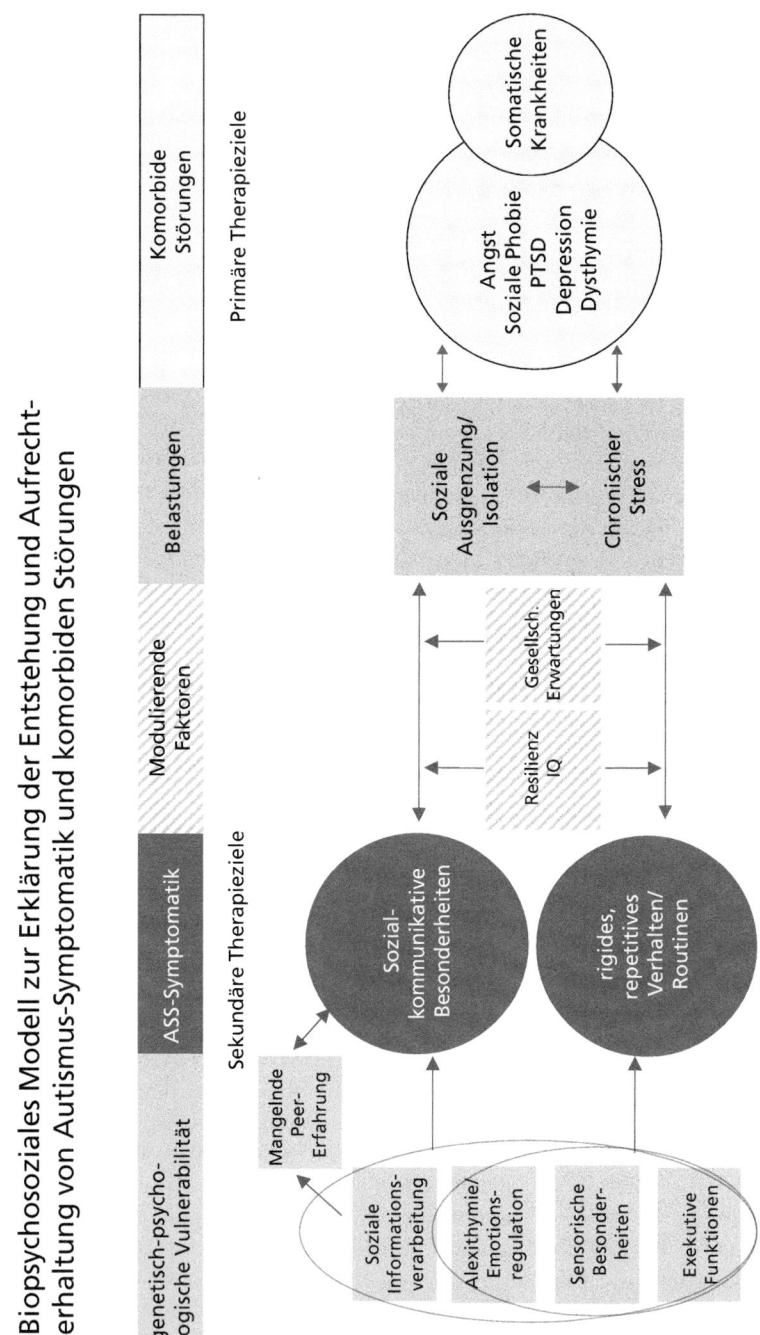

Abb. 5.1: Schematische Darstellung des Störungsmodells der Entstehung und Aufrechterhaltung autistischer Kernsymptomatik und assoziierter Folgeerkrankungen nach Dziobek & Stoll (2024, S. 30); ASS: Autismus-Spektrum-Störung

therapiemanual für autistische Erwachsene ein entwicklungs- und lernpsychologisch fundiertes Störungsmodell vor, das sowohl die autistische Kernsymptomatik, als auch die Rolle komorbider psychischer Störungen, erklärt (▶ Abb. 5.1). Im Störungsmodell wird von neuropsychologischen Besonderheiten bei Autismus ausgegangen, die durch genetische Vulnerabilität verursacht sind. Diese Besonderheiten umfassen die in diesem Kapitel beschriebenen Auffälligkeiten in der Wahrnehmung, Informationsverarbeitung, sozialen Kognition, exekutiven Funktionen und Emotionsregulation. Im Entwicklungsverlauf können sich v. a. die Schwierigkeiten in Kommunikation und sozialer Interaktion durch geringere Lernerfahrungen wegen reduzierten Sozialkontakten und weniger sozialer Aufmerksamkeit noch verstärken. Die durch diese Besonderheiten bedingte autistische Kernsymptomatik führt zu sozialer Ausgrenzung und chronischem Stress, die sich ebenfalls wechselseitig beeinflussen. Individuell unterschiedliche Widerstandsfähigkeit und weitere Einflussfaktoren, wie Intelligenzniveau und gesellschaftliche Erwartungen, können das Ausmaß der erfahrenen Belastung erhöhen oder reduzieren. Aus der (chronischen) Belastung entstehen im Lebensverlauf schließlich Folgeerkrankungen wie Ängste, Depressionen oder körperliche Erkrankungen.

Da dieses Modell für erwachsene Autistinnen und Autisten konzipiert wurde, ist es nur bedingt auf den Kinder- und Jugendlichenbereich übertragbar. Bei Kindern und Jugendlichen fällt das familiäre Umfeld als Schutz- oder Risikofaktor unter dem Bereich der Einflussfaktoren zusätzlich noch stark ins Gewicht. Je nachdem, wie die Familie mit der Autismus-Diagnose umgeht und welche Möglichkeiten sie zur individuellen Förderung hat und nutzt, kann der Verlauf positiv oder negativ beeinflusst werden. Darüber hinaus erklärt dieses Modell lediglich komorbide Störungen die als Folgeerkrankung auftreten, nicht aber zeitgleich bereits im Kindes- bzw. Jugendalter vorhandene weitere komorbide Störungen. Basierend auf der Beobachtung, dass weit über zwei Drittel aller autistischen Kinder und Jugendlichen mindestens eine komorbide psychische Störung haben, wäre es wichtig, dies in einem Störungsmodell berücksichtigen zu können (▶ Kap. 3.1). Je nach komorbider Störung (z. B. oppositionelles Trotzverhalten oder Zwangsstörung) fällt ihr Einfluss im Störungsmodell jedoch deutlich unterschiedlich aus, was eine einheitliche Konzeptualisierung schwierig macht. Insgesamt kann dieses Modell dennoch gut für den Kinder- und Jugendlichenbereich adaptiert werden, um gemeinsam mit Patientinnen und Patienten und ihren Familien ein individuelles Störungsmodell abzuleiten und für die Psychotherapie nutzbar zu machen.

5.5 Überprüfung der Lernziele

- Wie gut kann die Forschung die Entstehung von Autismus erklären?
- Was kann als Ursache für Autismus ausgeschlossen werden?

- Wie hoch ist die Erblichkeit von Autismus?
- Wie sehr ist soziale Kognition bei Autistinnen und Autisten beeinträchtigt?
- Beschreiben Sie ein Modell veränderter domänenübergreifender Informationsverarbeitung bei Autismus!

6 Autismus-Therapie, Psychotherapie und allgemeine Fördermöglichkeiten

Fallbeispiel 1

Alexandra ist acht Jahre alt und hat bereits eine Reihe an Förderungen erhalten. Die Eltern haben bereits in Alexandras zweiten Lebensjahr durch eine Video-Feedback-Beratung gelernt, wie sie ihre weniger offensichtlichen individuellen Kommunikationsversuche erkennen und adäquat auf ihre Bedürfnisse eingehen können. Hierdurch hat sich die Eltern-Kind-Interaktion stark verbessert, was zu einer deutlichen familiären Entspannung geführt und die elterliche Selbstwirksamkeit gestärkt hat. Da Alexandra im Alter von vier Jahren die Diagnosekriterien für Autismus erfüllte und sich vor allem im Kindergarten Schwierigkeiten in der Interaktion mit anderen Kindern zeigten, erhielt sie eine Autismusspezifische Frühförderung. Der Schuleintritt gelang im Anschluss durch eine gute schulische Kooperation, das Engagement der Eltern und einer versierten Integrationskraft gut. Die Familie erhält nach Bedarf Beratungen zu alltagspraktischen Herausforderungen und Alexandra hat an einem Kleingruppentraining zur Förderung der sozialen Kompetenz teilgenommen. Mittlerweile kann Alexandra viele alltägliche soziale und nicht-soziale Anforderungen meistern. Dies strengt sie teils sehr an, sie hat jedoch gelernt besser zu erkennen, wann ihr Stressniveau steigt, um dann schneller gegensteuern zu können. Langfristig ist das Ziel der Familie, dass Alexandra sich frühzeitig Auszeiten nimmt oder kommuniziert, dass sie diese braucht und sie mehr Freude an Interaktionen und einem sozialen Miteinander hat, das sie auf ihre Art mitgestalten kann.

Fallbeispiel 2

Lukas ist ein 16-jähriger Schüler der 10. Klasse, der sich seit etwa einem Jahr in einem zunehmend belastenden psychischen Zustand befindet. Die Verschlechterung seines Wohlbefindens begann nach dem Umzug seiner Familie und dem damit verbundenen Wechsel auf ein neues Gymnasium. Er beschreibt, dass er sich seitdem regelmäßig niedergeschlagen, gereizt und wütend fühlt. Begleitend klagt er über Magenbeschwerden und Schlafstörungen. Erstmals im Grundschulalter fiel Lukas durch Schwierigkeiten in der sozialen Interaktion und Kommunikation mit Gleichaltrigen auf. Im Alter von 7 Jahren erhielt er die Diagnose Asperger-Syndrom. In der neuen Schule hat er kaum Kontakt zu Mitschülerinnen und verbringt Pausen meist alleine, was seine soziale Unsicherheit verstärkt. Er hat ein starkes Bedürfnis nach Routinen und reagiert auf Veränderungen mit Unruhe. Seine sensorische Überempfindlichkeit gegenüber lauten Geräuschen und hellen Lichtern führt regelmäßig zu Überreizungen, vor allem während des Schulalltags, die häufig in Rückzugsphasen münden. Zu Hause kommt es aufgrund seines Rückzugsverhaltens zu Konflikten mit den Eltern, was regelmäßig zu Wutausbrüchen führt. Trotz seiner Belastungen erbringt Lukas sehr gute schulische Leistungen, vor allem in Sprachen. Außerhalb der Schule hat er eigeninitiativ Grundkenntnisse in Koreanisch erworben und tauscht sich online mit Muttersprachlern aus. Er leidet unter einem stark negativen Selbstbild und empfindet seine autistischen Eigenschaften als belastend. Er fühlt sich oft isoliert und hegt den Wunsch nach einer partnerschaftlichen Beziehung, findet jedoch aufgrund seiner Angst und fehlenden positiven Erfahrungen keinen Zugang zu sozialen Kontakten.

6.1 Grundlegende Rahmenbedingungen autismusspezifischer Förderungen, Interventionen und psychotherapeutischer Behandlung

Autismus-Spektrum-Störungen sind komplex und zeigen sich in individuell sehr unterschiedlich ausgeprägten Erscheinungsbildern. Zudem sind sie oft begleitet von einer Vielfalt an Komorbiditäten. Dementsprechend gibt es keine allgemein gültigen Interventionsprogramme, die für alle autistischen Menschen angemessen oder gar notwendig wären. Autismus ist keine Störung, von der eine Person betroffen ist und die es gilt möglichst vollständig zu heilen. Vielmehr ist es der therapeutische Auftrag Interventionen zu entwickeln, die autistischen Kindern und Jugendlichen helfen, ihre Lebensqualität zu verbessern, ohne sie aber in ihrer Persönlichkeit verändern zu wollen (Cascio, 2012). Vor allem soziale und kommunikative Kompetenzen lassen sich wissenschaftlich fundiert (entsprechend der S3-Leitlinien) gut fördern. Ebenso ist es elementar, psychische und somatische Begleiterkrankungen psychotherapeutisch zu behandeln.

Im folgenden Kapitel wird eine Bandbreite an Therapie-, Förder- und Interventionsbausteinen dargestellt, die je nach Indikation einzeln oder in Kombination eingesetzt werden können. Es ist von großer Bedeutung, bei allen Unterstützungsangeboten immer die individuellen Voraussetzungen und Bedürfnisse zu berücksichtigen. So sind vor allem das Alter, der Entwicklungsstand und das Profil kognitiver Fertigkeiten, sowie die jeweiligen Komorbiditäten ausschlaggebend für eine erfolgreiche Therapieziel- und Förderplanung (▶ Abb. 6.1).

6.1 Grundlegende Rahmenbedingungen autismusspezifischer Förderungen

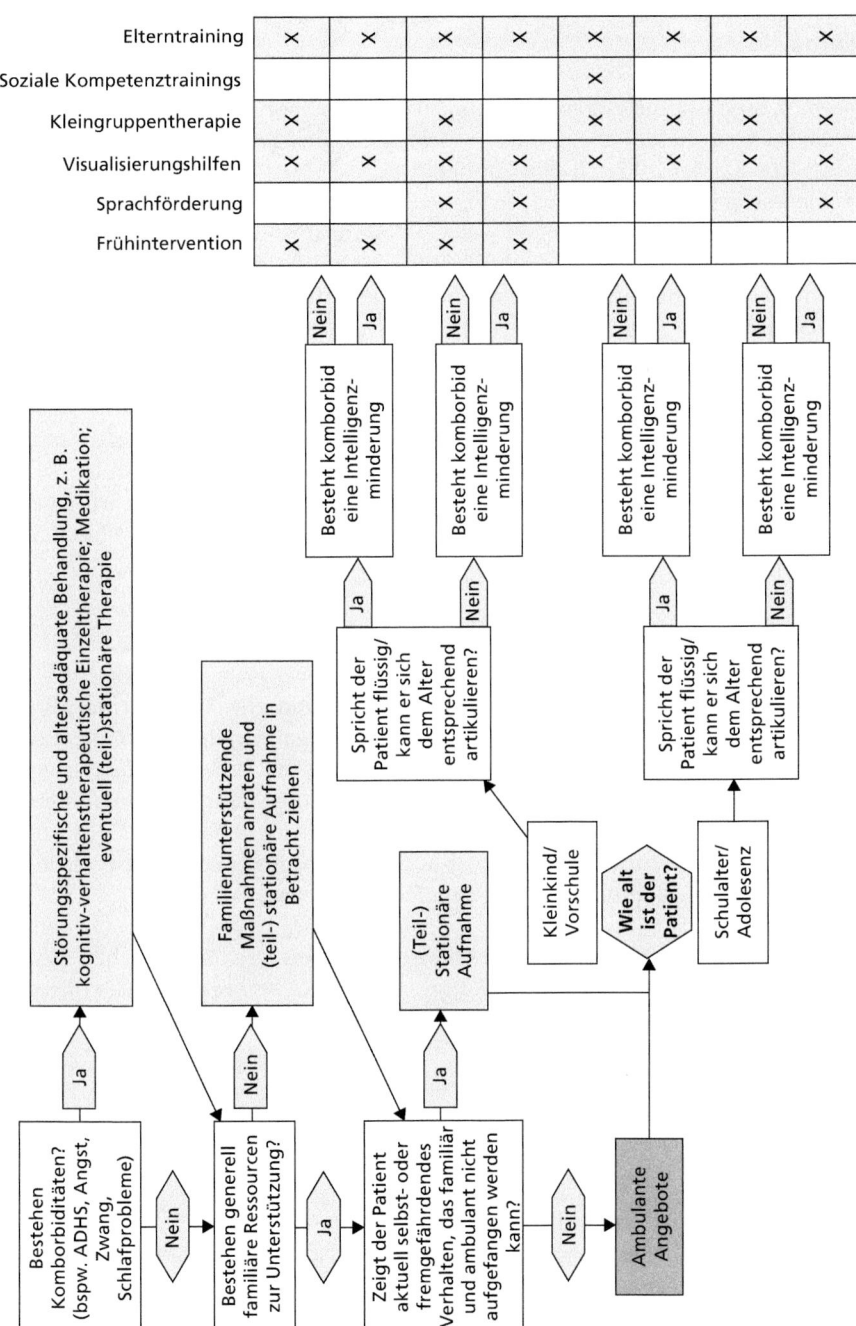

Abb. 6.1: Entscheidungsbaum Therapiesetting und Methodenwahl nach Freitag et al. (2017), mit freundlicher Abdruckgenehmigung des Hogrefe Verlags

> **Lernziele**
>
> - Sie wissen um die Herausforderungen autismusspezifischer Therapien.
> - Sie können beschreiben, wann welche Therapie- bzw. Förderbausteine für welche Kinder hilfreich sein können.
> - Sie können zwischen den Begriffen »Förderung« und »Psychotherapie« differenzieren und wissen, wann welcher Ansatz angemessen ist.
> - Sie wissen, wann Sie Psychotherapie für autistische Kinder und Jugendliche anbieten können und was hinsichtlich der Abrechnungsmöglichkeiten zu beachten ist.

Zudem muss die Therapeutin notwendiges Hintergrundwissen zu unterschiedlichen Finanzierungsgrundlagen besitzen. »Reine« Autismus-Therapie (ohne vorhandene komorbide Störung) wird im Rahmen der Eingliederungshilfe, in Abhängigkeit des Intelligenzniveaus von den Sozial- oder Jugendämtern finanziert, während eine Psychotherapie nur zur Behandlung komorbider psychischer Erkrankungen über die Krankenkassen abrechenbar ist.

6.1.1 Rechtliche Finanzierungsgrundlagen

Autismus ist als Entwicklungsstörung klassifiziert und gilt damit formal als eine Behinderung, womit die rechtliche Grundlage zu allgemeinen Regelungen für die Rehabilitation und Teilhabe behinderter Menschen nach dem Sozialgesetzbuch (SGB) gilt. Eine Autismus-Therapie muss als notwendige Leistung im Rahmen der Eingliederungshilfe erfolgen. Kapitel 6 der Sozialhilfe (SGB XII) enthält (nach den Änderungen der Reformen durch das Bundesteilhabegesetz) die Rechtsansprüche für Menschen mit Behinderung auf Eingliederungshilfe.

Eine einführende, gut verständliche Übersicht zu den Rechtsansprüchen von autistischen Menschen findet sich im *Ratgeber zu den Rechtsansprüchen von Menschen mit Autismus und ihrer Angehörigen* (Autismus Deutschland e.V., 2017) und ist kostenfrei beziehbar (▶ Kap. 8.4).

> **Good to know**
>
> Die autismusspezifische Frühförderung, sowie das soziale Kompetenztraining, wie sie Alexandra aus Fallbeispiel 1 erhalten hat, wurde über die Eingliederungshilfe in einem Autismus-Therapiezentrum (ATZ) finanziert.
> Hierfür müssen im Vorfeld kommunenabhängig teilweise sehr unterschiedliche aber generelle Leistungsvereinbarungen des ATZs mit den jeweils zuständigen Kostenträgern getroffen werden. Häufig werden die Kosten für die Frühförderung beim Sozialamt beantragt und übernommen. Die Zuständigkeit ab Schulalter ist oft abhängig vom kognitiven Niveau des autistischen Kindes

und wird von konkreten IQ-Testergebnissen abhängig gemacht. Meist liegt der Grenzwert bei einem IQ-Wert von 70, ab dem das Jugendamt als Kostenträger in Frage kommt.

In Alexandras Fall wurden die Kosten für die Frühförderung vom Sozialamt, das soziale Kompetenztraining vom Jugendamt übernommen. Die Anträge auf Kostenübernahme wurden vom ATZ vorbereitet, hätten aber auch direkt formlos von der Familie gestellt werden können. Mit dem Antrag auf Kostenübernahme muss ein Förderplan des ATZs eingereicht werden. In diesem müssen die konkreten Förderziele formuliert werden und meist zur weiteren Kostenübernahme jährliche Entwicklungsberichte eingereicht werden, in denen auf die festgelegten Förderziele Bezug genommen wird.

Autismus gilt per Klassifikation als Entwicklungsstörung und nicht als psychische Störung. Dementsprechend gibt es aktuell für autistische Menschen keine generelle rechtliche Grundlage für einen Anspruch auf die Finanzierung einer Psychotherapie durch die Krankenkassen, wie für andere Diagnosen psychischer Störungen. Oben (▶ Kap. 3) wurde jedoch bereits beschrieben, dass die Komorbiditätsrate psychischer Erkrankungen bei Menschen mit Autismus deutlich erhöht ist und 70–90 % im Laufe ihres Lebens psychische Erkrankungen entwickeln. Insbesondere Angststörungen und Depressionen treten innerhalb der Lebensspanne gehäuft auf und sind meist behandlungsbedürftig. Eine psychotherapeutische Behandlung, die über die Krankenkassen finanziert werden soll, muss demnach mit einer psychischen Erkrankung, die über den Autismus hinausgeht und einen zusätzlichen Leidensdruck verursacht, gerechtfertigt werden. Folgend wird das Fallbeispiel 2 weiter ausgeführt (▶ Kap. 6.8), um zu verdeutlichen, wie Therapieantrag, Therapieplanung und Evaluation im Rahmen einer verhaltenstherapeutischen und durch die Krankenkassen finanzierbaren Therapie für häufig auftretende Komorbiditäten unter Berücksichtigung der autismusspezifischen Besonderheiten aussehen können.

Im Regelfall erfolgt keine Kostenübernahme durch die Krankenkasse ohne weitere Diagnose einer psychischen Störung. In den wenigen Ausnahmefällen wurde ausreichend deutlich dargestellt, dass der autistische Mensch von einer weiteren psychischen Störung bedroht ist oder einen erheblichen Leidensdruck aufgrund z. B. seiner besonderen Wahrnehmung im Alltag erlebt und wie eine Besserung durch eine psychotherapeutische Behandlung erreicht werden kann.

Weitere Interventionen, die im Rahmen von Elterntrainings und Gruppentherapien umgesetzt werden können und durch Krankenkassen oder die Eingliederungshilfe finanzierbar sind, werden in den folgenden Abschnitten dargestellt.

6.1.2 Therapeutische Grundhaltung

Fundiertes Hintergrundwissen zur Kernsymptomatik, aber vor allem auch über autismusspezifische Wahrnehmung und die besondere Informationsverarbeitung (▶ Kap. 1 und ▶ Kap. 5) sind Voraussetzungen für die Arbeit mit autistischen

Menschen. Ein empathisches Verständnis dieser Einflussfaktoren vermindert Überforderungssituationen und kann möglichen Missverständnissen in der Interaktion vorbeugen. Die autismustypischen Besonderheiten in der Kommunikation und Interaktion beeinflussen das therapeutische Arbeiten grundlegend. Ebenso wie bei der Behandlung anderer Störungsbilder auch, ist die therapeutische Beziehung mitentscheidend für den Therapieerfolg (Del Re et al., 2012; Martin et al., 2000), weswegen sie gut reflektiert werden muss.

All diese Faktoren einzubeziehen kann herausfordernd sein und gerade bei noch geringer Erfahrung mit der psychotherapeutischen Behandlung autistischer Kinder und Jugendlicher zu einem Gefühl der Überforderung führen. Im aus Patientinnensicht ungünstigsten Fall kann dies die Bereitschaft von Psychotherapeutinnen reduzieren, autistische Personen aufzunehmen.

In diesem Zusammenhang ist es wichtig zu betonen, dass für einen Behandlungserfolg v. a. eine therapeutische Kerneigenschaft entscheidend ist, die alle Therapierenden unabhängig von der Diagnose der Patientinnen mitbringen sollte: unvoreingenommene, wohlwollende Neugier. Wenn man versucht, möglichst unvoreingenommen die autistische Innensicht zu verstehen, wird die von außen sichtbare Symptomatik nachvollziehbar und es können gemeinsam adäquate Lösungen für Probleme gefunden werden (Wilczek, 2020).

So erleben z. B. viele autistische Kinder, dass ihre Form des Stimmings zur Anspannungsreduktion bei Reizüberlastung von anderen als »bizarr« und unerwünscht bewertet wird. Versucht man das Kind dazu zu bringen, dieses Verhalten im Sinne sozialer Angepasstheit zu reduzieren, nimmt man ihm die Möglichkeit, die Überforderung zu kompensieren und erhöht die Wahrscheinlichkeit einer Reizüberlastung. Wenn man herausfindet, wie die autistische Person sich selbst und die Umwelt wahrnimmt und Gründe für entsprechende Reaktionen kennt, kann gemeinsam in der Therapie daran gearbeitet werden, erfolgreiche Strategien zur Verbesserung der Situation auszubauen. Es sollte also nicht das therapeutische Ziel sein, autistische Kinder oder Jugendliche möglichst gut an die Erwartungen der Gesellschaft anzupassen. Stattdessen geht es darum, sie dabei zu unterstützen ihre Lebensqualität zu verbessern und realistische Zukunftsperspektiven zu entwickeln, was oft auch ein gewisses Maß an Anpassung der Umwelt erfordert.

Merke

Gerade bei noch geringer Erfahrung kann es einschüchternd sein, sich auf eine Psychotherapie mit einem autistischen Kind oder Jugendlichen einzulassen. Die Berücksichtigung folgender grundlegender Punkte ermöglicht dennoch gute Voraussetzungen für das Gelingen einer psychotherapeutischen Behandlung:

1. Versuchen Sie, unvoreingenommen, wohlwollend und mit Neugier auf die autistische Person zuzugehen und ihre Innensicht zu verstehen.
2. Das Identifizieren von Gründen für nach außen seltsam wirkendes oder problematisches Verhalten ist entscheidend für die Entwicklung gemeinsamer therapeutischer Lösungen.

3. Durch das Hinterfragen der eigenen therapeutischen Haltung ist eine Therapie mit einem autistischen Kind oder Jugendlichen im Idealfall gewinnbringend für alle Parteien.
4. Wenn Sie nicht weiterwissen, holen Sie sich Unterstützung.

6.1.3 Autismusfreundliche Gestaltung von Ablauf und Umfeld

Eine autismusfreundliche Gestaltung des Umfelds zeigt sich vor allem in einer deutlichen sensorischen Reizreduzierung und klaren, vorhersagbaren Strukturen. Auch eindeutige und einfach gehaltene visuelle Materialien sind für die meisten autistischen Menschen hilfreich und werden als unterstützend empfunden. Anpassungen im Ablauf der therapeutischen Stunden, aber auch der Rahmenbedingungen vorher, wie schriftliche Terminvereinbarungen oder die Möglichkeit ein separates Wartezimmer zu nutzen, können das Stresserleben bereits erheblich reduzieren. Auch hier ist es wichtig, die individuellen Bedürfnisse des zu behandelnden Kindes oder Jugendlichen zu beachten. Hierfür empfiehlt es sich, vorab idealerweise mit der ganzen Familie herauszufinden, welche Maßnahmen sinnvoll umgesetzt werden können. Dieser vermeintliche Mehraufwand zu Beginn der Therapie, zahlt sich meist durch die Reduktion von Stresserleben und Überforderung bei dem behandelten Kind aus, was die Wahrscheinlichkeit eines Therapieabbruchs reduzieren kann und die Basis für ein gutes therapeutisches Arbeiten schafft.

6.1.4 Rolle von Eltern und Einbezug des Umfelds

Ebenso ist es wichtig, die Eltern und im Optimalfall auch das weitere relevante soziale Umfeld in Psychoedukation, Therapiezielplanung und die Umsetzung alltagspraktischer Förderziele einzubeziehen. Insbesondere eine autismusfreundliche Alltagsgestaltung und die elterliche Akzeptanz der Besonderheiten ihres Kindes können die allgemeine Lebenszufriedenheit und den Therapieerfolg positiv beeinflussen (Di Renzo et al., 2020). Eltern tragen in dieser Situation oft die schwierige Verantwortung für ihr Kind mitzuentscheiden, welche Therapieziele mit welcher Behandlung adressiert werden sollen. Je jünger bzw. unselbstständiger das Kind ist, desto bedeutender ist der Einfluss der Eltern. Eine Psychotherapeutin muss stets gemeinsam mit den Eltern hinterfragen, ob geplante Therapieziele auch wirklich vollumfänglich im Sinne des Kindes sind. Idealerweise decken sich hier die therapeutische und elterliche Sichtweise mit den Bedürfnissen und Wünschen des Kindes. Dies ist jedoch nicht immer zwangsläufig der Fall. So kann es z. B. auch vorkommen, dass sich Eltern ein »möglichst normales« Kind wünschen und dies entweder genauso formuliert oder implizit als Therapieziel anstreben. Dies birgt die Gefahr, dass versucht wird, neurotypisches Verhalten beim Kind zu fördern, ohne zu prüfen, ob dies auch den Leidensdruck des Kindes lindert und seine Lebensqualität verbessert. Wie zu Beginn des Buches (▶ Kap. 1) näher beschrieben, empfinden viele autistische Menschen ein so miterlerntes Maskieren als belastend. Von außen betrachtet fällt dann zwar die autistische Symptomatik weniger auf, was als vermeintlicher Therapieerfolg gewertet werden könnte, die autistische Person selbst erlebt jedoch eine zusätzliche Belastung durch das anstrengende Verbergen intuitiver Verhaltenstendenzen. Die Psychotherapeutin muss also auch die verschiedenen Erwartungen an eine Therapie erfassen und besprechen, um ein tragfähiges Arbeitsbündnis zu schließen, damit mit der Unterstützung der Eltern gemeinsame Therapieziele zum Wohle des Kindes bearbeitet werden können.

> **Merke**
>
> Insbesondere bei Ansätzen, die die Eltern aktiv in die Förderung einbeziehen, wie im Frühförderbereich, müssen auch die Belastung der Eltern beobachtet und die Therapieziele entsprechend realistischer Umsetzbarkeit angepasst werden.

Der Umgang mit einer erhaltenen Autismus-Diagnose kann für Eltern schwierig sein. Die Bandbreite der Reaktionen kann von Erleichterung über Akzeptanz bis hin zu Anzweifeln oder Leugnen reichen. Eine Reihe von Einflussfaktoren bestimmt diesen Prozess der Annahme der Diagnose durch die Eltern (▶ Kasten »Forschung«). Neben der psychotherapeutischen Elternarbeit können Selbsthilfegruppen für Eltern und Angehörige autistischer Kinder, sowie der Bundesverband Autismus Deutschland e.V. für Eltern hilfreiche unterstützende Anlaufstellen sein.

> **Forschung**
>
> In einem systematischen Review (Naicker et al., 2023) wurden folgende Einflussfaktoren als relevant für die elterliche Verarbeitung der kindlichen Diagnose identifiziert:
>
> - Schwere der Symptomatik,
> - Religion, Glaube und kultureller Hintergrund,
> - Wissen und Unsicherheit,
> - negative und positive Emotionen,
> - Grad an Unterstützung.
>
> Eine höhere elterliche Akzeptanz der Diagnose und adäquatere Anpassung der Erwartungen an die Entwicklung des Kindes war assoziiert mit einer besseren Eltern-Kind-Beziehung, in Form von einer verbesserten Einfühlsamkeit der Eltern in ihr Kind.

Manuale für psychoedukative Elterntrainings

Psychoedukative Gruppenangebote für Eltern und Angehörige bieten sich insbesondere im Anschluss an die Diagnosestellung an, um ein grundlegendes Verständnis für autistische Wahrnehmung und Informationsverarbeitung und abweichende Entwicklungsverläufe des Kindes zu schaffen. Im Gruppenkontext erleben die Eltern (eventuell erstmalig!) Verbundenheit mit anderen Eltern, die ähnliche Erfahrungen gemacht haben oder ähnliche alltägliche Situationen erleben. Zudem erhöht sich durch das so erworbene Wissen (inkl. kleiner Hausaufgaben zwischen den Sitzungen) das Selbstwirksamkeitserleben der Eltern, die zuvor z. B. an ihren erzieherischen Kompetenzen gezweifelt haben. Insbesondere in Vorbereitung auf weitere Förderungen oder Therapien des Kindes kann dieses Format die allgemeine Adhärenz der Eltern erhöhen und zu ihrer psychischen Entlastung beitragen, was einen wesentlichen positiven Einflussfaktor auf die Unterstützung ihres Kindes darstellt.

- *Das Frankfurter Autismus-Elterntraining (FAUT-E): Psychoedukation, Beratung und therapeutische Unterstützung* (Schlitt et al., 2015) ist ein strukturiertes verhaltenstherapeutisches Elterntrainingsmanual und besteht aus acht aufeinander aufbauenden Trainingseinheiten, zur Wissensvermittlung und Beratung. Einzelne Module können entsprechend des Funktionsniveaus der Kinder und hinsichtlich der Gruppenzusammensetzung gewählt werden, sodass es sich für Eltern von Kindern jedes Alters, unabhängig vom sprachlichen und kognitiven Niveau anbietet.
- Das *FETASS Freiburger Elterntraining für Autismus-Spektrum-Störungen* (Brehm et al., 2015) vermittelt Informationen zu Autismus-Spektrum-Störungen, Alltagsstrukturierung und legt einen großen Schwerpunkt auf verhaltenstherapeutische Lernprinzipien, sowie den Umgang mit herausfordernden Verhaltensweisen. Es ist konzipiert für Familien von Kindern ohne sprachliche und kognitive Beeinträchtigungen.

Good to know

Insbesondere im Anschluss an die Diagnostik kann es hilfreich sein, Eltern zum Einstieg schriftliches Aufklärungsmaterial zu Autismus mitzugeben. Über den Bundesverband Autismus Deutschland e.V. können kostenfreie, inhaltlich geprüfte Ratgeber bezogen werden:
https://www.autismus.de/fileadmin/SERVICE_UND_MATERIALIEN/Elternratgeber_2024_v4_Stand_12Dez24.pdf (Zugriffsdatum: 19.05.2025)

Die digitale Version, wie auch kostenfreie Printversionen bieten den Eltern eine erste hilfreiche Orientierung.

Als ausführlichere Einstiegsliteratur ins Thema empfiehlt sich der Ratgeber Autismus-Spektrum-Störungen: Informationen für Betroffene, Eltern, Lehrer und Erzieher (Cholemkery et al., 2017).

Empfehlenswerte Literatur für den schulischen Kontext

Im schulischen Bereich gibt es eine Reihe an Büchern, die praxisnahe und nützliche Inhalte für den inklusiven Unterricht vermitteln. Besonders empfehlenswert sind unter anderem folgende Werke:

- *Nur dabei sein reicht nicht: Lernen im inklusiven schulischen Setting* von Schirmer (2019). Dieses Buch bietet wertvolle Anregungen, wie das Lernen in inklusiven Klassen erfolgreich gestaltet werden kann.
- *Autismus-Spektrum-Störungen* von Teufel und Soll (2021) aus der Reihe *Schulpsychologie*. Hier werden fundierte theoretische Hintergründe sowie praktische Tipps für den Umgang mit Schülerinnen und Schülern im Autismus-Spektrum vermittelt.
- *Herausforderung Regelschule* von Tuckermann et al. (2023). Dieses Werk besticht durch zahlreiche praxisorientierte Beispiele zur Strukturierung und Visualisierung des Unterrichts und richtet sich besonders an Lehrkräfte, die mit den Herausforderungen des inklusiven Unterrichts konfrontiert sind.

Diese Bücher bieten eine hilfreiche Grundlage, um den schulischen Alltag im inklusiven Kontext zu gestalten und die individuellen Bedürfnisse aller Schülerinnen und Schüler bestmöglich zu berücksichtigen.

6.1.5 Psychoedukation

Autismusspezifische Psychoedukation ist wichtig, aber auch herausfordernd und immer in Abhängigkeit der individuellen Voraussetzungen verständlich zu gestalten. Hierbei sollte ein wertschätzendes und ressourcenorientiertes Erklärungsmodell im Vordergrund stehen. Oft ist dies auch Bestandteil von Gruppentrainings sozialer Kompetenz (▶ Kap. 6.3). In Kindergarten und Schule kann die Aufklärung von Betreuenden und Lehrpersonen, aber auch der anderen Kinder – unter Einverständnis des autistischen Kindes – sehr hilfreich sein, wenn die Umsetzung sensibel und fachgerecht gestaltet wird. Generell empfiehlt es sich, konkrete Verhaltensweisen sowie individuell passende Beispiele zu nutzen, anstatt sich in allgemeinen und abstrakten Beschreibungen des Autismus-Spektrums zu verlieren.

Good to know

Bei älteren Jugendlichen ohne kognitive Einschränkungen bietet sich der Kontakt zu lokalen oder digitalen Selbsthilfegruppen (bspw. unter www.selbsthilfe-autismus.de) und Literatur aus dem Erwachsenenbereich (z. B. Vogeley, 2016; Preißmann, 2024) an.

Für jüngere Kinder gibt es gut gestaltete Bilderbücher wie *Ich bin Loris* (Tschirren et al., 2024) und Comics wie *Schattenspringer* (Schreiter & Schreiter,

2023), die eine Psychoedukation auf anschauliche und altersgerechte Weise unterstützen können.

6.2 Autismusspezifische Interventionen im Vorschulalter

Für den Bereich des Vorschulalters wurden bisher die meisten Interventionsstudien durchgeführt, so dass die Evidenz für die zu empfehlenden Ansätze und Methoden hier relativ stark ist (▶ Kap. 7). Da die Diagnose jedoch meist erst im späten Vorschulalter gestellt wird, sollten autismusspezifische Interventionen nicht erst bei bestehender Diagnose angeboten werden, sondern können auch schon bei Verdacht auf Autismus früher zielgerichtet durchgeführt werden. Da die meisten Kinder mit Verhaltensauffälligkeiten im Vorschulalter allgemeine Frühförderung erhalten können, bieten sich gezielte Ansätze an, die in diesem Kontext regelmäßig umgesetzt werden können und nicht zwingenderweise einer finalen Autismus-Diagnose bedürfen.

Da die evidenzbasierten Ansätze vor allem auf verhaltenstherapeutischen Grundlagen basieren und insbesondere herausfordernde Verhaltensweisen grundlegend analysiert (z.B. dem SORKC Schema, ▶ Kap. 6.9.1), verstanden und Veränderungsprozesse adäquat begleitet werden müssen, ist ein Angebot im professionellen psychotherapeutischen Setting absolut empfehlenswert.

6.2.1 Beziehungsaufbau und Eltern-Kind Interaktionstraining

Zu Beginn und auch generell empfiehlt sich ein *Eltern-Kind-Interaktionstraining*, in dem methodisch überwiegend mit Videofeedback gearbeitet wird. Eine mangelnde oder reduzierte Reziprozität vieler autistischer Kinder führt häufig in der Eltern-Kind Interaktion dazu, dass Eltern weniger verbale oder nonverbale Kommunikationsangebote machen. Ein weiteres Phänomen sind vermehrte Interaktionsangebote, die oft aber nicht mehr reaktiv in Bezug auf das Verhalten des Kindes sind und mit vermehrten Anforderungen einhergehen. Diese beobachtbare Asynchronizität in der Interaktion führt häufig zu Überforderung und Frust auf beiden Seiten. Mit Synchronizität ist in diesem Kontext gemeint, dass die Verhaltensweisen der Interaktionspartnerin zum aktuellen Aufmerksamkeitsfokus des Kindes passen, non-direktiv sind und die benutzte Sprache keine Anforderungen enthält.

Durch evidenzbasierte Ansätze wie beispielsweise PACT (Pediatric autism communication therapy; Green et al., 2010) lernen Eltern oder andere Bezugspersonen förderliche Interaktionsangebote kennen und erfahren, wie auf das Verhalten des Kindes passende kommunikative Reaktionen genutzt werden können.

Hierfür wird eine kurze Spielsequenz zwischen Bezugsperson und Kind (ca. 10 min) zuerst per Video aufgezeichnet und dann gemeinsam betrachtet. Durch gezielte non-direktive Fragen der Therapeutin und dadurch geleitetes Entdecken identifizieren die Eltern individuell eigenes förderliches Verhalten und können in Mikroanalysen die vorhandenen, teilweise sonst sehr unscheinbaren kommunikativen Kompetenzen ihrer Kinder besser erkennen. Im Verlauf führt dies dazu, dass die Eltern dieses förderliche Verhalten im Alltag vermehrt einsetzen, die Interaktion mit dem Kind synchroner wird, das Kind mehr Interaktionen selbstmotiviert initiiert und eine entspanntere gemeinsame Interaktion entstehen kann.

> **Merke**
>
> Bei *Eltern-Kind-Interaktionstrainings*, wie auch beim Aufbau der therapeutischen Beziehung sollte zunächst immer die Synchronizität zwischen den Interaktionspartnern im Vordergrund stehen. Mediationsanalysen haben gezeigt, dass eine Verbesserung in der elterlichen Synchronizität langfristig zu einer Zunahme der kindlichen Initiativen und einer Verbesserung der sozial-kommunikativen Kompetenzen führt (Pickles et al., 2015). Der Grund hierfür könnte einerseits in mehr kognitiven Ressourcen und Raum für initiierendes Verhalten auf Seiten des Kindes liegen, da der Aufmerksamkeitsfokus weniger häufig gewechselt werden muss. Durch das Folgen des kindlichen Interesses wird aber auch die kindliche soziale Motivation gefördert, da sich das Kind gesehen und verstanden fühlt.

Bisher gibt es Manual und Ausbildungsmöglichkeiten zu PACT nur auf Englisch und nicht frei verfügbar. Inhaltlich sind jedoch ähnliche Bausteine enthalten wie im Gruppenmanual zum Training zur Anbahnung sozialer Kommunikation (TASK; Fröhlich et al., 2019, genauere Beschreibung des Programms ▶ Kap. 6.4), sodass interessierte Therapeutinnen sich hieran orientieren und die Sitzungen mit weiteren Videoanalysen ergänzen könnten. Dies empfiehlt sich auch für jüngere Kinder, beispielsweise solche mit einem älteren autistischen Geschwisterkind, zur Prävention, oder bei älteren Kindern, wenn die Eltern-Kind-Beziehung sehr belastet erscheint und Eltern erst wieder lernen müssen, sich mehr auf das Verhalten ihres Kindes einzulassen. Die grundlegenden Bausteine des Programms sind:

1. der *Aufbau von gemeinsamer Aufmerksamkeit:* Das Erreichen eines gemeinsamen Fokus durch gezieltes Beobachten des Kindes und das Erkennen des jeweiligen Interesses.
2. *Synchrones und sensitives Reagieren auf das Verhalten des Kindes.*

Folgend geht es vor allem um sprachlichen Input und Aufbau von kommunikativen Strategien, sodass wir an dieser Stelle auch auf Kapitel 6.4 verweisen möchten (▶ Kap. 6.4).

Anleitung zur Gestaltung von Spielsituationen

Um eine gut gelingende Spiel- bzw. Interaktionssituation herzustellen, sollten als Voraussetzung die Räumlichkeiten möglichst reizarm gestaltet und die Anforderungen zunächst geringgehalten werden. Die Therapeutin sollte sich dann möglichst offen und wertfrei verhalten und das Kind zunächst vor allem beobachten und positiv auf alle (auch eventuell atypische) Annäherungsversuche reagieren. Das empathische Imitieren und Spiegeln von Aktivitäten oder Geräuschen führt meist zu einer Erhöhung der kindlichen Aufmerksamkeit für das Gegenüber. Wenn sich das Kind wertgeschätzt und gesehen fühlt, kann über die Interaktion ein Gefühl der Verbundenheit entstehen und ein Beziehungsaufbau stattfinden. Durch die Wiederholung bestimmter Interaktionsangebote, die gut angenommen werden, wird die Vorhersagbarkeit der Interaktion erhöht, was dabei helfen kann, das Anspannungsniveau und den erlebten Stress des Kindes zu reduzieren und somit eine grundlegende Lern- und Aufnahmebereitschaft zu fördern.

6.2.2 Umfassendes, komplexes Frühförderprogramm

Im Anschluss an die Förderung der Eltern-Kind Interaktion oder auch parallel dazu, sollte gemäß der AWMF-Therapieleitlinien ein humanistisches, entwicklungspsychologisch basiertes und umfassendes Förderkonzept stehen, bei dem mit verhaltenstherapeutischen Methoden gearbeitet wird. Wir werden folgend detaillierteren Bezug zu dem Frankfurter Frühinterventionsprogramm A-FFIP (Teufel et al., 2017) nehmen, da das Manual frei erwerblich ist und das Programm empfohlene Inhalte und Methoden entsprechend der AWMF-Therapieleitlinien umfasst. In Kapitel 7 wird auf weitere evidenzbasierte Programme, sowie im deutschsprachigen Raum verfügbare Manuale Bezug genommen (▶ Kap. 7).

Grundsätzlich ist es wichtig, die Förderung in einem motivierenden und natürlichen Lernkontext zu gestalten, in dem Übungen und Verstärkungen auf die individuellen Interessensbereiche und den Entwicklungsstand des Kindes abgestimmt sind. Hierfür ist es unerlässlich, dass die Therapeutinnen in die Zeit des Beziehungsaufbaus investieren. Insbesondere bei jungen Kindern mit Autismus kann das für unerfahrene Therapeutinnen sehr herausfordernd sein, weil oft viele sozial-kommunikative Verhaltensweisen entweder fehlen oder anders ausfallen als man sie gewohnt ist und erwarten würde. Hierbei ist es wichtig, einerseits die Bezugsperson nach den Interessen des Kindes zu fragen, aber auch genug Zeit einzuplanen, um das Kind mit verschiedenen Materialien und in der Interaktion zu beobachten und in dem neuen Kontext ankommen zu lassen.

Dabei muss beachtet werden, dass zu viele Materialien, Angebote oder Ortswechsel reizüberflutend wirken können (▶ Kasten zu Anleitung) und dann eher kontraproduktiv für eine entspannte Lernatmosphäre sind.

6.2.3 Förderzielplanung auf Grundlage des Entwicklungsstands

Neben dem Beziehungsaufbau steht die Einschätzung des Entwicklungsstands des Kindes in allen relevanten Entwicklungsbereichen zunächst im Vordergrund, um eine gezielte Förderzielplanung erstellen und so auch die Entwicklungsfortschritte regelmäßig objektiv überprüfen zu können.

Bei A-FFIP gibt es eine Checkliste zur Interventionsplanung, mittels derer die Bereiche »Grundfertigkeiten, Kommunikation und Sprache, Interaktions- und Spielverhalten, Emotionen, kognitive Fähigkeiten und alltagspraktische Fähigkeiten« hinsichtlich entsprechend zuzuordnender Entwicklungsbereiche eingeschätzt werden können. Hilfreich für eine umfassende Einschätzung können auch die Verhaltensweisen aus der vorangegangenen Entwicklungs-, Intelligenz-, oder der ADOS-Testung sein.

> **Merke**
>
> Förderziele müssen immer individuell geplant und auf den Entwicklungsstand des Kindes hinsichtlich einzelner Entwicklungsbereiche angepasst sein. Bei autistischen Kindern finden sich nicht selten starke Fertigkeiten in dem einem und deutlich fehlende Kompetenzen in einem anderen Bereich. So kann es beispielsweise sein, dass verbal sehr fitte Kinder aufgrund ihrer sprachlichen Fähigkeiten hinsichtlich ihrer sozialen Kompetenzen stark überschätzt werden.

Im Anschluss an die Entwicklungseinschätzung werden ausgewählte Ziele in Absprache mit den Bezugspersonen festgelegt (Förderzielplanung). Hierbei sollte sich für die kommenden Wochen auf 5–8 Ziele beschränkt werden, um einen Fokus zu setzen und die Entwicklung konkret verfolgen zu können. Für jedes Förderziel gibt es im A-FFIP Manual konkrete Durchführungsideen inklusive Vorschläge zu Materialien und Variationsmöglichkeiten. Die meisten Ziele werden in einem spielerischen und natürlichen Lernkontext gefördert.

6.2.4 Verhaltenstherapeutische Methoden

Frühförderansätze mit verhaltenstherapeutischen Methoden haben sich als besonders effektiv zum Erlernen neuer Fertigkeiten, aber auch zum Verständnis herausfordernden Verhaltens erwiesen (▶ Kap. 7). Dementsprechend wird bei den frühen Interventionen mit Verhaltensanalysen nach dem SORKC Schema gearbeitet, um z. B. herausforderndes Verhalten zu verstehen und eventuell fehlende Kompetenzen aufzudecken. Andererseits sind das Wissen um die Lernprozesse, den effektiven Aufbau neuen Verhaltens durch den Einsatz verhaltenstherapeutischer Strategien, wie Prompting, Shaping, Fading, Verstärkung, etc. elementare Bestandteile.

Besonders an A-FFIP ist, dass mit einer Co-Therapeutin gearbeitet wird. Hierbei interagiert die Haupttherapeutin mit dem Kind und die Co-Therapeutin gibt dem Kind entsprechend dem Entwicklungsstand direkte und adäquate Hilfestellungen. Auf diese Weise entsteht einerseits eine natürliche Interaktion mit der Haupttherapeutin und gleichzeitig entsteht durch angemessenes Prompting und Fading ein fehlerfreier Lernkontext mit schnelleren Erfolgserlebnissen.

> **Beispiel zum Konzept Prompting und Fading mit Co-Therapeutin**
>
> Leonard erblickt im Therapiekontext eine Kugelbahn auf einem Regalbrett, das er nicht erreichen kann. Seine Kommunikation zur Bedürfnisäußerung liegt im ausdauernden Schreien und Anblicken des Gegenstands.
> Die Co-Therapeutin steht hinter Leonard und führt seine Hand in Richtung der Kugelbahn, flüstert »Kugelbahn« in sein Ohr (voller physischer und verbaler Prompt). Die Haupttherapeutin reagiert unmittelbar auf die unterstütze Geste und holt die Kugelbahn unverzüglich vom Regal und lobt das Zeigen (natürliche Verstärkung erwünschten Verhaltens). Weitere Kugeln verbleiben auf dem Regal. Es ist bekannt, dass Leonard gerne viele Kugeln rollen lassen möchte (Motivation). Er bleibt weiterhin bei dem Regal stehen, schaut zu den Kugeln, schreit und wedelt mit den Armen. Die Co-Therapeutin führt abermals seine Hand als Zeigegeste in Richtung der Kugeln und flüstert wieder »Kugel« in sein Ohr (voller physischer und verbaler Prompt). Die Haupttherapeutin reagiert auch hier auf die unterstütze Kommunikation direkt und holt lächelnd eine Kugel vom Regal (natürliche, passende Verstärkung). Dieses Prozedere wird solange wiederholt, wie Leonard motiviert ist. Die Co-Therapeutin zieht nun im Verlauf langsam ihre Hilfestellung zurück, indem sie erst nur noch seinen Ellenbogen führt, dann seine Schulter berührt und schließlich nur noch »Kugel« und dann nur noch »K...« vorsagt (ausschleichender physischer und dann ausschleichender verbaler Prompt). Hierbei reagiert sie sensibel auf Leonards eigenständige Initiierungen und gibt immer nur so viel Hilfestellung wie möglich und nötig. Im Verlauf streckt Leonard die Hand selbstständig in Richtung der Kugeln, formt spontan eine Zeigegeste, sagt »Kun« (ohne Prompt). Die Haupttherapeutin wiederholt das Wort korrekt (jedoch ohne eine Wiederholung zu erwarten!) und holt direkt die nächste Kugel vom Regal. Im Anschluss sollen die Eltern diese Übung auch zuhause durchführen und in den nächsten Stunden wird das Ziel »Bedürfnisse mitteilen« auch mit anderen variierenden (motivierenden) Materialien geübt.

6.2.5 Entwicklungspsychologisch relevante Grundfertigkeiten und deren Generalisierung

Ein zentraler Aspekt ist die Förderung von Grundfertigkeiten, die für die Entwicklung spontanen und selbstmotivierten sozialen Lernens essenziell sind. Diese Grundfertigkeiten sollten nicht nur gezielt unterstützt, sondern auch regelmäßig überprüft werden. Es wird angenommen, dass ihre Förderung natürliche Entwicklungsprozesse anstößt und nachhaltig unterstützt (vgl. »Modelle atypischer Entwicklungsverläufe sozialer Kognition« ▶ Kap. 5). Im A-FFIP-Manual werden folgende Zielbereiche hervorgehoben: Aufmerksamkeitskontrolle, Blickfolgeverhalten, Imitation, Repräsentationsfähigkeit, Handlungsplanung und Selbstwahrnehmung.

Da Lernen bei autistischen Menschen häufig stark kontextgebunden erfolgt, ist es besonders wichtig, die Generalisierung neuer Fertigkeiten aktiv zu fördern. Dies kann durch die Variation von Materialien, Lernorten und Interaktionspartnern erreicht werden. Eine solche Flexibilität bildet die Grundlage für die nachhaltige Verankerung neuen Wissens und positiver Lernerfahrungen.

6.2.6 Therapie und Förderung im Gruppenkontext

Je nach Entwicklungsstand der Kinder können auch Kleingruppen mit 2–3 Kindern und der entsprechenden Therapeutinnenzahl angeboten werden. Bei Kindern, die bereits von Modelllernen profitieren, reichen oft zwei Therapeutinnen, während bei Kindern, die noch auf stärkere physische oder verbale Prompts angewiesen sind, eine Therapeutin je Kind zu empfehlen ist. Sozial-kommunikative Fertigkeiten lassen sich sehr gut gemeinsam mit Gleichaltrigen fördern. Auch hier gilt, dass die Ziele jeweils auf den Entwicklungsstand der Kinder angepasst werden müssen. Während man mit sehr jungen Kindern, oder auch kognitiv eingeschränkteren Jugendlichen, zum Üben von Wechselseitigkeit einfache Turn-Taking Spiele (wie sich einen Ball zuzurollen) üben würde, kann man mit kognitiv fitteren Kindern im Vorschulalter teilweise auch schon (angeleitete) Gesellschaftsspiele spielen oder Dialoge mit bestimmten Themen üben.

6.3 Soziale Kompetenztrainings

Verhaltenstherapeutische autismusspezifische soziale Kompetenztrainings in der Gruppe sind die mit am besten untersuchten Therapieformen für das Grundschul- und Jugendalter. In diesen Trainings wird in wöchentlichen Sitzungen in einer geschlossenen (festen) Gruppe über 3–6 Monate die soziale Interaktion mit Gleichaltrigen gefördert. Parallel stattfindende Elterntermine zur Vermittlung der Therapieinhalte und Unterstützung der Umsetzung von Hausaufgaben im Alltag haben sich als hilfreich erwiesen. Die Gruppe sollte aus 4–5 Kindern bestehen und von zwei Therapeutinnen geleitet werden.

6.3 Soziale Kompetenztrainings

Abb. 6.2: Bestandteile eines autismusspezifischen sozialen Kompetenztrainings nach den AWMF-Leitlinien zur Autismus-Therapie

Manuale zur Förderung der sozialen Kompetenz – Gruppentrainings

Grundsätzlich sollten die Kinder und Jugendlichen sowohl hinsichtlich ihres Alters als auch der Ausprägung der autistischen Symptomatik und kognitiven Leistungsfähigkeit zueinander passen. Auch müssen vorher eventuelle expansive Verhaltensweisen abgeklärt werden. So bedarf zum Beispiel aggressives oder stark hyperaktives Verhalten zunächst eher einer Einzelförderung. Dies sollte unbedingt im Vorfeld abgeklärt werden. Hierbei ist es hilfreich, Eltern und Kind in einem Vorgespräch kennenzulernen und Rahmenbedingungen sowie Erwartungen zu besprechen. Auch mögliche unmittelbare Hilfsmittel, die bei möglicherweise aufkommenden Stressreaktionen im Gruppenkontext genutzt werden können, sollten im Vorfeld erfragt werden.

Im deutschsprachigen Raum haben sich vor allem die Manuale Soziales Kompetenztraining für Kinder und Jugendliche mit Autismus-Spektrum-Störungen (SOSTA-FRA, Cholemkery & Freitag, 2014), sowie das Züricher Kompetenztraining für Jugendliche mit Autismus-Spektrum-Störungen (KOMPASS, Jenny et al., 2021) etabliert.

- Das *SOSTA Gruppenprogramm* besteht aus 12 Sitzungen und zusätzlichen 6 Pufferterminen zum alltagsnahen Vertiefen relevanter Themenschwerpunkte. Das Training wird von drei Elternabenden begleitet. Es richtet sich an (hochfunktionale) Kinder und Jugendliche von 9–20 Jahren und behandelt die Schwerpunkte Kommunikation, Gefühle, Impulskontrolle und Selbstregulation, soziale Interaktion und Problemlösen, soziale Wahrnehmung sowie Selbst- und Fremdwahrnehmung. Die Generalisierung der in der Gruppe gelernten Inhalte wird zwischen den Sitzungen durch Verstärkerpläne und Wochenaufträge unterstützt.
- Das *KOMPASS Training* (Jenny et al., 2021) beinhaltet die Module Emotionen, Smalltalk und nonverbale Kommunikation. Es richtet sich an Jugendliche und junge Erwachsene im Alter von ca. 12–22 Jahren mit einer Autismus-Spektrum-Störung mit hohem Funktionsniveau. Die im Basistraining KOMPASS gelernten Kompetenzen bilden die Grundlage für das Training für Fortgeschrittene – KOMPASS-F (Jenny et al., 2019), das sich an Jugendliche und junge Erwachsene im Alter von etwa 15–25 Jahren richtet. KOMPASS wurde für das Gruppensetting konzipiert, das Material kann aber auch in der Einzeltherapie erfolgreich umgesetzt werden.

Merke

Die meisten Manuale zum Training sozialer Kompetenzen wurden für Kinder bzw. Jugendliche zwischen 8 und 16 Jahren mit einem durchschnittlichen Intelligenzniveau entwickelt. Bei der Arbeit mit jüngeren oder kognitiv schwächeren Kindern sind die Inhalte entsprechend dem Leistungsniveau anzupassen. In kleineren Gruppen und mit angepassten, noch stärker visuellen Materialien, beispielsweise mit Bildern statt Schrift, eventuell auch Anleitung in einfacherer Sprache, lassen sich soziale Kompetenzgruppenkonzepte auch für solche Zielgruppen anpassen.

Im Rahmen der ambulanten Psychotherapie kann eine kombinierte Einzel- und Gruppenpsychotherapie beantragt und durchgeführt werden. Diese sogenannte Kombinationsbehandlung ist eine attraktive Möglichkeit, um die Vorteile beider Settings voll ausschöpfen zu können. In Einzelterminen mit dem autistischen Kind oder Jugendlichen (und Bezugspersonenstunden mit den Eltern) können die Gruppentermine sowohl vor als auch nachbesprochen werden. Auch können aufkommende Themen, die den Gruppenrahmen sprengen würden, in der Einzeltherapie adressiert werden. Kapitel 6.8 stellt einen Beispielantrag für eine solche Kombinationsbehandlung vor (▶ Kap. 6.8).

Good to Know: Gruppenpsychotherapie mit autistischen Jugendlichen

Wir sind zwei angehende Psychotherapeutinnen am Ende unserer Ausbildung und bieten Gruppenpsychotherapie für autistische Jugendliche im Alter von 14 bis 21 Jahren mit einem IQ im Normbereich an. Die Gruppe umfasst insgesamt 12 Sitzungen: 10 Sitzungen für die Jugendlichen und 2 Sitzungen für die Bezugspersonen, die zur Psychoedukation dienen. Unsere Erfahrung zeigt jedoch, dass einige Jugendliche erst gegen Ende des Gruppenangebots genug Vertrauen gefasst haben, um aktiver teilzunehmen – insbesondere dann, wenn sie zuvor Mobbingerfahrungen gemacht haben. Um diesem Bedürfnis besser gerecht zu werden, planen wir, die Gruppendauer zu verlängern. Die meisten unserer Teilnehmerinnen und Teilnehmer besuchen Regelschulen und haben nur wenig oder gar keinen Kontakt zu anderen autistischen Menschen. Dies führt oft zu einem Gefühl von Isolation. Eine der häufigsten positiven Rückmeldungen ist, dass es für die Jugendlichen eine bereichernde Erfahrung ist, andere Autistinnen und Autisten kennenzulernen. In einigen Fällen entstehen sogar Freundschaften. Ein besonders eindrückliches Erlebnis hatten wir mit einem Teilnehmer, der am ersten Gruppentag erstaunt fragte, ob wirklich alle anderen Teilnehmerinnen und Teilnehmer ebenfalls autistisch seien. In der letzten Sitzung sagte er, das Wichtigste für ihn sei die Erkenntnis gewesen, dass es andere Menschen gebe, die ähnlich aufgewachsen seien wie er. Zum Abschluss machte er die drastische Aussage: »Jetzt will ich nicht mehr sterben.« Es ist uns ein großes Anliegen, weitere Jugendliche dabei zu unterstützen, sich mit anderen autistischen Menschen zu vernetzen und ein Gefühl von Zugehörigkeit zu entwickeln.

Alejandra Prida Marcelino und Leandra Siniscalchi, angehende Psychotherapeutinnen in der Verhaltenstherapieausbildung

6.4 Förderung von Sprachentwicklungsstörungen

Die meisten autistischen Kinder und Jugendlichen mit einer Sprachentwicklungsstörung haben auch Anspruch auf eine logopädische Behandlung. Bei der Inanspruchnahme einer solchen Förderung ist es wichtig, dass die Logopädin Hintergrundwissen zu den notwendigen Rahmenbedingungen und sprachlichen Vorläuferfähigkeiten hat, die bei Autismus eine zentrale Rolle spielen. Hierzu zählen notwendige Kompetenzen im Bereich der adäquaten Förderung von Joint Attention, sozialer Motivation und Aufmerksamkeitslenkung, Imitation und die Berücksichtigung der oft eingeschränkten Generalisierungsfähigkeiten von neuen Fertigkeiten in andere Lebensbereiche.

Psychotherapeutisch kann zur Förderung der sozialen Kommunikation einerseits das gut evaluierte PACT-Programm (nach vorheriger Schulung) zur Anwendung kommen. Wie bereits weiter oben beschrieben, handelt es sich um ein videofeedbackbasiertes Eltern-Kind-Trainingsprogramm, das nach Etablierung von gemeinsamer Aufmerksamkeit und synchronem Reagieren der Eltern den Fokus auf folgende sprachliche Inhalte setzt: sprachlicher Input durch die Eltern, Etablierung von Routinen und Antizipation, Förderung von kommunikativer Funktion, Sprachausbau und Entwicklung von Konversation. Alternativ kann auch ein manualisiertes Gruppen-Elterntraining, wie das Training zur Anbahnung sozialer Kommunikation (TASK; Fröhlich et al., 2019) angeboten werden, dessen Sitzungsbausteine im Folgenden dargestellt sind (▶ Tab. 6.1).

Tab. 6.1: Trainingsbausteine und methodische Umsetzung TASK Gruppen Elterntraining (Fröhlich et al., 2019; mit freundlicher Abdruckgenehmigung durch Elsevier); ASS: Autismus-Spektrum-Störung

	Bausteine der Sitzung	Methodik
Sitzung 1	• Kennenlernen, Erwartungen • Gruppenregeln • Diagnose ASS – Merkmale & Besonderheiten • Ursachen & Erklärungsmodelle	• Vorstellen in der Klein- und Gesamtgruppe • gemeinsames Erarbeiten und Diskussion • Präsentation
Sitzung 2	• individuelles Feedback zur Hausaufgabe • kommunikative Schwierigkeiten bei ASS • Grundprinzipien sozialer Kommunikation	• Erfahrungsaustausch • gemeinsames Erarbeiten • Kleingruppenarbeit und Diskussion
Sitzung 3	• individuelles Feedback zur Hausaufgabe • Steigerung der kindlichen Aufmerksamkeit und Motivation • Bewegungs- und Fingerspiele • Verwendung von Gesten und lautsprachunterstützender Gebärden	• Erfahrungsaustausch • Kleingruppenarbeit • gemeinsames Erarbeiten • Videoillustration • Diskussion

Tab. 6.1: Trainingsbausteine und methodische Umsetzung TASK Gruppen Elterntraining (Fröhlich et al., 2019; mit freundlicher Abdruckgenehmigung durch Elsevier); ASS: Autismus-Spektrum-Störung – Fortsetzung

Bausteine der Sitzung	Methodik
Sitzung 4 • individuelles Feedback zur Hausaufgabe • Einführung gemeinsames Spiel • Rahmenbedingungen • das Kind führt – gemeinsamer Aufmerksamkeitsfokus	• Erfahrungsaustausch • gemeinsames Erarbeiten und Diskussion • Demonstration und Kleingruppenarbeit
Sitzung 5 • individuelles Feedback zur Hausaufgabe • gezielte Sprachlehrstrategien anhand des Buchanschauens • das richtige Buch	• Erfahrungsaustausch • Videoillustration und gemeinsames Erarbeiten • Demonstration und Kleingruppenarbeit • gemeinsames Erarbeiten
Sitzung 6 • kommunikationsförderliche Strategien einsetzen: Individualtermin mit Eltern und Kind	• Supervision, individuelles Feedback • Demonstration und gemeinsames Erarbeiten
Sitzung 7 • individuelles Feedback zur Hausaufgabe • Videosupervision • gezielte Fragen zur Kommunikations- und Sprachanregung	• Erfahrungsaustausch • gemeinsames Besprechen und Feedback • Videoillustration und Kleingruppenarbeit • Gruppendiskussion
Sitzung 8 • individuelles Feedback zur Hausaufgabe • Videosupervision • gemeinsames Spiel – Anregungen und Impulse geben • Umgang mit nichterwünschtem Verhalten (optional)	• Erfahrungsaustausch • gemeinsames Besprechen und Feedback • Demonstration und Kleingruppenarbeit • gemeinsames Erarbeiten und Gruppendiskussion
Sitzung 9 • individuelles Feedback zur Hausaufgabe • Videosupervision • Gelegenheiten zur Kommunikation im Alltag nutzen und schaffen • Umgang mit nichterwünschtem Verhalten (optional) • Überblick über Trainingsinhalte Fragen, Austausch • Abschluss	• Erfahrungsaustausch • gemeinsames Besprechen und Feedback • Diskussion und Präsentation • gemeinsames Erarbeiten • Rückblick und Erfahrungsaustausch • Rückmeldung

Entsprechend der AWMF S3-Leitlinien, sollte dieses jedoch unbedingt um weitere individuelle Video-Einheiten ergänzt werden, um effektiv die sozial-kommunikativen Kompetenzen einzelner Kinder zu fördern und Inhalte aus den Gruppenstunden in den kindlichen und familiären Alltag übertragen zu können.

Alternative Kommunikationswege, wie Zeichensprache oder die Nutzung eines Sprachcomputers können von entsprechenden Fachpersonen gezielt gefördert werden. Mit dem A-FFIP Ansatz (▶ Kap. 6.2.2) wird beispielsweise bei nicht oder wenig sprechenden Kindern die Kommunikation über Bildkarten gezielt gefördert, um den kommunikativen Weg (ich gehe mit meinem Anliegen zu einer anderen Person, stelle sicher, dass diese meine Nachricht auch erhalten hat, nehme eventuell auch Blickkontakt dabei auf und erhalte, um was ich gebeten habe, höre das entsprechende Wort dann noch mal) im Rahmen der sozialen Interaktion zu üben und so den gesamten sozialen Sprachentwicklungsprozess gezielt mit zu fördern.

6.5 Interventionen für autistische Menschen mit Intelligenzminderung

Bisher gibt es wenige gut untersuchte konkrete Ansätze, wie mit autistischen Menschen, die zusätzlich eine Intelligenzminderung haben, therapeutisch gearbeitet werden kann. In den Autismus-Therapieleitlinien wird vor allem die Förderung von alltagspraktischen Fertigkeiten empfohlen, was in den Bereich der sonderpädagogischen Förderung fällt. Hier bietet sich als Referenz auch der Bezug zu den AWMF S3-Therapieleitlinien zu Intelligenzminderungen an.
Ist eine Verhaltenstherapie aufgrund von Komorbiditäten indiziert, muss diese natürlich sowohl an die autismusspezifischen Besonderheiten, als auch an die Verständnisfähigkeiten und das Leistungsniveau des jeweiligen Menschen angepasst werden. Inhalte müssen unter Umständen in einfache Sprache übersetzt werden und es sollte immer sichergestellt werden, dass die Person die Inhalte auch tatsächlich verstanden hat. Grundsätzlich ist ein sehr praktisches und alltagsorientiertes Arbeiten dem theoretischen Erarbeiten von Inhalten vorzuziehen.

> **Good to know**
>
> Entwicklungspsychologisch orientierte Interventionsansätze sind grundsätzlich nicht an ein bestimmtes chronologisches Alter gerichtet, sondern richten sich immer an den jeweiligen Entwicklungsstand, der je nach Entwicklungsbereich stark unterschiedlich sein kann. Dementsprechend könnten auch Förderprogramme (wie z. B. A-FFIP) bei autistischen Menschen mit Intelligenzminderung und einem niedrigen Entwicklungsalter angewendet werden, dazu liegen bisher jedoch keine Studien vor.

6.6 Psychopharmakotherapie

Bislang gibt es keine medikamentösen Ansätze, die zu einer nachweisbaren Verbesserung der sozialen Interaktion und Kommunikation führen, sodass es hierfür folglich auch keine Empfehlungen gibt. Details zum aktuellen Forschungsstand, z. B. bezüglich des Einsatzes von Oxytocin, finden sich unten (▶ Kap. 7.9).

Bei sehr stark ausgeprägten stereotypen und repetitiven Verhaltensweisen kann entsprechend der S3-Leitlinien, »ergänzend zu psychosozialen Interventionen die befristete Gabe der Antipsychotika Risperidon oder Aripiprazol in Abwägung des Spektrums erwünschter und unerwünschter Wirkungen erwogen werden.« (AWMF, 2021, S. 186). Ein Einsatz weiterer Substanzen kann nicht empfohlen werden.

Die medikamentöse Behandlung komorbider Begleiterkrankungen, wie Aktivitäts- und Aufmerksamkeitsstörung, oppositionellen oder aggressiven Verhaltensweisen, Angststörungen oder depressiven Episoden sollte nach den aktuellen Leitlinien geprüft werden. Dies muss genau abgewogen und entsprechend unter fachärztlicher Aufsicht und Verantwortung, inklusive regelmäßiger Kontrollen eingesetzt werden (▶ Kap. 7.8).

6.7 Psychotherapeutische Behandlung häufiger psychischer Komorbiditäten bei Autismus

Aufgrund der aktuellen rechtlichen Rahmenbedingungen kann im ambulanten psychotherapeutischen Setting kein Antrag auf Psychotherapie lediglich auf Basis einer Autismus-Diagnose erfolgen, sondern muss über das Vorliegen und die Behandlung einer oder mehrerer komorbider psychischer Störungen gerechtfertigt werden. Bei der Therapie selbst und im Bericht an den Gutachter ist es deshalb umso wichtiger zu zeigen, welche Rolle autistische Eigenschaften und Symptome sowohl bei der Entstehung als auch der Behandlung der komorbiden Störung(en) spielen. Es muss dargestellt werden, wie man autismusspezifische Besonderheiten in der Therapie berücksichtigt und/oder nutzt. Wenn eine autistische Kernsymptomatik die komorbide Symptomatik ausgelöst hat oder aufrechterhält, gilt es im Behandlungsplan darzustellen, wie dies therapeutisch adressiert wird.

Der folgende fiktive Beispielantrag beschreibt eine Möglichkeit der Umsetzung eines solchen Fallkonzepts und der Therapieplanung am Beispiel einer komorbiden depressiven Episode. Da autismusspezifische Gruppenpsychotherapie ein verbreitetes und wirksames Angebot darstellt, zeigt dieses Beispiel die Möglichkeit der Beantragung einer Kombinationsbehandlung aus Einzel- und Gruppenpsychotherapie, gemeinsam mit einem entsprechenden Kontingent für Sitzungen mit Bezugspersonen. Der hier vorgestellte fiktive Antrag ist ausführlicher als dies für einen tatsächlichen Bericht an die Gutachterin nach PTV3-Leitfaden vorgesehen ist. Um jedoch ein möglichst umfassendes Beispiel zu bieten, enthält dieser Antrag aus didaktischen Gründen mehr Details.

6.8 Beispielbericht an die Gutachterin für eine Kombinationsbehandlung für einen Jugendlichen mit Autismus-Diagnose und komorbider mittelgradiger depressiver Episode

1. Relevante soziodemografische Daten

Der 16-jährige Schüler (10. Klasse Gymnasium) lebt als Einzelkind gemeinsam mit seiner Mutter (+32 Jahre, IT-Administratorin) und seinem Vater (+31 Jahre, Statiker) in einer mittleren Kleinstadt. Die Vorstellung erfolgte auf Anraten der Schulpsychologin.

2. Symptomatik und psychischer Befund

Der Patient zeigt seit etwa einem Jahr, nach dem Wechsel auf ein neues Gymnasium aufgrund des Umzugs der Familie, eine zunehmende Verschlechterung seines psychischen Wohlbefindens mit depressiver Symptomatik. Er sei anhaltend niedergeschlagen, wütend und gereizt, zeige Interessen- und Freudverlust, verminderte Energie und erhöhte Erschöpfbarkeit sowie Schlafstörungen. Er leide regelmäßig unter Magenkrämpfen und Verdauungsproblemen, aggraviert durch äußere Belastungen. Ab dem Grundschulalter habe er Schwierigkeiten in der sozialen Interaktion und Kommunikation, die sich in Form von sozialer Unsicherheit und Angst vor sozialen Situationen, v. a. auch in der Schule, äußerten. Im Alter von 7 Jahren erhielt der Patient eine Autismus-Diagnose (Asperger-Syndrom). Der Patient habe nur einen engen Freund aus dem Kindergarten, den er jedoch seit dem Umzug nur noch selten sehe. In der neuen Schule sei er sozial kaum eingebunden und es falle ihm schwer, neue Kontakte zu knüpfen. Seine Befreiung von Gruppenarbeiten und die Erlaubnis, die Pausenzeiten alleine in einem leeren Klassenzimmer verbringen zu dürfen, wirken hier entlastend, reduzieren jedoch zusätzlich Möglichkeiten, soziale Kontakte zu knüpfen. Die starre Einhaltung von Alltagsroutinen ist dem Patienten besonders wichtig. Veränderungen, insbesondere in seinem Tagesablauf, führen zu Unruhe und Stress. Zudem berichtet der Patient sensorische Überempfindlichkeiten, besonders in reizstarken Umgebungen wie der Schule. Laute Geräusche, grelles Licht und Menschenmengen würden ihn überfordern, was zu Überreizungen und dem Bedürfnis nach Rückzug führe. Oft käme er völlig erschöpft nach Hause und müsse sich stundenlang allein in seinem Zimmer erholen. Dies stoße auf Unverständnis der Eltern, die nicht nachvollziehen könnten, warum er nicht wie andere Teenager seine Freizeit mit Gleichaltrigen verbringe, was regelmäßig zu Streitigkeiten mit teils heftigen Wutausbrüchen des Patienten führe. Schulisch erbringe er trotz der aktuellen Belastung sehr gute Leistungen, vor allem in Fächern, die seinen Interessen entsprechen. So habe er eine große Vorliebe für Sprachen (Englisch, Latein, Spanisch), was ihm helfe, in diesen Fächern herausragende Ergebnisse zu erzielen. Dennoch führe der allgemeine Leistungsdruck, den er sich auch selbst auferlege, zu zusätzlichem Stress, insbesondere in Fächern, die ihm weniger liegen würden (Geografie, Physik, Chemie). In seiner Freizeit hat er sich selbst erfolgreich Grundkenntnisse in Koreanisch angeeignet. In entsprechenden Internetforen unterhalte er sich mit Muttersprachlern. Seinem Sprachinteresse gehe er oft stundenlang ohne Pause nach. In der Probatorik zeigte der Patient zusätzlich ein großes Interesse an welt- und klimapolitischen Themen. Seine Ausführungen ließen ein scharfes logisch-analytisches Urteilsvermögen und einen ausgeprägten Gerechtigkeitssinn erkennen. Der Patient beschreibt ein ausgeprägtes negatives Selbstbild, das sich in Gefühlen von Wertlosigkeit und Selbstzweifeln äußert und sich v. a. auch in einem negativen Bild von Autismus manifestiert. Er empfinde seine autistischen Eigenschaften als Belastung und schäme sich dafür, was durch die Pubertät und die damit verbundene Identitätsfindung verstärkt wird. Er habe Schwierigkeiten, sich mit seinem Autismus positiv zu identifizieren, was ihn zusätzlich belastet. Gedanken wie »Ich bin anders, ich passe nicht dazu« dominieren sein Denken, und er fühle sich häufig wertlos, isoliert und einsam (»Ich werde nie lernen, wie man mit anderen gemeinsam Dinge unternimmt und Spaß hat«). Er habe einen Wunsch nach einer partnerschaftlichen Beziehung, seine Schüchternheit und wenig Erfahrung in sozialen Situationen würden jedoch dazu führen, dass dieser Wunsch bisher unerfüllt blieb.

Der Patient berichtet eintönig und langsam mit leiser Stimme. Sein äußeres Erscheinungsbild und Auftreten sind altersgemäß. Im sprachlichen Ausdruck ist er seinem Alter weit voraus. Sein Satzbau und seine Wortwahl sind elaboriert und eloquent. Der Patient ist wach, bewusstseinsklar und zu allen Qualitäten voll orientiert. Es finden sich keine Hinweise auf Wahnerleben, Sinnestäuschungen oder Störungen des Ich-Erlebens. In Bezug auf Aufmerksamkeit und Gedächtnis zeigen sich leichte Konzentrationsschwierigkeiten. Hin und wieder starrt der Patient ins Leere und braucht einige Zeit, um das Gehörte zu verarbeiten. Eine formale Denkstörung in Form von Grübeln liegt vor. Keine abnormen Befürchtungen oder Zwänge vorhanden. Antriebshemmung und psychomotorische Anspannung beobachtbar. Im Bereich der Affektstörungen finden sich (soziale) Ängstlichkeit, Deprimiertheit und Insuffizienzerleben (»ich bin wie ein Alien auf einem fremden Planeten. Mich wird nie jemand mögen«). Der Patient berichtet von mit Grübeln assoziierten Einschlafschwierigkeiten. Er ist krankheitseinsichtig und kann sich gut auf das vermittelte verhaltenstherapeutisches Krankheitskonzept einlassen. Seine Eltern sind prinzipiell aufgeschlossen gegenüber einer Verhaltenstherapie, ihr Krankheitsverständnis (von Autismus und Depression) scheint jedoch eher gering zu sein. Der Patient ist klar und glaubhaft von akuter Suizidalität distanziert, keine Hinweise auf Fremd- oder Eigengefährdung.

Ein diagnostisches Interview zur Erfassung psychischer Störungen im Kindes- und Jugendalter (Kinder-DIPS; Schneider et al., 2017) ergab sowohl in der Auskunft des Patienten selbst als auch in der Befragung der Mutter die ICD-10-Diagnosen einer mittelgradigen depressiven Episode sowie einer sozialen Phobie.

Testdiagnostik:
Vorbefund aus spezialisierter Autismus-Ambulanz (vor 2 Monaten): ADOS-2 Modul 4: Kommunikation = 4 (Cut-Off: 2); Wechselseitige soziale Interaktion = 5 (Cut-Off: 4); Gesamtwert = 9 (Cut-Off: 7); WISC-V: Sprachverständnis 128; Visuell-Räumliche Verarbeitung 110, Fluides Schlussfolgern 117, Arbeitsgedächtnis 108, Verarbeitungsgeschwindigkeit 95 (Gesamt-IQ = 112). Bestätigt insgesamt umfassende Diagnostik mit 7 Jahren.

Aktuelle Testdiagnostik: BDI-II Gesamtwert (Beck et al., 1996) = 28; BAI Gesamtwert (Beck & Steer, 1990) = 23; BSI (Derogatis, 1993): Somatisierung (SOM): T = 61, Zwanghaftigkeit (O-C): T = 58, Unsicherheit im Sozialkontakt (IS): T = 72, Depressivität (DEP): T = 69, Ängstlichkeit (ANX): T = 63, globale Schwere der Beeinträchtigungen (GSI): T = 65. Der Youth Self Report (YSR/11–18R, Döpfner et al., 2001) zeigte klinisch auffällige Werte in den Bereichen internalisierende Probleme: Angst/ Depression (T = 72), Zurückgezogenheit/ Depression (T = 68), Körperliche Beschwerden (T = 58); externalisierende Probleme: Aggressives Verhalten (T = 60), soziale Probleme (T = 70), Gesamtproblemwert (T = 68). Im FEEL-KJ (Grob & Smolenski, 2005) zeigte der Patient unterdurchschnittliche Werte bezüglich der adaptiven Emotionsregulationsstrategien (T = 32). Folgende Skalen lagen unterhalb der Vergleichswerte der Normstichprobe: Zerstreuung (T = 30), Stimmung anheben (T = 34), Akzeptieren (T = 29); Vergessen (T = 27). Bezüglich der maladaptive Regulationsstrategien zeigten sich insgesamt überdurchschnittliche Werte (T = 68). Folgende Skalen waren auffällig: Aufgeben (T = 78), Aggressives Verhalten (T = 65), Rückzug (T = 64), Selbstabwertung (T = 63).

3. Somatischer Befund und Konsiliarbericht

Siehe Konsiliarbericht. Ambulante Vorstellung in kinderpsychiatrischer Spezialambulanz zur Autismus-Diagnostik. Keine psychotherapeutischen Vorbehandlungen.

4. Behandlungsrelevante Angaben zur Lebensgeschichte/ funktionales Bedingungsmodell

Nach unkomplizierter Schwangerschaft und Geburt habe der Patient als Säugling häufig unter Koliken gelitten, sei leicht erregbar und nur schwer wieder zu beruhigen gewesen. Die Eltern berichten Ein- und Durchschlafschwierigkeiten, selektives Essverhalten und stressmoduliertes Klagen über Bauchweh. Die motorische Entwicklung sei altersgemäß verlaufen, bei einer leichten, bis heute bestehenden »Tollpatschigkeit« und feinmotorischen Schwierigkeiten. In seiner Sprachentwicklung lag der Patient anfänglich unter der Altersnorm (erste Wörter kurz vor 2. Geburtstag). Diesen Rückstand holte er jedoch auffallend schnell auf und seit dem 5. Lebensjahr läge er über dem Altersdurchschnitt. Im Kindergarten mit starker Bedürfnisorientierung im pädagogischen Konzept habe es keine Auffälligkeiten oder Probleme gegeben. Soziale Schwierigkeiten seien erst ab der Grundschule aufgetreten, was zum Verdacht und schließlich der Bestätigung der Autismus-Diagnose in der 2. Klasse führte. Vor dem Umzug im letzten Jahr habe er auch schon wenig soziale Kontakte gehabt, jedoch sei er in seiner alten Klasse weniger isoliert als jetzt gewesen und habe häufiger Kontakt zu seinem alten Kindergartenfreund gehabt.

Prädisponierende Faktoren: Aufgrund der vermutlich genetischen Disposition (Autismus-Spektrum-Störung; in Familie des Vaters ist mind. eine weitere Autismus-Diagnose bekannt) zeigt der Patient schon seit dem Kleinkindalter Schwierigkeiten in reziproker adäquater sozialer Interaktion und Kommunikation, die seit dem Grundschulalter im Kontakt mit Gleichaltrigen zunehmend zum Problem wurden. Sein Bedürfnis nach Routine und die Angst vor Veränderung wurzeln wohl im autistischen Kernsymptom des eingeschränkten, repetitiven und stereotypen Verhaltens. Die vermutlich ebenso bedingte starke Reizempfindlichkeit erhöht die Vulnerabilität für den negativen Einfluss umweltbedingter Stressoren. Die Eltern erscheinen feinfühlig und prinzipiell unterstützend, in letzter Zeit scheinen sie jedoch aufgrund des aktuellen Zustands des Patienten und ihres geringen Krankheitsverständnisses zunehmend an die Grenzen ihrer Belastbarkeit zu gelangen. In der Familie wurde es anscheinend stets gemieden, wichtige Themen und Konflikte, insbesondere die Autismus-Diagnose und ihre Konsequenzen, offen anzusprechen, was einer positiven Integration des Autismus ins Selbstbild des Patienten im Wege zu stehen scheint. Auch würden Streits lediglich »ausgesessen«, ohne diese in einem klärenden Gespräch aufzuarbeiten.

Auslösende Faktoren: Das zentrale auslösende Ereignis der aktuellen Problematik ist mit hoher Wahrscheinlichkeit der Schulwechsel nach dem Umzug vor einem Jahr. Dieser Wechsel führte nicht nur zu einem Verlust des vertrauten Umfelds und vertrauter Routinen, sondern auch zu einer Zunahme von Stressfaktoren wie einer reizstarken Umgebung (die neue Klasse sei deutlich unruhiger), hohem Lerndruck durch veränderte Anforderungen der neuen Schule, sowie gesteigerter Angst vor sozialen Kontakten aufgrund des noch unbekannten sozialen Umfelds.

Aufrechterhaltung: Die Reaktion des (sozialen) Rückzugs aus belastenden Situationen sorgt langfristig für eine Verfestigung der Problematik, da so positive Lernerfahrungen über soziale Interaktionen und Beziehungsgestaltung zu Gleichaltrigen ausbleiben und die Unsicherheit in solchen Situationen nicht reduziert werden kann. Grundüberzeugungen wie »Ich bin ein Freak« und »Nichts an mir ist liebenswert« prägen kognitive Beurteilungen und bedingen den niedrigen Selbstwert des Patienten. Der Überhang an maladaptiven Emotionsregulationsstrategien (Aufgeben, Rückzug, Selbstabwertung) und ein geringes Repertoire entsprechender adaptiver Strategien erschwert diese Situation.

Verhaltensanalyse:

Situative Auslöser (S):   Patient bekommt im Klassenzimmer mit, wie eine befreundete Gruppe von Mitschülerinnen und -schülern gegenseitig Partyfotos vom Wochenende zeigt und aktu-

	ellen Gossip austauscht, v. a. auch darüber wer auf wen steht.
Organismusvariable (O):	Autismus-Spektrum-Störung, niedriger Selbstwert, dysfunktionale Grundüberzeugungen, fehlende Erfahrung in sozialen Interaktionen und Beziehungen, maladaptive Emotionsregulationsstrategien
Reaktionen:	
kognitiv (R_{kog}):	»Ich werde nie lernen, wie man mit anderen gemeinsam Dinge unternimmt und Spaß hat«, »Mit jemanden wie mir werden sie nie etwas zu tun haben wollen«
physiologisch (R_{phys}):	Anspannung und Hyperarousal
emotional (R_{emot}):	Traurigkeit, Angst, Wut
motorisch (R_{mot}):	sozialer Rückzug
Konsequenzen:	
kurzfristig:	Anspannungsreduktion und Rückgang aversiver Gefühle ($\mathcal{C}$-), fehlende Teilnahme an sozialer Interaktion ($\mathcal{C}$+)
langfristig:	Persistieren des Insuffizienzerlebens und aversiver Gefühle (C-), Verstärkerverlust, Ausbleiben positiver und korrigierender sozialer Lernerfahrungen, unbefriedigter Wunsch nach sozialer Nähe ($\mathcal{C}$+)

5. Diagnose zum Zeitpunkt der Antragstellung

Achse I: Asperger-Syndrom (ICD-10: F84.5)*, mittelgradige depressive Episode (ICD-10: F32.1)
Achse II: keine Entwicklungsstörungen
Achse III: durchschnittliche Intelligenz (IQ = 112)
Achse IV: keine somatischen Erkrankungen
Achse V: keine aktuellen abnormen psychosozialen Umstände
Achse VI: mäßige soziale Beeinträchtigung in den Bereichen Schule, Freizeit und Familie

Differenzialdiagnostische Überlegungen: Die Symptome der sozialen Phobie können hinreichend der Autismus-Diagnose zugeordnet werden, sodass aktuell keine soziale Phobie als eigenständige Diagnose kodiert wird.

> **Good to know**
>
> Im aktuellen PTV3 Leitfaden der Kassenärztlichen Bundesvereinigung (KBV) zum Erstellen des Berichts an die Gutachterin wird die Diagnose nach ICD-10 verlangt, weshalb diese hier angegeben ist. Die entsprechende DSM-5 Diagnose ist: »299.00 Autismus-Spektrum-Störung ohne begleitende Intellektuelle oder sprachliche Beeinträchtigung, Schweregrad 1«. Im ICD-11 entspricht dies nach aktuellem Ausarbeitungsstand (www.bfarm.de, 29.10.24): »6 A02.0 Autismus-

Spektrum-Störung ohne Störung der Intelligenzentwicklung, mit leichtgradiger oder keiner Beeinträchtigung der funktionellen Sprache«.

6. Behandlungsplan und Prognose

Gemeinsam mit dem Patienten wurden folgende übergeordnete Therapieziele vereinbart:

1. Verbesserung der Stimmung und Reduktion der depressiven Symptomatik,
2. Erlernen und Einüben von hilfreichen Emotionsregulationsstrategien,
3. Aufbau des Selbstwertgefühls und Erarbeitung eines Selbstbilds, das eine positive Identifikation mit autistischen Persönlichkeitseigenschaften, Erleben und Verhalten beinhaltet,
4. Förderung sozialer Kompetenzen zur Steigerung von Selbstvertrauen und Selbstsicherheit in sozialen Interaktionen.

Zum Erreichen dieser Ziele wird eine Langzeittherapie als Kombinationsbehandlung mit überwiegend Einzeltherapie im Umfang von 60 Einheiten und 15 Bezugspersonenstunden beantragt: Therapieziele (1) bis (4) werden in wöchentlichen Einzelsitzungen (40 Einheiten) und monatlichen Sitzungen mit den Bezugspersonen (13 Einheiten) adressiert. Zum Erreichen der Therapieziele (3) und (4) werden zusätzlich 14-tägige Gruppensitzungen (10 Termine) in einer Gruppenpsychotherapie für autistische Jugendliche zur Förderung sozialer Kompetenzen durchgeführt (20 Einheiten). Eine weitere gruppenpsychotherapeutische Sitzung ist für die Bezugspersonen vorgesehen (2 Einheiten). Als prognostisch günstig erscheinen die starke Änderungsmotivation und die hohe Introspektionsfähigkeit des Patienten. Als prognostisch herausfordernd kann das geringe Verständnis eines verhaltenstherapeutischen Krankheitskonzepts und die daraus resultierende vergleichsweise geringe Adhärenz der Eltern betrachtet werden. Das jedoch grundlegend vorhandene Commitment der Eltern ihren Sohn und die Therapie zu unterstützen, führt zu einer ausreichend günstigen Einschätzung der Prognose für das Erreichen der Therapieziele.

Behandlungsplan:

Aufbau einer vertrauensvollen Beziehung, um ein tragfähiges Arbeitsbündnis zu schaffen durch wertschätzende und einfühlsame Gesprächsführung.
  Altersgerechte Psychoedukation über die Symptomatik, Pathogenese und Aufrechterhaltung von Depression sowie Erarbeitung eines individuellen Störungsmodells zur Verbesserung des Problemverständnisses des Patienten und seiner Eltern und Vermittlung des Behandlungsrationals.
  Die Psychoedukation zur Depression erfolgt unter Einbezug der mit Autismus einhergehenden neuropsychologischen Besonderheiten (Stärken und Schwächen), Symptomatik, äußerer Einflussfaktoren und dadurch entstehender Belastungen und psychischer Folgen (nach Dziobek & Stoll, 2024).

- Aufbau des Selbstwertgefühls und der Selbstwirksamkeitserwartung durch Förderung der Ressourcen und Interessen wie z.B. seinem ausgeprägten Gerechtigkeitssinn und politischen Interesse, oder der sprachlichen Begabung des Patienten, die ihm bereits das Eingehen positiver sozialer Interaktionen (in Koreanisch-Online-Foren) ermöglichen.
- Aufbau eines positiven Selbstbilds als autistischer Teenager unter der Neurodiversitätsannahme. Hierfür werden seine positiven autismusassoziierbaren Persönlichkeitseigenschaften genutzt, wie sein ausgeprägtes analytisches Urteilsvermögen oder sein starker Gerechtigkeitssinn.
- Vermittlung von Strategien zum Problemlösen (Problemlösetraining) zur Vorbeugung von Überlastung in reizintensiver Umgebung, insbesondere im Klassenzimmer. Neben dem Erkennen und adäquaten Reagieren auf eigene Frühwarnzeichen werden gemeinsam mit verantwortlichen Lehrkräften entsprechende Strategien entwickelt und erprobt.
- Identifikation, Bearbeitung und Umstrukturierung dysfunktionaler Kognitionen und zugrundeliegender Grundannahmen (»Ich werde nie lernen, wie man mit anderen gemeinsam Dinge unternimmt und Spaß hat«, »Mit jemanden wie mir werden sie nie etwas zu tun haben wollen«, »Ich bin nicht liebenswert«) mittels kognitiver Verfahren.
- Erarbeitung funktionaler Emotionsregulationsstrategien zum adäquateren Umgang mit Traurigkeit, Angst und Wut.
- Verbesserung der familiären Kommunikation und Förderung eines Verständnisses für die Perspektive jedes Familienmitglieds durch Kommunikations- und Konflikttraining, zirkuläres Fragen und Reframing.
- Förderung sozialer Kompetenzen in Gruppenpsychotherapie für autistische Jugendliche an der Hochschulambulanz. In einer festen Gruppe von sechs Jugendlichen werden in psychoedukativen Einheiten, Gruppendiskussionen und Rollenspielen folgende Therapieziele adressiert (orientiert an KOMPASS (Jenny et al., 2021); SOSTA (Cholemkery & Freitag, 2014) und TEACCH (Häußler et al., 2019)): Lernen, mit anderen Kontakt aufzunehmen und zu halten (z.B. Smalltalk, Social Stories), eigene und fremde Gefühle besser zu erkennen und adäquat damit umgehen, Verbesserung der Selbst- und Fremdwahrnehmung, mehr Sicherheit in schwierigen Situationen erlangen, Selbstvertrauen stärken und Ängste in im sozialen Kontext reduzieren.

6.9 Schwierige Therapiesituationen

In der Psychotherapie mit autistischen Menschen können herausfordernde Situationen in der Interaktion und Kommunikation entstehen, die unmittelbar durch die autistische Symptomatik bzw. autistische Informationsverarbeitung mitbedingt sind. Daher sind die grundsätzlichen Rahmenbedingungen – wie oben beschrieben – sowie fachliche Kompetenz, Empathie und ein Verständnis autistischer Informationsverarbeitungsstile seitens der Therapeutin von entscheidender Bedeutung. Im Folgenden werden häufig auftretende Situationen vorgestellt.

6.9.1 Herausforderndes Verhalten

Als herausforderndes Verhalten werden Verhaltensweisen beschrieben, die vom Umfeld als problematisch erlebt werden. Hierzu zählen vor allem selbst- und fremdverletzendes Verhalten, aber auch bestimmte wiederholende Stereotypien oder Verhaltensweisen, die eine Interaktion erschweren. Es ist hier wichtig zu betonen, dass Autistinnen und Autisten in der Regel ein solches Verhalten nicht mit der Absicht zeigen, anderen oder sich selbst zu schaden. Meist ist das Verhalten begleitet von einem erhöhten Stressniveau der autistischen Person und dem sichtbaren konkreten schwierigen Verhalten ist eine Phase vorausgegangen, in der das Stressniveau (für Außenstehende oft nicht direkt sichtbar) kontinuierlich gestiegen ist und die Person sich in der Situation nicht mehr anders zu helfen weiß. In detaillierten Verhaltensanalysen müssen diese Situationen im Nachgang analysiert und hilfreiche Strategien für die Zukunft erarbeitet werden. Das Verständnis für die Entstehung der gesamten Situation und des konkreten Verhaltens sowie für die darauffolgenden Reaktionen ist hierbei von zentraler Bedeutung. Hilfreiche Leitfragen können sein: »Was ist die Funktion des Verhaltens? Welches Bedürfnis könnte dahinterstehen?« Sehr häufig liegt den problematischen Verhaltensweisen eine fehlende kommunikative Kompetenz oder eine mangelnde Regulationsfähigkeit zu Grunde.

> **Verhaltensbeispiel**
>
> Durch die Kombination der Besonderheit autistischer Informationsverarbeitung und einer eingeschränkten kommunikativen Kompetenz können sich Situationen als herausfordernd entwickeln, ohne dass dies für Außenstehende im Voraus erkennbar war.
> Beispiel: Alexandra puzzelt scheinbar entspannt in ihrem Zimmer, als ihr kleiner Bruder hereinkommt und sie fragt, ob er mitpuzzeln darf. Daraufhin springt sie auf und schreit wiederholt: »Du musst anklopfen, bevor du reinkommst. DU MUSST ANKLOPFEN! Das ist eine Regel!«. Zunächst für Eltern und Bruder nicht verständlich, woher die scheinbar plötzliche Erregung kommt, ergibt sich bei genauerer Betrachtung des Schultags ein genaueres Bild. Alexandra reagiert generell sehr sensibel und mit steigendem Erregungsniveau auf unvorhergesehene Geschehnisse. An diesem Morgen kam der Schulbus bereits zu spät und war mit einem unbekannten Aushilfsfahrer besetzt, der auch noch eine andere Route fuhr. Dann fiel der Schwimmunterricht unangekündigt aus und die Stunde wurde als »freie Zeit«, bspw. zum Hausaufgaben machen, angeboten. Diese unvorhergesehenen und von ihrer Routine abweichenden Vorkommnisse führten an diesem Tag schnell zu einem deutlich erhöhten Stressniveau, das Alexandra in der Schule jedoch noch gut unter Kontrolle hatte. Wie im Eingangsbeispiel erwähnt, verhält sie sich generell sehr angepasst und ver-

sucht in der Klasse nicht aufzufallen. Als sie nun nach Hause kam und sich, nach einem bestimmten Ritual, in ein Puzzle vertiefte, führte das Ansprechen ohne das (eigentlich vereinbarte) Klopfen dazu, dass ihre Emotionen sie überwältigten und sie ihren Bruder anschrie. Die Mutter konnte das Schreien unterbrechen, indem sie Alexandra zur Beruhigung ein bei ihr beliebtes Fidget Toy gab, bei dem alle Kugeln in ein Loch balanciert werden müssen. Zusätzlich führten die Eltern einen »Energieniveau-Check« ein, bei dem Alexandra direkt nach der Schule visuell (anhand unterschiedlicher Batterieladestand-Bilder) zeigen und für alle sichtbar markieren kann, wie es ihr an diesem Nachmittag geht, sodass die Familie sich entsprechend darauf einstellen kann.

Das Verhaltensbeispiel verdeutlicht, dass eine Erhöhung des Stressniveaus sowie Schwierigkeiten dabei, dieses rechtzeitig zu erkennen, zu kommunizieren oder durch Entspannungsstrategien zu regulieren, letztlich zu dem herausfordernden Verhalten geführt haben. Für Anwesende war zuvor nicht klar, dass Alexandra in dieser Situation durch das vorher Erlebte bereits sehr angespannt war. In der Rückschau wird durch eine möglichst objektive und detaillierte Exploration der Bedingungen, die zu diesem Verhalten geführt haben, das Verhalten besser verständlich und nachvollziehbar. Im Folgenden sollten sowohl Strategien zur Deeskalation erarbeitet als auch präventiv Kompetenzen zur Vermeidung solcher Situationen weiter aufgebaut werden (z. B. das rechtzeitige Erkennen eines ansteigenden Stressniveaus und Kommunizieren des Bedürfnisses hier gegenzusteuern). Darüber hinaus sollte das Umfeld der Person angemessen gestaltet werden (z. B. durch den Einsatz von visuellen Hilfsmitteln zur Orientierung, mehr körperlicher Abstand, wenn gewünscht, genaueres Beobachten von Alexandras Erregungsniveau). Die autistischen Besonderheiten müssen unbedingt bei Verhaltensanalysen mitbedacht werden. Im SORKC Modell sollten sie bei der »Organismusvariable« aufgegriffen werden. Eine weitere autismusspezifische und praxisnahe Möglichkeit, herausforderndes Verhalten zu untersuchen, zu verstehen und eine autismusfreundliche Strategie zur Prävention zu entwickeln, kann die Arbeit mit dem 5-Phasen Eisbergmodell im Rahmen des TEACCH©-Ansatzes sein. Hier empfiehlt sich beispielsweise das Manual *Wenn Verhalten zur Herausforderung wird* (Häußler et al., 2021), indem alltagsnah durch die Beschreibung und Erarbeitung folgender fünf Phasen unterstützt wird:

- Das kritische Verhalten erkennen und benennen
- Erste Reaktion: Strategien zur erfolgreichen Deeskalation entwickeln und anwenden
- Die versteckten Auslöser des Verhaltens erfassen
- Ursachen der Krise frühzeitig erkennen und präventiv handeln
- Unsichtbare Zusammenhänge sichtbar machen: Verhaltensdokumentation und Datenanalyse

6.9.2 Schulabsentismus

Es kann vorkommen, dass autistische Kinder oder Jugendliche aufgrund einer andauernden Verweigerung des Schulbesuchs vorgestellt werden, wobei möglicherweise zunächst eine Schulangst im Vordergrund steht. Schulverweigerung ist unter autistischen Kindern und Jugendlichen deutlich häufiger als bei neurotypischen Peers und demnach auch kein seltenes Phänomen (Sasso & Sansour, 2024). Gerade für Autistinnen und Autisten ist der Schulbesuch mit einer täglichen Konfrontation mit einer Reihe von Stressoren verknüpft. In der Schule entstehen nicht nur soziale und kommunikative Herausforderungen, sie birgt auch eine Vielzahl oft unkontrollierbarer sensorischer Reize. So ist eine unruhige Klasse bereits für viele Menschen ohne sensorische Überempfindlichkeiten eine Herausforderung. Wird dann noch verlangt, konzentriert zu arbeiten, kann dies vor allem für autistische Schülerinnen und Schüler schnell überfordernd sein.

Nicht zuletzt durch die Schulpflicht sind hier sowohl die Schulen als auch Eltern unter erheblichem Druck, zügig zu handeln und darauf hinzuwirken, dass das Kind oder die Jugendliche wieder regelmäßig in die Schule geht. Da einer längeren Phase der Abwesenheit jedoch meist bereits schon eine erhebliche Zeit des Leidensdrucks vorangegangen ist, sollte sich hier unbedingt angemessen Zeit genommen werden, um die individuellen Gründe für das Vermeidungsverhalten herauszufinden. Gemeinsam mit der Familie, der Schule und eventuell weiteren beteiligten Fachkräften (z. B. aus dem Jugendamt), müssen Strategien für einen gelingenden Schulbesuch erarbeitet werden. Inklusion und Teilhabe sind Rechte, die im schulischen Kontext individuell passend umgesetzt werden müssen.

Grundsätzlich bieten sich hier ausführliche Verhaltensanalysen, unter deutlicher Berücksichtigung der Autismus-bedingten Organismusvariable, dem entsprechenden Stressempfinden (sensorische Empfindlichkeiten, Vorhersehbarkeit, soziale Anforderungen, etc.) sowie darauf aufbauenden Lösungsstrategien (z. B. Noise-Cancelling-Kopfhörer, visuelle Ablaufpläne und eindeutige Arbeitsaufträge, Rückzugsräume, u. ä.) an. In vielen Fällen können bereits kleine und einfache Veränderungen eine große Wirkung erzielen. Bei älteren Kindern kann die Erlaubnis, ohne zu fragen das Klassenzimmer zu verlassen, eine wichtige Möglichkeit darstellen, sich rechtzeitig einer Überforderungssituation zu entziehen. Hierbei ist es wichtig, gemeinsam mit der Schülerin oder dem Schüler nach passenden Lösungen zu suchen und auch offen für auf den ersten Blick ungewöhnlich erscheinende Lösungen zu sein. So kann es z. B. einem autistischen Kind, das aufgrund einer komorbiden Prosopagnosie Schwierigkeiten beim Erkennen der Gesichter von Lehrkräften und Mitschülerinnen und -schülern hat, helfen, wenn die Lehrkräfte und die Klasse Namensschilder tragen. Das schafft nicht nur Erleichterung beim Erkennen von Personen, es beugt auch Missverständnissen in der sozialen Interaktion vor.

Sehen sich Lehrkräfte und Schulen nicht in der Lage die erforderlichen Rahmenbedingungen für einen gelingenden Schulbesuch zu gestalten, kann der Verweis auf eine rechtliche Beratung hilfreich sein, um die Eltern hinsichtlich ihrer Rechte und dem Schutz vor möglichen Sanktionen zu unterstützen. Auch der

Hinweis auf mögliche alternative Schulformen kann angebracht sein und im Idealfall entlastend wirken.

6.9.3 Sie haben das Gefühl, keine tragbare therapeutische Beziehung aufbauen zu können

Schwierigkeiten in der sozialen Interaktion und Kommunikation prägen natürlich auch die Interaktion in der Psychotherapie. Als Therapeutin sollte man versuchen, sich möglichst klar und eindeutig auszudrücken (z. B. Wortspiele oder Sarkasmus meiden). Auch durch die Therapeutin verursachte kurzfristige Terminänderungen oder ungeplante lange Wartezeiten könnten sich negativ auf die Beziehung auswirken. Autistische Menschen kommunizieren oft sehr direkt (sprechen z. B. auch unangenehme Punkte ohne Umschweife an) und ohne viel Smalltalk. Mimik und Gestik können reduziert sein oder unpassend zum Gesagten wirken. All diese Faktoren können sich ungünstig auf die therapeutische Beziehung auswirken.

Eine Reihe von Maßnahmen kann hier Abhilfe schaffen. Bemerkt man Unwohlsein oder Verunsicherung in der Interaktion, kann es helfen sich bewusst zu machen, wie eine autistische Symptomatik Interaktionen beeinflussen kann. In jüngerer Zeit wird dies auch als autistischer Kommunikationsstil konzeptualisiert, der v. a. in Dyaden mit neurotypischen Personen durch die fehlende Passung beider Kommunikationsstile zu Schwierigkeiten führt (▶ Kap. 5 »Double Empathy Problem«). Dies kann bedeuten, dass eine nicht-gelingende Interaktion nicht auf der Abneigung der Patientin oder des Patienten beruht, sondern aus einer fehlenden Passung resultiert. Gerade dann kann es helfen, dies explizit anzusprechen und z. B. offen zu fragen, ob eine Abneigung besteht und ob sich die Patientin oder der Patient in der Therapie wohl fühlt. Meist werden die Antworten ehrlich ausfallen (außer bei stark angepassten und maskierenden Personen), sodass sie gut zur Auflösung dieser Situation genutzt werden können. Bei stärkeren Unsicherheiten empfiehlt sich die Konsultation der Supervisorin. Es sollte ehrlich und kritisch reflektiert werden, ob eventuell ein Therapeutinnenwechsel anzustreben ist, wenn die Situation zu Überforderung führt. Gerade für Therapeutinnen mit wenig Erfahrung in der Behandlung autistischer Patientinnen und Patienten ist dies eine ungewohnte Herausforderung! Wichtig ist in diesem Fall zu bedenken, dass ein Therapeutinnenwechsel erneut eine Veränderung und damit einhergehend Stress für die Patientin oder den Patienten bedeuten kann, weshalb dieser Übergangsprozess entsprechend unterstützt werden sollte.

> **Bericht eines Erfahrungsexperten: Relevanz des Maskierens für die Psychotherapie**
>
> Ich musste Maskieren zum Selbstschutz lernen. Ohne diese Fähigkeit war ich immer wieder Ausgrenzung, Mobbing und sogar Gewalt ausgesetzt, weil ich als »anders« wahrgenommen wurde. Maskieren hilft mir, in einer Welt zu überleben, die meine Eigenheiten oft nicht versteht. Ich stelle mir mein wahres Ich wie

eine Zielscheibe vor, die ich mit einer Maske verdecke, um nicht schlecht behandelt zu werden. Doch das Maskieren hat auch seinen Preis. Es ist unglaublich anstrengend, sich ständig zu verstellen, und mit der Zeit verliert man den Kontakt zu sich selbst. Je länger man die Maske trägt, desto schwerer wird es, sie wieder abzulegen – selbst vor Menschen, die man eigentlich mag. Es entsteht eine tiefe Unsicherheit: Mögen andere wirklich mich, oder nur die Maske, die ich zeige? Dieses Dilemma ist auch in der Psychotherapie von großer Bedeutung. Was Therapeutinnen und Therapeuten sehen, ist oft nur die Maske. Egal wie funktional oder »normal« jemand wirkt, je perfekter die Maske ist, desto verletzlicher ist oft das Gesicht dahinter. Das erschwert die Therapie erheblich. Auch wenn ich meiner Therapeutin vertraue, fällt es mir schwer, die Maske abzulegen. Selbst wenn ich es bewusst versuche, bleibt sie oft an Ort und Stelle – wie ein Schutzmechanismus, den ich nicht einfach abschalten kann.

Tobias Weber, 23 Jahre, Asperger-Syndrom

6.9.4 Die Patientin oder der Patient zeigt vermehrt stereotypes Verhalten oder Manierismen

Stereotype Verhaltensweisen und Körpermanierismen sind für autistische Menschen meist funktionale und wichtige Regulationsstrategien. Tritt ein solches Verhalten vermehrt auf, kann dies ein Anzeichen für ein eventuell erhöhtes Anspannungsniveau sein, sodass zunächst nach aktuell möglichen Stressoren im Therapiekontext geschaut werden muss. Zusätzlich sollte die Patientin oder der Patient nach möglichen aktuellen Stressoren in der Schule oder zu Hause befragt werden. Auch die Eltern können wahrscheinlich zusätzliche Informationen über momentan belastende Situationen geben. Zur Stressreduktion kann es sich anbieten, gezielt körperliche Übungen durchzuführen. In dem Manual *Kinder im Autismus-Spektrum verstehen und unterstützen* (Funke, 2024) wird nachvollziehbar beschrieben, welche wichtige Rolle stereotypes Verhalten oder Manierismen spielen und wie Therapeutinnen helfen können, diese Regulationsmechanismen zu unterstützen um Wohlbefinden zu fördern. Keinesfalls sollten diese Verhaltensweisen unterbunden werden, da sie der autistischen Person situativ und subjektiv notwendige Sicherheit bieten. Langfristig kann es im Therapiekontext sinnvoll sein, alternative, gegebenenfalls auch gesellschaftlich akzeptiertere Verhaltensweisen aufzubauen. Ein solches Vorgehen muss allerdings immer gemeinsam mit dem Kind oder der Jugendlichen abgesprochen und umgesetzt werden.

6.9.5 Therapie- und Förderziele werden nicht erreicht und es gestaltet sich schwierig, weitere Kompetenzen aufzubauen

Wie zu Beginn des Kapitels beschrieben, sollten Therapie- und Förderziele immer an den aktuellen Bedarf sowie den individuellen Entwicklungsstand angepasst sein. Sollte im Verlauf, trotz wiederholter Übungen, kein weiterer Kompetenzerwerb stattfinden, muss immer kritisch hinterfragt werden, ob das einzelne Ziel passend zum gegenwärtigen Entwicklungsstand gewählt wurde. Sollte man zum Schluss kommen, dass dies nicht der Fall war, kann das Therapieziel eventuell durch kleine Änderungen angepasst werden, um doch noch erreichbar zu werden. Dies lässt sich z. B. durch eine Variation in Therapiematerial oder Setting erreichen. Eventuell wurden auch wichtige Vorläuferfähigkeiten nicht ausreichend gefördert und sind noch nicht beherrscht?

Zudem sollte immer das aktuelle Erregungsniveau beobachtet werden. Umfassendes Lernen kann nur in einem ausbalancierten Zustand aus Anspannung und Entspannung stattfinden. Eventuell ist der Kontext zu langweilig, die Jugendliche ist zu müde oder aber die Situation ist nicht vorhersehbar genug. War möglicherweise der Kindergartentag sehr anstrengend und das Kind ist überreizt und würde zunächst entspannende Aktivitäten benötigen? Zudem ist elementar, dass insbesondere Jugendliche und junge Erwachsene mit höherem Funktionsniveau motiviert sind, die Therapieziele zu erreichen und sie als entsprechend sinnhaft und notwendig erachten.

6.9.6 Es findet keine Generalisierung statt

Es kann vorkommen, dass die Patientin oder der Patient neu erworbene Kompetenzen zwar in der Therapie, aber nicht in Kindergarten, Schule oder zu Hause zeigt. Da viele autistische Menschen kontextgebunden lernen, ist immer darauf zu achten, dass Eltern in die Zielplanung und alltägliche Umsetzung eingebunden werden, um eine Generalisierung zu unterstützen. Zusätzlich sollten beispielsweise in sozialen Kompetenztrainings die Jugendlichen auch Hausaufgaben erhalten, in denen besprochene Inhalte im Alltag gezielt geübt werden. Wichtig ist hierbei die Passung der Ziele für den Entwicklungsstand, aber auch die Variation von Materialien, Orten und Personen, um eine gelungene Übertragung neu erworbener Kompetenzen in andere Kontexte erreichen zu können.

6.9.7 Trotz der ambulanten Therapie verschlechtern sich Symptome

Sollte im ambulanten Setting keine merkliche Verbesserung von (Leidensdruck verursachenden) Symptomen eintreten, oder sich die Symptomatik und möglicherweise dysfunktionales Verhalten noch verschlimmern, ist immer auch über einen vorübergehenden (teil-)stationären Aufenthalt nachzudenken. Hierbei sollte aber unbedingt berücksichtigt werden, dass solch ein Kontextwechsel für die meisten autistischen Menschen enormen Stress bedeutet. Zuvor muss man kritisch erörtern, ob die Therapiesituation als hilfreich oder belastend erlebt wird und wie dies eventuell verbessert werden könnte. Auch kritische persönliche Ereignisse und Veränderungen – unabhängig vom Therapiekontext – können einen erheblichen und nicht direkt sichtbaren Einfluss haben.

Bei ausgeprägten expansiven oder externalisierenden Verhaltensweisen, aber auch bei stark ausgeprägten internalisierenden Symptomen und einem häuslichen Kontext, in dem eventuell hilfreiche Strategien nicht umgesetzt werden können, kann ein stationärer Aufenthalt empfehlenswert sein. Hier können Strategien zur Tagesgestaltung, sowie eine eventuelle Behandlung komorbider Störungen, wie ausgeprägte Hyperaktivität, Aggressivität oder auch Schlaf- und Essstörungen engmaschiger beobachtet und behandelt werden. In Vorbereitung auf einen (teil-)stationären Aufenthalt, sollte mit dem Kind einerseits das Prozedere (entwicklungsabhängig passend) besprochen, aber auch visuell (Dauer, neuer Tagesablauf, neue Personen, gleichbleibende Routinen und Materialien) dargestellt werden, um den Übergang möglichst angenehm gestalten zu können. Im optimalen Fall kann so eine alternative Therapieumgebung als hilfreiche Unterstützung erlebt werden.

6.10 Überprüfung der Lernziele

- Setzen Sie sich kritisch mit den Herausforderungen autismusspezifischer Therapien auseinander.
- Welche Interventionsbausteine sind für ein nonverbales 4-jähriges autistisches Kind mit Intelligenzminderung sinnvoll, welche für eine 16-jährige hochfunktionale Autistin?
- Erläutern Sie, was bei der Verwendung der Begriffe Autismus-Therapie, Förderung und Psychotherapie zu beachten ist und wann welcher Ansatz sinnvoll ist.
- Wann ist eine Psychotherapie für autistische Kinder oder Jugendliche indiziert und was ist hinsichtlich der Abrechnung zu beachten?

7 Psychotherapieforschung

Fallbeispiel 1

Die Eltern des 5-jährigen Sebastian kommen verunsichert in die psychotherapeutische Sprechstunde. Ihr Sohn hat vor einigen Wochen die Autismus-Diagnose erhalten und sie haben sich nun – vor allem im Internet – zu möglichen Therapieansätzen informiert. Der Vater hat Fragen zu hochintensiven Verhaltenstherapien, die wohl sehr effektiv, aber auch umstritten und durch die Intensität sehr teuer sein sollen. Er möchte zum Kosten-Nutzen-Verhältnis dieser Ansätze beraten werden. Die Mutter möchte vor allem zum Einfluss von Ernährung und Nahrungsergänzungsmitteln auf das Wohlbefinden ihres Sohnes beraten werden. Zudem zeige die kleine Schwester Luisa mit ihren zweieinhalb Jahren bereits ebenfalls Auffälligkeiten in der sozialen Kommunikation, die an Sebastians Entwicklung erinnern würden. Die Eltern fragen sich, ob eine spezifische Förderung in diesem jungen Alter möglich wäre und auch ohne bestehende Autismus-Diagnose bereits sinnvoll wäre.

Fallbeispiel 2

Die 15-jährige Clara hat in den Medien davon gehört, dass die Einnahme von Oxytocin mittels Nasensprays die sozial-kommunikativen Kompetenzen, vor allem die Empathie, verbessern könnte. Da sie sich sehr wünscht, andere besser verstehen zu können und mehr Anschluss finden möchte, fragt sie ihren Therapeuten, bei dem sie wegen Schulängsten in Behandlung ist, ob er ihr das verschreiben kann.

Lernziele

- Sie wissen, was S3-Leitlinien sind und wo Sie die entsprechenden Leitlinien zur Therapie mit Menschen mit Autismus finden.
- Sie kennen die Bedeutung des Begriffs »evidenzbasiert« und wissen welche Rolle der Begriff bei Therapieempfehlungen spielt.
- Ihnen ist bekannt, welche Ansätze oder Therapiebausteine dem wissenschaftlichem State-of-the-Art entsprechen und wovon abzuraten wäre.

7.1 Allgemeines zum Forschungsstand

7.1.1 Benennung von Interventionen für autistische Menschen

> **Merke**
>
> In den vorherigen Kapiteln wurde bereits auf die Problematik des Begriffs »Autismus-Therapie« eingegangen. Die Benennung einer spezifischen Intervention für autistische Menschen als »Therapie« oder »Förderung« birgt gesellschaftspolitische und finanzierungsrelevante Fallstricke, denen sich Therapierende bewusst sein sollten (▶ Kap. 6).

7.1.2 Rahmenbedingungen guter Interventionsforschung

In den letzten Jahrzehnten ist die Forschung zu Interventions- und Therapieansätzen bei Autismus mit einer Vielzahl von Studien stark gewachsen. Diese Studien unterscheiden sich jedoch mitunter stark in ihrer Qualität. Um einen Überblick zu bekommen, müssen Studien und ihre Ergebnisse hinsichtlich verschiedener Gütekriterien geprüft, eingeordnet und interpretiert werden. In diese Beurteilung sollten u. a. die Stichprobe (Auswahl, Größe), die Signifikanz der Ergebnisse, aber vor allem auch die Effektgröße (ist ein möglicherweise nachgewiesener Therapieeffekt auch klinisch bedeutsam?) herangezogen werden. Die verfügbaren Studien unterscheiden sich jedoch auch stark in ihrem Forschungsdesign. So haben Einzelfallberichte im Vergleich zu einfachen Interventionsstudien oder randomisiert kontrollierten Studien (RCTs) mit großen Stichproben eine andere Aussagekraft. Eine Besonderheit der Interventionsforschung bei Autismus ist, dass sie ein heterogenes Spektrum an Einschlusskriterien (welche Personen mit welcher Form von Autismus und welcher Ausprägung können teilnehmen?) und Zielbereichen (welche Schwierigkeit/welches Symptom wird adressiert?) aufweisen. Auch dieser Umstand ist bei der Interpretation der Ergebnisse besonders zu berücksichtigen.

In Metaanalysen werden die Ergebnisse mehrerer Studien systematisch zusammengefasst, um eine übergeordnete Schätzung des Effekts, also der Wirksamkeit einer Intervention, zu erhalten. Metaanalysen gelten als höchster wissenschaftlicher Standard, wenn vorwiegend qualitativ hochwertige Studien eingeschlossen wurden. Sie werden oft als Referenz herangezogen, wenn es um die Interpretation von Effekten zu spezifischen Interventionen geht. Seit 2021 gibt es die deutschsprachigen medizinischen S3-Leitlinien zur Therapie bei Autismus-Spektrum-Störungen, die die aktuelle Forschungslage zusammenfassen und wissenschaftlich fundierte Empfehlungen aussprechen (Arbeitsgemeinschaft der Wissenschaftlichen Medizinischen Fachgesellschaften (AWMF), 2021).

> **Good to know: AWMF S3-Leitlinien zu Autismus-Therapie**
>
> Eine S3-Leitlinie entspricht der höchstmöglichen Qualitätsstufe von Handlungsempfehlungen. Die dort aufgeführten Empfehlungen entsprechen dem aktuellen Stand der wissenschaftlichen Forschung und werden durch Fachgesellschaften, Berufsverbände und Patientenorganisationen gemeinsam erarbeitet und frei zugänglich online zur Verfügung gestellt (Zugriff unter: https://register.awmf.org/de/leitlinien/detail/028-047). Als evidenzbasiert werden nur Ansätze empfohlen, die durch systematische Literaturrecherchen identifiziert und deren Effektivität hinsichtlich vorher definierter relevanter Zielbereiche anhand entsprechender statistischer Methoden, wie u. a. der Metaanalyse, nachgewiesen wurden. Dementsprechend werden in den medizinischen S3-Leitlinien zur Therapie bei Autismus-Spektrum-Störungen (AWMF, 2021) nur Therapie- und Förderansätze empfohlen, die diesen Qualitätsansprüchen genügen. So werden z. B. Strategien zur Strukturierung und Visualisierungshilfen zwar als Rahmenbedingungen einer Therapie mit autistischen Menschen aufgeführt, aber konkrete Ansätze und Programme an sich nicht explizit empfohlen, weil es bisher keine ausreichend hochwertigen Studien zur Effektivität gibt.

7.1.3 Relevante Outcome-Maße in der Autismus-Therapieforschung

Bisher fordern medizinisch-wissenschaftliche Leitlinien, dass Zielbereiche in autismusspezifischen Interventionsstudien primär darauf ausgerichtet sind, die Kernsymptomatik von Autismus zu verbessern (z. B. soziale Interaktion, Kommunikation sowie restriktive und stereotype Interessen und Verhaltensweisen). Betroffenenverbände hingegen plädieren, insbesondere im Rahmen eines akzeptierenden Neurodiversitätskonzepts, dafür, auch andere Zielbereiche in den Fokus zu rücken. Sie regen an, zur Ergebnisbewertung Inhalte wie Inklusion, Selbstbestimmung, Lebenszufriedenheit und Lebensqualität stärker zu berücksichtigen (Lord et al., 2020). Es ist äußerst begrüßenswert, dass die Perspektive autistischer Menschen in der Forschung zunehmend an Bedeutung gewinnt (Pukki et al., 2022). Ihre Einbindung in die Planung, Durchführung und Interpretation von Studien wird mittlerweile immer öfter nicht nur als wertvoller Beitrag, sondern essenzieller Bestandteil guter Forschung anerkannt. Bei größeren internationalen Forschungsprojekten wird eine solche Beteiligung mittlerweile als Qualitätsmerkmal vorausgesetzt. Trotz dieser erfreulichen Entwicklung werden autistische Menschen jedoch nach wie vor zu wenig in die Therapieforschung einbezogen.

Relevante Zielbereiche in Interventionsstudien werden bislang vor allem durch Verhaltensbeobachtungen sowie Selbst- oder Fremdbeurteilung erfasst. Zunehmend werden auch neurokognitive Biomarker herangezogen, mit der Hoffnung, objektivere Maße zur Messung des Therapieerfolgs zu erhalten. Hierzu zählen v. a. Untersuchungen zu funktioneller und struktureller Hirnanatomie, EEG-Mustern und neuronaler Aktivität, Neurotransmittern und neuromodulatorischer Systeme, Augenbewegungen und visueller Verarbeitung (Eye-Tracking), Verarbeitung des autonomen Nervensystems (z. B. Pupillenreaktion), genetischen und molekularen Markern. Diese Ansätze sollen die Nachteile der oft weniger reliablen und fehleranfälligen Beobachtungsdaten ausgleichen. Allerdings befinden sich diese Methoden derzeit noch in einem explorativen Stadium und es bedarf weiterer Forschung, um diese Biomarker verlässlich einsetzen zu können.

In den folgenden Unterkapiteln wird der aktuelle Stand der Psychotherapieforschung entsprechend der Aufteilung aus Kapitel 6 getrennt für unterschiedliche Altersbereiche und Interventionsbausteine vorgestellt.

> **Good to know: Partizipative Autismus-Forschung**
>
> Erst in den letzten Jahren erkennt die Wissenschaft zunehmend, dass es für alle Interessensparteien gewinnbringend ist, autistische Menschen und ihre Angehörigen in die Forschung miteinzubeziehen. Durch die systematische Beteiligung am gesamten Forschungsprozess kann Autismus-Forschung qualitativ besser und unmittelbar praktisch relevant für autistische Menschen und ihre Familien werden. Bisher mangelt es jedoch noch weitgehend an Strukturen, die eine umfassende Partizipation ermöglichen. In Deutschland gibt es bisher zwei Projekte, die versuchen, solche Strukturen zu entwickeln und partizipative Autismus-Forschung durchzuführen: Eine Vorreiterrolle übernahm die Autismus-Forschungs-Kooperation (afk) der Humboldt-Universität zu Berlin (www.autismus-forschungs-kooperation.de), in welcher seit 2007 autistische und nicht-autistische Forscherinnen gemeinsam Studien durchführen. Das Heureka! Autismus-Forschungsforum der Ludwig-Maximilians-Universität München (https://tinyurl.com/cnr5zhs6) bietet seit 2018 ein Netzwerk mit den Hauptzielen partizipative Forschungsprojekte umzusetzen und Aufklärung für Berufsgruppen, die mit autistischen Menschen zu tun haben, zu betreiben. Ein Beispiel für ein Ergebnis partizipativer Zusammenarbeit in der Forschung ist die Checkliste für Autismus-freundliche Forschung der afk, welche Wissenschaftlerinnen dabei hilft, Studienkontexte angepasst an autistische Bedürfnisse zu gestalten (Abrufbar unter: https://www.autismus-forschungs-kooperation.de/projekte-der-afk/checkliste-autismusfreundliche-studien/ [Zugriffsdatum: 19.05.2025])

7.2 Strukturierungsmaßnahmen & visuelle Unterstützung

Obwohl es mittlerweile zum Standard gehört, autistischen Menschen durch visuelle Hilfsmittel Orientierung und Strukturierung zu bieten, existieren nur wenige qualitativ ausreichend hochwertige Studien, in denen die Wirksamkeit dieses Vorgehens überprüft wurde. Der TEACCH-Ansatz (Treatment and Education of Autistic and related Communication Handicapped Children; siehe z. B. Häußler & Mesibov [2022] für das deutschsprachige Manual) stellt eine speziell für autistische Menschen entwickelte, strukturierte Form des visuellen Lernens dar. TEACCH ist ein entwicklungsorientierter Ansatz, der sowohl psychologisch als auch pädagogisch fundiert ist. Eine Metaanalyse aus dem Jahr 2013 zeigte, dass TEACCH-Programme insbesondere zu Verbesserungen im Sozialverhalten beitragen können, während maladaptives Verhalten, wie z. B. die Vermeidung von Anforderungen (gemessen mit den VABS), nachweislich reduziert wurde (Virues-Ortega et al., 2013). Visuelle Hilfsmittel und strukturierende Unterstützung bieten verlässliche Orientierungshilfen, die von den meisten autistischen Menschen als stressreduzierend empfunden werden und die konkrete Handlungsplanung erleichtern. Auch in den S3-Leitlinien werden diese Maßnahmen als essenzielle Rahmenbedingungen für die therapeutische Arbeit mit autistischen Menschen betont.

7.3 Psychoedukative Elterntrainings

In den letzten Jahren wurden verstärkt niedrigfrequente psychoedukative Elterntrainings untersucht, die sich möglichst einfach und kosteneffizient in den allgemeinen Versorgungskontext integrieren lassen. Die von der Weltgesundheitsorganisation entwickelte und online frei zugängliche *WHO caregiver skills training intervention* konnte in Studien eine gute Implementierbarkeit sowie eine Steigerung elterlicher Kompetenzen nachweisen. Diese führten wiederum zu Verbesserungen im kindlichen Verhalten (Settanni et al., 2024). Das Programm wurde in zahlreiche Sprachen übersetzt, ist jedoch bislang nicht in deutscher Sprache verfügbar.

Eine angepasste Version des etablierten *Positive Parenting Programs* (Triple P; Sanders et al., 2014) für Autismus, *Stepping Stones Triple P*, zeigte in einer deutschen Implementierungsstudie eine Reduktion komorbider Verhaltensprobleme und eine Zunahme elterlicher Selbstwirksamkeit (Kasperzack et al., 2020). Ähnliche Ergebnisse zeigen sich bei vergleichbaren psychoedukativen Elterntrainingsprogrammen, wie *FETASS* und *FAUTE*, die im vorherigen Kapitel (▶ Kap. 6) bereits inhaltlich beschrieben wurden.

Insbesondere die Förderung der elterlichen Selbstwirksamkeit spielt eine entscheidende Rolle bei der Unterstützung von Familien mit einem autistischen Kind, da sie einen direkten Einfluss auf die wahrgenommene Lebensqualität der gesamten Familie haben kann (Fante et al., 2024). Ebenso wichtig sind die Akzeptanz der Diagnose sowie das Wissen über die Neurodiversität der Kinder, da diese Faktoren das Verständnis fördern und eine positive familiäre sowie kindliche Entwicklung unterstützen (Naicker et al., 2023). Insgesamt ist die Einbindung psychoedukativer Elemente in der Elternarbeit ein zentraler Bestandteil der Arbeit mit autistischen Kindern und Jugendlichen.

7.4 Interventionen für das Vorschulalter

7.4.1 Evidenzbasierte Inhalte etablierter Frühinterventionsprogramme

Autismusspezifische Interventionen für das Vorschulalter sind gut erforscht, da für diese Altersgruppe die meisten Studien, einschließlich systematischer Reviews und Metaanalysen, durchgeführt wurden. Entwicklungsorientierte und verhaltenstherapeutische Ansätze zeigen insgesamt signifikant positive Effekte, insbesondere bei der Förderung sozial-kommunikativer Kompetenzen. Allerdings wird die Studienqualität in vielen Fällen kritisiert, sodass bei der Berücksichtigung strenger Qualitätskriterien (z. B. doppelte Verblindung, ausschließlich RCTs) nur wenige Studien eingeschlossen werden können und die nachweisbaren Effekte in solchen Analysen häufig gering oder nicht signifikant sind (Sandbank et al., 2020).

> **Good to know: Was ist »ABA« und warum wird es in Deutschland oft so kritisch gesehen?**
>
> Die ersten Ansätze zur Frühintervention bei Autismus wurden bereits in den 1970er Jahren entwickelt und wissenschaftlich untersucht. Diese frühen Studien zum sogenannten *Lovaas ABA* (Applied Behavioral Analyses nach Ole Ivar Lovaas, zu Deutsch: Angewandte Verhaltensanalyse) oder *klassischen ABA* sorgten damals für viel Aufsehen, da sie den Eindruck vermittelten, dass auch Kinder mit sehr starken autistischen Symptomen und mit hoher Intelligenzminderung erfolgreich für den Besuch der Regelschule vorbereitet werden können. Durch Prinzipien des klassischen operanten Konditionierungslernens mit vielen und präzise geplanten Wiederholungen wurde den Kindern neues, vor allem akademisches Wissen beigebracht. An diesem Vorgehen wurde kritisiert, dass die Förderziele vor allem sehr akademisch und nicht autismusspezifisch ausgewählt waren, Vorläuferfähigkeiten nicht in den Förderzielen berücksichtigt wurden und die eingesetzte Verstärkung häufig nicht in direktem Zusammenhang mit dem Verhalten der Kinder stand. Auch wurden das spontane, selbstmotivierte Verhalten und damit die Generalisierbarkeit der erlernten Fertigkeiten angezweifelt. Zudem wurden Bestrafungsmaßnahmen als Konsequenzen eingesetzt, was aus ethischen Gründen zu verurteilen ist. Weiterhin sollte möglichst viel Therapiezeit investiert werden (die Empfehlungen lagen bei mind. 40 Std./Woche), was oft durch die Eltern zu leisten war und somit einen enormen finanziellen und emotionalen Druck auf die Familien erzeugte. Neben diesen

inhaltlichen Kritikpunkten wurde darüber hinaus die Qualität von Wirksamkeitsstudien immer wieder bemängelt. In den letzten 50 Jahren hat sich dieser Ansatz weiterentwickelt und Kritikpunkte wurden durch Anpassungen des Programms adressiert. Mittlerweile werden solche frühen intensiven verhaltenstherapeutische Programme in der Literatur auch als sogenannte *EIBI*-Ansätze beschrieben (»early intensive behavioral intervention«) und so von anderen verhaltenstherapeutischen Ansätzen abgegrenzt. Trotz vielfältiger Weiterentwicklungen klassischer ABA-Ansätze lastet, insbesondere in Deutschland, der schlechte Ruf weiterhin an dem Ansatz und Betroffenenverbände lehnen ABA grundsätzlich ab. Im Kern ist ABA eine wissenschaftlich fundierte, verhaltenstherapeutische Methode. Insbesondere in den Vereinigten Staaten sind ABA-basierte Programme nach wie vor das Mittel der Wahl zur Förderung autistischer Kinder. Wenn Eltern eine ABA-basierte Förderung wählen möchten, sollten sie hinsichtlich einzelner geforderter evidenzbasierter Elemente im Therapieprogramm aufgeklärt werden. Insbesondere eine positive Kind-Therapeutin-Beziehung und eine angemessene Wahl der Förderziele (z. B. Schwerpunkt »sozial-kommunikativ«) sowie natürliche Lernsituationen und passende Verstärkung können Ansatzpunkte für eine passende Wahl sein. Generell sollte der Grundsatz lauten: Kind und Eltern müssen sich mit dem Therapiekontext und den Förderinhalten und Methoden wohl fühlen!

Dem aktuellen Stand der Forschung im Bereich frühkindlicher Autismus-Interventionen entsprechen die sogenannten NDBIs (Naturalistic Developmental Behavioral Interventions), auf Deutsch entwicklungsorientierte, verhaltenstherapeutisch basierte Therapieprogramme in einem natürlichen Lernkontext (Freitag, 2018). Diese Ansätze zeichnen sich dadurch aus, dass sie in einem natürlichen Lernsetting stattfinden und sich Kind und Therapeutin in der Interaktionsführung abwechseln.

Dabei werden die individuellen (autistischen) Bedürfnisse des Kindes berücksichtigt, natürliche und soziale Verstärker eingesetzt sowie verhaltenstherapeutische Methoden genutzt, um entwicklungspsychologisch relevante Ziele und Vorläuferfähigkeiten zu fördern (Schreibman et al., 2015). Beispiele für solche Ansätze sind *PACT* (▶ Kap. 6.2.1), *A-FFIP* (▶ Kap. 6.2.2) und das *Early Start Denver Modell* (*ESDM*, Rogers & Dawson, 2014). Das ESDM, ein gut untersuchter, ABA-basierter Ansatz, der durch spielerische und beziehungsfördernde Elemente ergänzt wurde, konnte nachweislich die Sprachentwicklung und IQ-Werte verbessern. Einige Studien berichten auch über Verbesserungen in den sozial-kommunikativen Kompetenzen, jedoch verschwanden diese Effekte, wenn nur qualitativ hochwertige Studien einbezogen wurden (Fuller et al., 2020). Bisher gibt es keine Implementationsstudien für den deutschen Versorgungskontext. Die Autorinnen des Modells empfehlen möglichst viele Therapiestunden für einen optimalen Entwicklungserfolg, was in Deutschland aufgrund finanzieller und struktureller Einschränkungen schwer umsetzbar ist. Adaptierte Studienformate zeigen jedoch, dass auch eine geringere Stundenintensität zu vergleichbaren Ergebnissen führen und kosteneffektiv sein kann (Rooks-Ellis et al., 2024). Solche Studien fehlen jedoch bislang in Deutschland. Auch für PACT gibt es bisher keine Untersuchungen im deutschsprachigen Raum. Aufgrund seiner niedrigfrequenten Durchführung wäre es jedoch praktikabel, diesen Ansatz hier zu etablieren. In Ländern mit weniger ausgebauten Gesundheitssystemen, wie Indien und Pakistan, konnte PACT bereits erfolgreich umgesetzt werden (Rahman et al., 2016). Für A-FFIP liegen vielversprechende Ergebnisse aus einer Pilotstudie im Fall-Kontroll-Design vor. Die Ergebnisse einer multizentrischen RCT-Studie werden in Kürze erwartet (Kitzerow, Hackbusch, et al., 2020; Kitzerow, Teufel, et al., 2020).

7.4.2 Sehr frühe und präventive Förderungen

International ist das Diagnosealter in den vergangenen Jahrzehnten deutlich gesunken, sodass immer mehr Kinder bereits in den ersten beiden Lebensjahren zumindest eine Verdachtsdiagnose erhalten. Zudem gibt es zunehmend Geschwisterkinder, die aufgrund der genetischen Vorbelastung bereits sehr früh präventive Förderungen erhalten. Ein aktuelles systematisches Review, das nur hochwertige Studien zur Förderung von Kindern unter 24 Monaten einschloss, fand jedoch keine Verbesserungen durch diese Förderung, weder in Bezug auf Symptomatik und IQ, noch auf sprachliche Fähigkeiten im Alter von drei Jahren (McGlade et al., 2023). Bisher gibt es jedoch keine Langzeitstudien, um Aussagen über die Effektivität sehr früher Fördermaßnahmen machen zu können. Insbesondere Elterntrainings zur Förderung der elterlichen Responsivität werden bereits sehr früh oder auch bei einem Verdacht auf Autismus empfohlen. Sie zielen darauf ab, die Selbstwirksamkeit der Eltern zu stärken, eine positive Eltern-Kind-Interaktion zu fördern und die sozial-kommunikativen Initiativen des Kindes frühzeitig zu unterstützen (Green et al., 2022).

7.4.3 Prädiktoren, Moderatoren und Mediatoren des Therapieerfolgs

Die große Heterogenität innerhalb des Autismus-Spektrums, gepaart mit der Vielfalt an möglichen Begleiterkrankungen und generell an weiteren persönlichen Einflussgrößen, erschwert die Vergleichbarkeit und Generalisierbarkeit von Therapiestudien. Erkenntnisse aus solchen Gruppendesigns lassen sich so nur schwer auf spezifische Bedürfnisse einer einzelnen Person übertragen. Um in Zukunft maßgeschneiderte Interventionen anbieten zu können, ist es entscheidend, die Wirkmechanismen spezifischer Therapieansätze sowie die Einflussfaktoren auf den Therapieerfolg besser zu verstehen. In diesem Zusammenhang wird sowohl international als auch in der deutschen S3-Leitlinie die dringende Notwendigkeit betont, mehr darüber zu erforschen, was für wen in welcher Dosierung und zu welchem Zeitpunkt am effektivsten ist. Dies erfordert eine stärker individualisierte Forschungsperspektive, die nicht nur auf der Identifikation wirksamer Therapiebestandteile basiert, sondern auch die Rolle von Variablen wie Alter, Geschlecht, Komorbiditäten und sozialen Kontexten berücksichtigt (Chen et al., 2022). Oft verhindert eine kleine Stichprobe Analysen zu möglichen Einflussfaktoren auf den Therapieerfolg.

> **Good to know und kurz erklärt: Moderatoren, Prädiktoren und Mediatoren**
>
> Prädiktoren sind unabhängige Variablen und Charakteristika, die sich im Rahmen der Intervention nicht verändern (wie Alter, IQ oder Symptomschwere vor der Intervention, etc.), aber einen Effekt auf den Therapieerfolg (die abhängige Variable) haben können. Moderatoren beeinflussen die Stärke oder die Richtung des Zusammenhangs zwischen der unabhängigen und der abhängigen Variable. Sie beantworten die Frage, für wen eine Intervention unter welchen Bedingungen wirkt. Mediatoren sind Variablen, die sich im Rahmen der Intervention verändern können und die Outcome-Variable beeinflussen, sie erklären den Mechanismus und beschreiben, »wie« oder »warum« eine Intervention wirkt.

Ein Review konnte zeigen, dass insbesondere bei stark verhaltenstherapeutisch orientierten Ansätzen (z. B. EIBI) die Einbindung der Eltern eine wichtige Rolle für den Therapieerfolg spielt. Über alle untersuchten Ansätze hinweg war zudem eine hohe Sitzungsfrequenz und lange Therapiedauer ein relevanter Einflussfaktor (Klinger et al., 2021). Eine Kosten-Nutzen-Analyse kommt dennoch zu dem Fazit, dass die bisher nachweisbaren Verbesserungen in Kognition, Sprache und adaptivem Verhalten durch intensive Programme (20–50 Stunden/Woche) nicht in Relation zu den verursachenden Kosten stehen (Rodgers et al., 2020).

NDBI-Ansätzen liegt die Annahme zu Grunde, dass durch die Förderung entwicklungspsychologisch relevanter und notwendiger Vorläuferfähigkeiten, eine Steigerung intrinsischer sozialer Motivation durch weniger Stresserleben und einem Fokus auf Beziehungsarbeit Synergien entstehen, die dann wiederum günstige Entwicklungsprozesse in Gang setzen (Schreibman et al., 2015). Es scheint, dass nicht die Quantität der Förderungsintensität, sondern der Inhalt und die Qualität der Intervention, sowie individuelle Einflussfaktoren ausschlaggebend für Therapiefortschritte sind.

Die aktuelle Studienlage erlaubt keine eindeutige Aussage über den Einfluss von Alter und intellektuellen Fähigkeiten zu Interventionsbeginn auf den Therapieerfolg. Die verfügbaren Ergebnisse sind stark abhängig von der eingeschlossenen Stichprobe und den gewählten Ergebnismaßen, sodass nicht von einem allgemeinen Einfluss auf den Therapieerfolg ausgegangen werden kann. Auch in diesem Zusammenhang scheint es vielversprechend zu sein, Ansätze zu wählen, die zum individuellen Entwicklungsstand passen, insbesondere wenn eine Verbesserung sozial-kognitiver Kompetenzen angestrebt wird.

Einige wenige Studien zu von Eltern durchgeführten NDBIs haben Veränderungen des elterlichen Verhaltens als möglichen Mediator des Therapieerfolgs untersucht. Hier hat sich gezeigt, dass die Art der Umsetzung der Interventionsstrategien und die Zeit, die Kinder in gemeinsamem interaktivem Spiel mit ihren Eltern verbringen, signifikante Einflussfaktoren sind (Shire & Shih, 2024).

Bisher gibt es nur wenige Studien, die eine Langzeitentwicklung von untersuchten Moderatoren oder Mediatoren des Therapieerfolgs untersucht haben. Ein Beispiel hierfür ist die PACT-Studie, in der sechs Jahre nach Studienende Einflussfaktoren und Ergebnismaße untersucht wurden (▶ Kasten Forschung).

Forschung: Synchronizität als Mediator für mehr selbst-initiierte sozial-kommunikative Verhaltensweisen

Im PACT-Ansatz lernen Eltern, wie sie die Interaktion mit ihrem Kind synchroner gestalten können, ihre Handlungen also passender an die Interaktionsmuster ihres Kindes anzugleichen. Ein zentrales Element ist das non-direktive Folgen des Interesses des Kindes, um den so entstehenden gemeinsamen Aufmerksamkeitsfokus zur Kommunikation zu nutzen. Die Studien zum PACT-Ansatz sind aktuell die einzigen, die auf einem wissenschaftlich hohen Niveau eine Verbesserung der sozial-kommunikativen Kompetenz, gemessen über den ADOS, nach Therapieende und in Folgemessungen, nachweisen konnten. Zudem wurden Mechanismen dieser Veränderungen untersucht. So zeigte sich direkt nach Studienende, dass eine Zunahme der elterlichen Synchronizität in der Interaktion mit dem Kind zu mehr kindlichen Initiativen führte, was wiederum zu einer Verbesserung in den ADOS-Werten führte, indem mehr sozial-kommunikative Verhaltensweisen mit einem fremden Testleiter gezeigt wurden. Dieser Effekt ließ sich auch noch sechs Jahre nach Interventionsende nachweisen. Zudem zeigte sich eine deutliche Verbesserung im Gesamtwert der VABS im Lehrerurteil. Die VABS messen das adaptive Verhalten, also die Fähigkeiten einer Person, alltägliche Anforderungen des Lebens erfolgreich zu bewältigen (▶ Kap. 4.4.4). Diese Ergebnisse zeigen die Möglichkeit einer gezielten frühen Förderung der sozialen Interaktion über die Beeinflussung der Synchronizität mit langanhaltender Wirkung (Carruthers, 2023).

Neuere Studien beschäftigen sich mit Modellen von Entwicklungskaskaden als mögliche Mediatoren, die die sozial-kommunikative Entwicklung beeinflussen. Durch Ergebnisse solcher Studien könnten in Zukunft mögliche Synergieeffekte durch die Anregung zugrundeliegender entwicklungspsychologischer Mechanismen aufgedeckt und erklärt werden. So werden beispielsweise frühe motorische Fähigkeiten, visuelle Aufmerksamkeit und zugrundeliegende neurologische Prozesse, aber auch Schlaf als relevante Einflussgrößen für die sozial-kommunikative Entwicklung angenommen. Innerhalb dieser Kaskaden könnten bestimmte Pfade Einfluss auf andere Systeme nehmen. Derzeit fehlt es an ausreichendem Wissen über diese spezifischen Prozesse, insbesondere bei autistischen Kindern. Daher wird zunehmend die Notwendigkeit umfassender und gezielter Analysen einzelner Variablen betont (Bradshaw et al., 2022).

7.5 Autismusspezifisches Gruppentraining sozialer Kompetenz

In Trainings zur Förderung sozialer Kompetenzen in der Gruppe soll die, meist zuvor im Einzelsetting geförderte, soziale Kompetenz in der Interaktion mit Gleichaltrigen geübt und generalisiert werden. Metaanalysen bestätigen die Wirksamkeit dieses Vorgehens. In Wirksamkeitsstudien werden mittlere bis große Effekte berichtet, abhängig vom Studiendesign und den untersuchten Ergebnismaßen. Neben verbesserten sozialen Kompetenzen zeigten sich u. a. auch Verbesserungen in restriktiven repetitiven Verhaltensweisen. Gruppentrainings sozialer Kompetenz scheinen zudem auch einen geringen positiven Effekt auf die Verbesserung von Angst- und Depressionssymptomen bei autistischen Kindern und Jugendlichen zu haben (Narzisi et al., 2024).

7.6 Förderung von Sprache und alternativer Kommunikation

Die Sprachentwicklung bei autistischen Menschen verläuft sehr unterschiedlich. Viele autistische Kinder, insbesondere jene mit frühkindlichem Autismus, zeigen auffällige Verzögerungen in der Sprachentwicklung. Eine solche Verzögerung bereitet den meisten Eltern Sorgen und ist häufig der Anlass, um eine Diagnostik einzuleiten. Sprache und funktionale kommunikative Fertigkeiten haben einen positiven Einfluss auf die weitere Entwicklung, weshalb deren Förderung von besonderer Bedeutung ist. Frühe Interventionen, die sozial-kommunikative Fertigkeiten und Vorläuferfähigkeiten stärken, sind entscheidend für die Sprachentwicklung. Zu diesen Vorläuferfähigkeiten gehören insbesondere die geteilte Aufmerksamkeit und Imitation. Sprachförderprogramme für autistische Menschen sollten daher gezielt diese Bereiche abdecken (AWMF, 2021). Etwa 5–15 % autistischer Kinder mit Sprachentwicklungsstörung entwickeln kaum oder gar keine gesprochene Sprache. Diese Kinder werden als »*minimally verbal*« bezeichnet und sind zunehmend im Fokus wissenschaftlicher Forschung. Die Gründe für diese Sprachentwicklungsstörungen sind vielfältig. Auch bei dieser Gruppe von Kindern sollten, wie beschrieben, relevante Vorläuferfähigkeiten gezielt gefördert werden.

Alternative Kommunikationsformen, wie Sprachausgabegeräte, Zeichensprache oder Bilderkarten, sind inzwischen weit verbreitet. Sie werden von nicht-sprechenden autistischen Menschen und deren Umfeld oft als sehr hilfreiche Unterstützung wahrgenommen. Allerdings zeigt ein Review, dass diese Hilfsmittel in vielen Interventionsstudien nicht ausreichend berücksichtigt werden und dementsprechend kaum wissenschaftliche Erkenntnisse zur Verbreitung oder möglichen Wirksamkeit vorliegen (Iacono et al., 2016).

7.7 Interventionen für autistische Menschen mit Intelligenzminderung

Studien zeigen, dass ein höheres Intelligenzniveau nicht nur günstig für die generelle weitere Entwicklung sein kann, sondern dass es auch positive Veränderungsprozesse durch Interventionen verstärken kann. Demnach kann es bei autistischen Menschen mit Intelligenzminderung sinnvoll sein, in Ergänzung zur Förderung sozial-kommunikativer Kompetenzen auch gezielt kognitive Fertigkeiten und alltagspraktische Kompetenzen zu fördern. Frühe verhaltenstherapeutische Ansätze zeigen insbesondere Verbesserungen in den IQ-Werten und im adaptiven Verhalten. Andere Ansätze, einschließlich Elterntrainings, können ebenfalls einen positiven Einfluss auf die Entwicklung und das Verhalten haben, selbst wenn sie von Anbietern, die nicht explizit psychologisch, psychotherapeutisch oder psychiatrisch ausgebildet sind, sog. »Nicht-Spezialisten«, durchgeführt werden (Reichow et al., 2013).

Für ältere autistische Kinder und Jugendliche mit Intelligenzminderung gibt es bislang nur wenig Forschung. Die meisten Interventionsstudien setzen einen IQ von über 70 als Einschlusskriterium voraus, was diese Subgruppe systematisch ausschließt und damit benachteiligt. Zudem zeigt sich, dass insbesondere in der Behandlung von autistischen Menschen mit geistiger Behinderung ein Mangel an Wissen und Erfahrung seitens des klinischen Personals besteht (Marrus et al., 2023). Daher besteht insbesondere für diese Gruppe ein dringender Bedarf an spezifischen Interventionsstudien, um ihre Bedürfnisse besser zu verstehen und geeignete Ansätze zu entwickeln.

7.8 Psychotherapie komorbider psychischer Störungen und Symptome

Im SGB V § 135 Abs. 1 ist festgeschrieben, dass Leistungserbringer (einschließlich Psychotherapeutinnen) nur Methoden anwenden dürfen, deren Nutzen, Notwendigkeit und Wirtschaftlichkeit wissenschaftlich nachgewiesen ist, wonach nur mit Verfahren gearbeitet werden darf, deren empirische Wirksamkeit durch wissenschaftliche Studien belegt ist. Dementsprechend ist in den Psychotherapierichtlinien des Gemeinsamen Bundesausschusses (G-BA) festgelegt, welche Verfahren zur Abrechnung zugelassen sind. Diese Rahmenbedingungen gelten auch für die Behandlung (komorbider) psychischer Störungen und Symptome bei autistischen Kindern und Jugendlichen. Die entsprechenden Ansätze müssen jedoch auf die individuellen autistischen Bedürfnisse und die besondere Wahrnehmung der Patientinnen und Patienten angepasst werden, damit sie vergleichbar wirksam sind.

Die S3-Leitlinien bieten eine detaillierte Übersicht, über wirksame evidenzbasierte und daher empfohlene Ansätze zur Behandlung der häufigsten Komorbiditäten bei autistischen Kindern und Jugendlichen. Besonders im Bereich der Angststörungen hat sich die kognitive Verhaltenstherapie als wirksam erwiesen. Ein systematisches Review zeigte, dass Angstsymptome unmittelbar nach Abschluss der Therapie signifikant reduziert werden konnten. Langfristige Effekte wurden jedoch nicht nachgewiesen, sodass weiterführende Studien in diesem Bereich erforderlich sind (Sharma et al., 2021).

Die Traumatherapie gewinnt zunehmend an Bedeutung in der Behandlung autistischer Menschen. Studien zeigen, dass autistische Menschen häufiger potenziell traumatisierende Erfahrungen v. a. im zwischenmenschlichen Bereich machen. (Stack & Lucyshyn, 2019). Auch in diesem Kontext können Elemente der kognitiven Verhaltenstherapie effektiv eingesetzt werden, wenn sie an die spezifischen Bedürfnisse und Besonderheiten autistischer Menschen angepasst werden.

7.9 Bisher nicht ausreichend wirksame und schädliche Ansätze

Aufgrund der bisher unklaren Ätiologie von Autismus und der Fülle an Forschungsansätzen zu möglichen Interventionen gibt es eine Vielzahl unseriöser Anbieter und teilweise gefährlicher Therapieansätze. Daher soll an dieser Stelle kurz auf neuere, teils durch Medien populär gemachte Ansätze eingegangen werden, die bislang keine ausreichende Evidenz aufweisen, sowie auf eindeutig schädliche Methoden hingewiesen werden.

Neuere Studien untersuchen zunehmend die Rolle des Darms, der Darmmikrobiotika und die möglichen Einflüsse von Ernährung auf Autismus. Auch wenn dieser Ansatz prinzipiell vielversprechend erscheint, ist die Studienlage bisher noch unzureichend, um bereits konkrete Empfehlungen aussprechen zu können (Neubauer et al., 2024). Für Nahrungsergänzungsmittel gibt es bislang keine wissenschaftliche Evidenz, die auf einen positiven Einfluss auf autistische Menschen hinweist. Daher wird von einer Einnahme ohne spezifische ärztliche Empfehlung, beispielsweise aufgrund eines nachgewiesenen Mangelzustands, abgeraten.

Einige Studien haben gezeigt, dass autistische im Vergleich zu nicht-autistischen Menschen eine niedrigere Konzentration von Oxytocin im Körper aufweisen. Da Oxytocin als Hormon an sozialen Prozessen beteiligt ist, wurden bereits mehrere Interventionsstudien durchgeführt, in denen Oxytocin, meist zusätzlich zu psychosozialen Förderprogrammen oder Gruppentrainings, per Nasenspray verabreicht wurde. Die Ergebnisse dieser Studien sind bisher uneinheitlich. Eine aktuelle

Metaanalyse berichtet kleine bis mittlere Effektgrößen für Verbesserungen im Sozialverhalten und bei routinierten Verhaltensweisen nach einer solchen Intervention (Audunsdottir et al., 2024). Diese Befunde sind jedoch bisher als explorativ und nicht hinreichend belastbar einzustufen, sodass derzeit keine Empfehlung für eine zusätzliche Gabe von Oxytocin ausgesprochen werden kann.

Grundsätzlich sollte man skeptisch werden, wenn Anbieter »Heilung« oder »schnelle Lösungen« bei Autismus versprechen, da solche Versprechen falsch sind (zumal im Konzept der Neurodiversität Autismus nicht als »zu heilende« Krankheit definiert ist). Die frei zugänglichen AWMF S3-Leitlinien enthalten eine ausführliche Liste von Verfahren, die aufgrund einer unzureichenden Studienlage als nicht wirksam eingestuft werden.

Als gesundheitsschädlich und ethisch bedenklich, ohne jegliche wissenschaftliche Grundlage, gelten unter anderem folgende Methoden: Ausleittherapie, Behandlungen mit Chlorbleiche (auch bekannt als Miracle Mineral Supplement, MMS), Darmreinigungstherapien, Behandlungen mit hyperbarem Sauerstoff, Stammzellentherapie oder Eigenbluttherapie. Von diesen und weiteren Ansätzen muss dringend abgeraten werden. Wenn solche Behandlungen trotz offizieller Warnungen, etwa durch das Bundesinstitut für Risikobewertung (BfR), durchgeführt werden, kann eine solche durch die Sorgeberechtigten durchgeführte Behandlung als Kindswohlgefährdung eingestuft werden. Besonders gefährlich ist die Behandlung mit MMS, die zu schweren und irreversiblen inneren Verätzungen führen kann. Zusätzlich warnt das BfR seit 2024 vor der Einnahme freiverkäuflicher Melatonin-Produkte zur Schlafförderung, insbesondere wenn sie als Nahrungsergänzungsmittel in Lebensmitteln wie Gummibärchen angeboten werden.

> **Good to know**
>
> Unter *www.bfr.bund.de* können über die Suchfunktion unmittelbar relevante Stellungnahmen zu bedenklichen Verfahren oder Produkten abgerufen werden.

7.10 Zukunftsrichtungen der Interventionsforschung bei Autismus

7.10.1 Übersetzung evidenzbasierter Interventionen in die Versorgungspraxis

Neben den Debatten darüber, was im Kontext der Autismus-Forschung als evidenzbasiert gilt und inwiefern die gewählten Ergebnismaße von Interventionsstudien tatsächlich relevant für autistische Kinder und ihre Familien sind, besteht eine grundlegende Herausforderung: die Übertragung von Studienergebnissen auf den allgemeinen Versorgungskontext.

Viele Interventionsansätze werden zunächst in einem wissenschaftlichen Setting unter optimalen Bedingungen getestet, etwa mit homogenen Stichproben (z.B. keine Komorbiditäten, IQ > 70) und hoher Adhärenz der Familien. Diese Rahmenbedingungen sind jedoch nicht repräsentativ für das heterogene Autismus-Spektrum, was die Generalisierbarkeit der Ergebnisse erschwert. Die Frage, wie erfolgreiche Programme in die allgemeine Versorgung integriert werden können, bleibt daher zentral. Obwohl es für viele Ansätze einen guten wissenschaftlichen Konsens gibt, liegt die Herausforderung häufig in der praktischen Umsetzung – insbesondere angesichts begrenzter struktureller, finanzieller und personeller Ressourcen (Schreibman et al., 2015; Vivanti et al., 2018). Effektive und kostengünstige Ansätze gewinnen zunehmend an Bedeutung. Gleichzeitig spielt die verstärkte Durchführung von Implementationsstudien eine wichtige Rolle, um evidenzbasierte Ansätze unter Berücksichtigung von Kosten-Nutzen-Faktoren in die Praxis zu überführen.

Forschung: Autismus und Verhaltenstherapie: Ein Schritt zur Verbesserung der psychotherapeutischen Versorgung

In der verhaltenstherapeutischen Ausbildung zur Kinder- und Jugendlichenpsychotherapie nimmt man an vielen Theorieseminaren zu spezifischen Störungsbildern oder Therapiekonzepten teil. Leider wurde das Thema Autismus und die Therapie mit autistischen Kindern und Jugendlichen in unseren Ausbildungen nur unzureichend behandelt. Durch unsere berufliche Tätigkeit in einer Autismus-Ambulanz konnten wir einschätzen, dass die wenigen vermittelten Inhalte zu oberflächlich waren und ein viel differenzierteres Detailwissen erforderlich ist, um wirksam mit Patientinnen und Patienten mit Autismus zu arbeiten. Der Umgang mit autistischen Menschen gestaltet sich oft komplex, und angehende Therapeutinnen und Therapeuten werden im Rahmen der Ausbildung aus unserer Sicht nur unzureichend darauf vorbereitet.

Diese Erkenntnis sowie unser wachsendes Interesse an dem Thema führten dazu, dass wir ein Forschungsprojekt zur aktuellen psychotherapeutischen Versorgungslage von Kindern und Jugendlichen mit Autismus initiiert haben. Ziel ist es, die Zufriedenheit und Erfahrungen mit Psychotherapie sowohl aus Sicht von Psychotherapeutinnen und -therapeuten, als auch aus Sicht autistischer Kinder und Jugendlicher und ihrer Eltern, zu erfassen und Verbesserungsmöglichkeiten herauszuarbeiten. Im ersten Schritt ging es darum zu erfassen, wie viel Psychotherapeutinnen und -therapeuten über Autismus wissen und woher sie dieses Wissen haben (Theorievermittlung und/oder praktische oder persönliche Erfahrung). Gleichzeitig erhoben wir die Bereitschaft, autistische Kinder und Jugendliche in die Therapie aufzunehmen. Erste Ergebnisse einer deutschlandweiten Onlinebefragung unter 216 Verhaltenstherapeutinnen und -therapeuten aller Berufserfahrungsstufen zeigen, dass mit mehr Wissen und Erfahrung auch die Bereitschaft steigt, autistischen Kindern und Jugendlichen einen Therapieplatz anzubieten, unabhängig von der allgemeinen Berufserfahrung. Zusätzlich wurde ein deutlicher Bedarf an Unterstützung festgestellt. Im nächsten Schritt werden wir Interviews mit autistischen Kindern und Jugendlichen und deren Eltern durchführen, um herauszufinden, welche Wünsche und Anforderungen sie sowohl an die Psychotherapie als auch an Psychotherapeutinnen und -therapeuten haben. Hier geht es sowohl um Rahmenbedingen und eingesetzte Methoden, vor allem aber auch um die Interaktionsgestaltung. Langfristig streben wir an, diese Erkenntnisse in die Erstellung eines Handlungsleitfadens einfließen zu lassen, um diese bestehende Versorgungslücke zu schließen und die Psychotherapie mit autistischen Kindern und Jugendlichen nachhaltig zu verbessern.

Malin Schulze und Maria Schehl, Psychotherapeutinnen für Kinder und Jugendliche (VT), Promovierende an der LMU München

7.10.2 Individualisierte Ansätze

Autismusspezifische Interventionsstudien werden häufig nach wissenschaftlichen Standards im Gruppendesign geplant. Das bedeutet auch, dass Erkenntnisse über Gruppenvergleiche (z. B. zwischen autistischen Kindern mit und ohne spezifische Intervention) gewonnen werden. Dabei wird jedoch zunehmend kritisiert, dass individuelle Entwicklungsverläufe und der Grad an bedeutsamen Veränderungen für die einzelne Person oder das familiäre System oft zu wenig berücksichtigt werden. Zukünftige Therapiestudien werden sich verstärkt der Frage widmen müssen, was für wen, in welchem Umfang und warum wirksam ist (Chen et al., 2022). Das Ziel sind individualisierte, passgenaue Ansätze, die nicht nur wirksam sind, sondern sich auch im allgemeinen Versorgungskontext umsetzen lassen.

7.10.3 Große Datenmengen

Big Data gewinnt zunehmend an Bedeutung bei der Planung und Interpretation von Interventionsstudien. Angesichts der großen Heterogenität innerhalb des Autismus-Spektrums ermöglichen große Datenmengen, wie z. B. in einer Studie mit tausenden Teilnehmenden, viele zusätzliche Analysemöglichkeiten, z. B. die Klassifikation ähnlicher Subtypen, was personalisierte Interventionspläne erleichtern kann. Eine zunehmende internationale Vernetzung und das gemeinsame Nutzen großer Datensätze bieten erweiterte methodische Auswertungsmöglichkeiten. Gleichzeitig entstehen jedoch Herausforderungen, insbesondere im Hinblick auf Datenschutz, die Aufbereitung und die Vergleichbarkeit von Datensätzen unterschiedlicher Forschungsgruppen. Diese Aspekte zeigen, dass der Einsatz von Big Data nicht nur Vorteile, sondern auch komplexe neue Herausforderungen und Aufgaben mit sich bringt (Lee et al., 2023).

7.10.4 Telemedizin

Durch die Corona-Pandemie hat die Digitalisierung im Gesundheitswesen einen enormen Aufschwung erfahren und damit auch Interventionsmöglichkeiten bei Autismus erweitert. Digitale Elternberatung, Online-Treffen für Selbsthilfegruppen und Videofeedbacks per Livestream sind nun in größerem Umfang verfügbar. Da das Onlineformat für viele autistische Menschen in bestimmten Kontexten eine Entlastung darstellen kann, wird Onlinetherapie auch als primäre Intervention erforscht. Für autistische Menschen und ihre Familien bieten diese Formate zusätzliche Teilhabemöglichkeiten, da sie organisatorische Hürden reduzieren und soziale Anforderungen verringern können. Studien zeigen, dass die Effekte solcher Interventionen vergleichbar und teils sogar besser sind als traditionelle Ansätze (Ellison et al., 2021). Besonders in ländlichen oder unterversorgten Regionen könnten diese digitalen Ansätze entscheidend zur inklusiven Gesundheitsversorgung beitragen.

7.11 Überprüfung der Lernziele

- Was sind S3-Leitlinien und wo sind die Leitlinien zur Therapie mit autistischen Menschen zu finden?
- Was bedeutet evidenzbasiert?
- Ergibt mehr Therapie mehr Sinn?
- Was würden Sie den Eltern von Bastian rückmelden?
- Wie ist der Forschungsstand zur Behandlung von autistischer Symptomatik mit Oxytocin?

8 Rechtliche Aspekte

> **Lernziele**
>
> - Sie wissen, warum und ab wann Autismus im rechtlichen Sinn eine Behinderung ist.
> - Ihnen ist bekannt, was Inklusion bedeutet und welche Rechte damit einhergehen.
> - Sie kennen Finanzierungsgrundlagen unterschiedlicher Interventionen für autistische Menschen.
> - Sie können Familien Anlaufstellen für sozialrechtliche Beratungen nennen.

Die Begleitung und Behandlung autistischer Kinder und Jugendlicher ist eine komplexe Aufgabe, die nicht nur therapeutisches Fachwissen, sondern auch ein fundiertes Verständnis der rechtlichen Rahmenbedingungen erfordert. Autismus wird im Sozialrecht als Behinderung anerkannt, was betroffenen Familien den Zugang zu vielfältigen Unterstützungsleistungen ermöglicht. Gleichzeitig sehen sich Eltern und Fachpersonen mit einem unübersichtlichen Geflecht aus Gesetzen, Zuständigkeiten und Finanzierungsmöglichkeiten konfrontiert.

Für Psychotherapeutinnen ist es wichtig, diese rechtlichen Grundlagen zu verstehen, da sie oft eine zentrale Rolle in der Beratung und Unterstützung von Familien einnehmen. Ob es darum geht, die Beantragung eines Schwerbehindertenausweises zu begleiten, die Finanzierung psychotherapeutischer Behandlungen sicherzustellen oder im Dialog mit Schulen und Behörden geeignete Maßnahmen zu planen – die Kenntnis der relevanten rechtlichen Regelungen ist für eine erfolgreiche Zusammenarbeit unerlässlich.

8.1 Autismus als Behinderung

Autismus ist als Entwicklungsstörung klassifiziert und gilt damit formal als eine Behinderung, womit die rechtliche Grundlage zu allgemeinen Regelungen für die

Rehabilitation und Teilhabe behinderter Menschen nach dem Sozialgesetzbuch (SGB) gelten.

> §2 SGB IX Abs. 1: »Menschen mit Behinderungen sind Menschen, die körperliche seelische, geistige oder Sinnesbeeinträchtigungen haben, die sie in Wechselwirkung mit einstellungs- und umweltbedingten Barrieren an der gleichberechtigten Teilhabe an der Gesellschaft mit hoher Wahrscheinlichkeit länger als sechs Monate hindern können. Eine Beeinträchtigung [...] liegt vor, wenn der Körper- und Gesundheitszustand von dem für das Lebensalter typischen Zustand abweicht [...]«.

Good to know: Sozialgesetzbuch (SGB)

Das Sozialgesetzbuch (SGB) ist eine Sammlung von Gesetzen, die das soziale Sicherungssystem in Deutschland regeln. Es umfasst verschiedene Bereiche wie Krankenversicherung, Rentenversicherung, Arbeitsförderung, soziale Entschädigung, Kinder- und Jugendhilfe sowie die Grundsicherung. Ziel des SGB ist es, soziale Gerechtigkeit und Sicherheit zu gewährleisten, indem es die Rechte und Pflichten von Bürgern und staatlichen Institutionen im sozialen Bereich festlegt.

Die autistische Kernsymptomatik, insbesondere Kommunikations- und Interaktionsschwierigkeiten, behindern, bei entsprechendem Schweregrad, eine gleichberechtigte Teilhabe an der Gesellschaft, womit meist die Voraussetzungen einer Behinderung gemäß Definition formal erfüllt sind. Die Kodierung des Ausmaßes an Behinderung erfolgt über den sogenannten Grad der Behinderung (GdB) in Zehnergraden. So wird z. B. das Ausmaß sozialer Anpassungsschwierigkeiten in den Grad der Behinderung übersetzt: der niedrigste mögliche Grad ist 20; ab 50 spricht man von mittleren, ab 80 von schweren sozialen Anpassungsschwierigkeiten. Ein Schwerbehindertenausweis wird ab einem GdB von 50 ausgestellt. Entsprechend ihres GdB haben Betroffene unterschiedliche Ansprüche auf Unterstützung.

Definition Inklusion

Inklusion bedeutet, dass alle Menschen – unabhängig von individuellen Fähigkeiten, kulturellen Hintergründen, Lebensbedingungen oder Besonderheiten – gleichberechtigt an allen Aspekten des gesellschaftlichen Lebens teilhaben können. Sie erfordert die aktive Gestaltung von Bedingungen, die Diskriminierung abbauen, Barrieren beseitigen und Vielfalt wertschätzen, um jedem Menschen die Möglichkeit zu geben, sein Potenzial zu entfalten. Inklusion ist ein wechselseitiger Prozess, der sowohl individuelle Unterstützung als auch die Transformation gesellschaftlicher Strukturen umfasst. In der UN-Behindertenrechtskonvention (UN-BRK) ist das Recht auf Inklusion und Teilhabe als universelles Menschenrecht festgeschrieben.

8.2 Rechtliche Finanzierungsgrundlagen von Therapien

Der Begriff »Therapie« wird in Bezug auf die Behandlung autistischer Menschen häufig kritisch diskutiert, da Autismus nichts ist, was man »wegtherapieren« könnte. Auf diese Problematik wird oben (▶ Kap. 6) genauer eingegangen. Maßnahmen, die im Rahmen der umfassenden Teilhabe autistischer Menschen erfolgen, werden als Rehabilitationsmaßnahmen verstanden. Sie zielen darauf ab, Barrieren abzubauen, individuelle Fähigkeiten zu fördern und eine gleichberechtigte Teilhabe zu ermöglichen. Diese Maßnahmen werden in der Regel über die Sozial- oder Jugendhilfe nach den Vorschriften der Eingliederungshilfe finanziert. Psychotherapeutische Behandlungen können hingegen dann indiziert sein, wenn autistische Menschen an Begleiterkrankungen leiden oder ein erhöhtes Risiko für die Entwicklung komorbider psychischer Störungen besteht. Diese Behandlungen können von den Krankenkassen finanziert werden.

8.3 Schulische Bildung

Schulen haben die Aufgabe, schulische Bildung zu vermitteln und dabei die Vorgaben der UN-Behindertenrechtskonvention (UN-BRK) umzusetzen. Laut Artikel 24 der UN-BRK sind Schulen verpflichtet, Maßnahmen für eine inklusive Beschulung zu ergreifen. Dies bedeutet, dass sie Strukturen und Konzepte schaffen müssen, um allen Schülerinnen, unabhängig von ihren individuellen Voraussetzungen, den Zugang zur Bildung zu ermöglichen. Sollten die Ressourcen der Schule nicht ausreichen, um diese Verpflichtung umzusetzen, übernimmt der Träger der Eingliederungshilfe die Kosten für erforderliche zusätzliche Maßnahmen. Für Schülerinnen mit Behinderungen, insbesondere autistische Kinder, stellt die Schulbegleitung eine zentrale Unterstützungsmaßnahme dar. Ziel der Schulbegleitung ist es, den Schulbesuch zu ermöglichen und zu erleichtern, indem sie individuell auf die Bedürfnisse des Kindes abgestimmt wird. Die Aufgaben der Schulbegleitung richten sich nach den individuellen Erfordernissen des autistischen Kindes. Hierbei dürfen aber keine Aufgaben der Lehrkräfte übernommen werden. Stattdessen unterstützt die Schulbegleitung dabei, dass das Kind Lerninhalte aufnehmen und Arbeitsaufträge umsetzen kann. Die rechtliche Grundlage für die Schulbegleitung bietet § 35a Abs. 3 SGB VIII, der die Leistungen zur Teilhabe an Bildung regelt.

Als Psychotherapeutin eines autistischen Schulkindes hat man nicht selten regelmäßigen Kontakt mit der Schulbegleitung und den Lehrkräften. Oftmals ist es wichtig in dieser Rolle ein Verständnis für die Innensicht der Patientin oder des Patienten zu schaffen. Lehrkräften fehlt oft die Zeit, sich intensiv genug mit den

Bedürfnissen und der Situation des autistischen Kindes auseinanderzusetzen. Aufgrund der fehlenden Ausbildung für Schulbegleitungen kann es ihnen an Fachwissen über Autismus mangeln. Wenn man es schafft zu vermitteln, welche Besonderheiten in der Informationsverarbeitung bei einem bestimmten Kind zu welchen Schwierigkeiten und nach außen sichtbaren Verhaltensweisen führen, kann man Verständnis generieren und versuchen, gemeinsam Lösungen zu entwickeln, die für alle möglichst verträglich sind.

8.4 Hilfreiche Literatur und Kontaktadressen für sozialrechtliche Beratung der Eltern

Nicht nur der Weg bis zur Diagnose ist für Eltern meist langwierig und beschwerlich, auch die Klärung der sozialrechtlichen Folgen ist aufwändig und ohne Vorkenntnisse und Erfahrung nur schwer zu bewältigen. Im Folgenden sind einige zentrale Informationsquellen als Unterstützungsangebot für hilfesuchende Eltern aufgelistet:

- Eine unabhängige und kostenfreie Beratung zur allgemeinen Teilhabe kann durch die EUTB (Ergänzende unabhängige Teilhabeberatung) in Anspruch genommen werden. Anlaufstellen finden sich unter: https://www.teilhabebera tung.de/
- Allgemeine rechtliche Informationen finden sich in einem Ratgeber des Bundesverbandes Autismus Deutschland e.V.: https://www.autismus.de/fileadmin/ RECHT_UND_GESELLSCHAFT/Broschuere_Rechte_von_Menschen_mit_Au tismus_Stand_13Nov.pdf (Zugriffsdatum: 19.05.2025)
  Weiterführende rechtliche Informationen und hilfreiche Hinweise zum Thema Schulbegleitung finden sich unter: https://www.autismus.de/fileadmin/ RECHT_UND_GESELLSCHAFT/RechlicheGrundlagenSchulbegleitung_ 002_.pdf (Zugriffsdatum: 19.05.2025)
- Zu den Änderungen durch das überarbeitete Bundesteilhabegesetz gibt es einen zusammenfassenden Beitrag relevanter Punkte unter: https://www.autismus.de/ fileadmin/RECHT_UND_GESELLSCHAFT/autismus__85_Bundesteilhabege setz.pdf (Zugriffsdatum: 19.05.2025)
- Eine umfassende sozialrechtliche Beratung kann durch den Sozialverband VdK geleistet werden, Voraussetzung ist eine Mitgliedschaft. Informationen finden sich unter: https://www.vdk.de/

8.5 Überprüfung der Lernziele

- Ist Autismus eine Behinderung?
- Was bedeutet Inklusion und was ist das Ziel?
- Ist Autismus-Therapie und Psychotherapie für autistische Kinder das gleiche?
- Welche Kontaktadressen zur sozialrechtlichen Beratung könnten Sie Eltern weiterleiten?

9 Zusammenfassung und Ausblick

Autismus-Spektrum-Störungen werden als eine Gruppe neurologisch bedingter Entwicklungsstörungen klassifiziert, die sich durch Auffälligkeiten und mögliche Schwierigkeiten in sozialer Interaktion und Kommunikation sowie durch stereotype und repetitive Verhaltensmuster und sensorische Besonderheiten zeigen.

Das Buch hebt hervor, dass Autismus nicht primär defizitorientiert als Störung, sondern als neurodiverse Variation menschlichen Erlebens und Verhaltens zu betrachten ist, die auch mit besonderen Stärken einhergehen kann. Ein positives autistisches Selbstkonzept sowie eine akzeptierende und unterstützende Umwelt werden diesbezüglich als äußerst relevant für eine günstige Entwicklung angesehen.

Ein zentraler Aspekt des Themas Autismus ist die Heterogenität des Autismus-Spektrums: Autistische Menschen können stark unterschiedliche Schwierigkeiten, Fähigkeiten und Begleiterkrankungen haben, was sowohl die Diagnostik, aber auch Förderung und Psychotherapie erschweren kann und weshalb individualisierten Ansätzen eine besondere Bedeutung zukommt.

Der Diagnoseprozess ist umfangreich und die Diagnosestellung erfolgt anhand standardisierter Verhaltensbeobachtungen und Interviews, wobei Frühdiagnosen eine entscheidende Rolle für den Verlauf der Entwicklung spielen.

Ätiologisch spielen genetische, neurobiologische und umweltbedingte Ursachen eine Rolle, wobei ein komplexes Zusammenspiel dieser Faktoren als entscheidend gilt. Es kann also keine einzelne Ursache identifiziert werden, so dass die Entstehung von Autismus aktuell mit der Kombination einer Vielzahl möglicher Einflussfaktoren erklärt wird.

Aufgrund der hohen Heterogenität sind die Bedürfnisse im Bereich autismusspezifischer Förderung und Therapie sehr unterschiedlich, sodass individuelle Maßnahmen gezielt und passgenau ausgewählt werden müssen. Die meisten autistischen Menschen profitieren von reizreduzierten und vorhersehbaren Kontexten und dem Einsatz orientierungbietender visueller Strukturierungshilfen. Autismusspezifische Frühförderung, Sprachförderung, Förderung alltagspraktischer Kompetenzen und soziale Kompetenztrainings in Gruppen, Anleitung von Eltern und Umfeld zu förderlichem Interaktionsverhalten, aber auch sozial-rechtliche Beratung sowie Aufklärung über evidenzbasierte Methoden und fragliche Ansätze sind wichtige Bestandteile der Arbeit mit autistischen Kindern und Jugendlichen und ihren Familien. Da die meisten Kinder und Jugendlichen mit Autismus mindestens eine weitere Begleiterkrankung aufweisen, kommt der Prävention und der psychotherapeutischen Behandlung von Komorbiditäten eine enorm wichtige Rolle zu. Unter der Berücksichtigung autistischer Wahrnehmung und Informationsverarbeitung können etablierte psychotherapeutische Verfahren erfolgreich eingesetzt werden. Therapeutinnen, die sich offen, wohlwollend und neugierig mit dem Thema Autismus auseinandersetzen, werden oft durch einen persönlich bereichernden Einblick in neue Perspektiven bereichert.

Um einen gesellschaftlichen Paradigmenwechsel hin zu einer inklusiveren Kultur, die auch die Stärken autistischer Menschen anerkennt und fördert, voranzutreiben, bedarf es weiterer interdisziplinärer und partizipativer Forschung, sodass biologische Grundlagen besser verstanden und personalisierte Therapien und Förderansätze weiterentwickelt werden können, um die Lebensqualität und soziale Teilhabe autistischer Kinder und Jugendliche langfristig weiter zu verbessern.

Literaturverzeichnis

Abrahams, B. S., & Geschwind, D. H. (2008). Advances in autism genetics: On the threshold of a new neurobiology. *Nature Reviews Genetics*, 9(5), 341–355. https://doi.org/10.1038/nrg2346

American Psychiatric Association. (2013). *Diagnostic and statistical manual of mental disorders. DSM-5.* American Psychiatric Publishing.

Anderson, K. A., Sosnowy, C., Kuo, A. A., & Shattuck, P. T. (2018). Transition of individuals with autism to adulthood: A review of qualitative studies. *Pediatrics*, 141(Supplement_4), S318–S327. https://doi.org/10.1542/peds.2016-4300I

Antshel, K. M., & Russo, N. (2019). Autism spectrum disorders and ADHD: Overlapping phenomenology, diagnostic issues, and treatment considerations. *Current Psychiatry Reports*, 21(5), 34. https://doi.org/10.1007/s11920-019-1020-5

Arbeitsgemeinschaft der Wissenschaftlichen Medizinischen Fachgesellschaften (AWMF). (2016). *S3-Leitlinie Autismus-Spektrum-Störungen im Kindes-, Jugend- und Erwachsenenalter, Teil 1: Diagnostik.* https://register.awmf.org/de/leitlinien/detail/028-018

Arbeitsgemeinschaft der Wissenschaftlichen Medizinischen Fachgesellschaften (AWMF). (2021). *S3-Leitlinie Autismus-Spektrum-Störungen im Kindes-, Jugend- und Erwachsenenalter, Teil 2: Therapie.* https://register.awmf.org/de/leitlinien/detail/028-047

Audunsdottir, K., Sartorius, A. M., Kang, H., Glaser, B. D., Boen, R., Nærland, T., Alaerts, K., Kildal, E. S. M., Westlye, L. T., Andreassen, O. A., & Quintana, D. S. (2024). The effects of oxytocin administration on social and routinized behaviors in autism: A preregistered systematic review and meta-analysis. *Psychoneuroendocrinology*, 167, 107067. https://doi.org/10.1016/j.psyneuen.2024.107067

Baghdadli, A., Pascal, C., Grisi, S., & Aussilloux, C. (2003). Risk factors for self-injurious behaviours among 222 young children with autistic disorders. *Journal of Intellectual Disability Research*, 47(8), 622–627. https://doi.org/10.1046/j.1365-2788.2003.00507.x

Bai, D., Yip, B. H. K., Windham, G. C., Sourander, A., Francis, R., Yoffe, R., Glasson, E., Mahjani, B., Suominen, A., Leonard, H., Gissler, M., Buxbaum, J. D., Wong, K., Schendel, D., Kodesh, A., Breshnahan, M., Levine, S. Z., Parner, E. T., Hansen, S. N., … Sandin, S. (2019). Association of genetic and environmental factors with autism in a 5-country cohort. *JAMA Psychiatry*, 76(10), 1035. https://doi.org/10.1001/jamapsychiatry.2019.1411

Barbaro, J., & Dissanayake, C. (2009). Autism spectrum disorders in infancy and toddlerhood: A review of the evidence on early signs, early identification tools, and early diagnosis. *Journal of Developmental & Behavioral Pediatrics*, 30(5), 447–459. https://doi.org/10.1097/DBP.0b013e3181ba0f9f

Bargiela, S., Steward, R., & Mandy, W. (2016). The experiences of late-diagnosed women with autism spectrum conditions: An investigation of the female autism phenotype. *Journal of Autism and Developmental Disorders*, 46(10), 3281–3294. https://doi.org/10.1007/s10803-016-2872-8

Baron-Cohen, S., Leslie, A. M., & Frith, U. (1985). Does the autistic child have a »theory of mind«? *Cognition*, 21(1), 37–46. https://doi.org/10.1016/0010-0277(85)90022-8

Barr, R., Dowden, A., & Hayne, H. (1996). Developmental changes in deferred imitation by 6- to 24-month-old infants. *Infant Behavior and Development*, 19(2), 159–170. https://doi.org/10.1016/S0163-6383(96)90015-6

Bölte, S., Alehagen, L., Black, M. H., Hasslinger, J., Wessman, E., Lundin Remnélius, K., Marschik, P. B., D'Arcy, E., Crowson, S., Freeth, M., Seidel, A., Girdler, S., & Zander, E.

(2024). The gestalt of functioning in autism revisited: First revision of the International Classification of Functioning, Disability and Health Core Sets. *Autism*, 28(9), 2394–2411. https://doi.org/10.1177/13623613241228896

Bölte, S., Girdler, S., & Marschik, P. B. (2019). The contribution of environmental exposure to the etiology of autism spectrum disorder. *Cellular and Molecular Life Sciences*, 76(7), 1275–1297. https://doi.org/10.1007/s00018-018-2988-4

Bölte, S., & Poustka, F. (2006). *Fragebogen zur Sozialen Kommunikation – Autismus-Screening Deutsche Fassung des Social Communication Questionnaire (SCQ) von Michael Rutter, Anthony Bailey und Catherine Lord*. Göttingen: Hogrefe.

Bölte, S., & Poustka, F. (2007). *SRS – Skala zur Erfassung sozialer Reaktivität – Dimensionale Autismus-Diagnostik Deutsche Fassung der Social Responsiveness Scale (SRS) von John N. Constantino und Christian P. Gruber*. Bern: Huber.

Bölte, S., Rühl, D., Schmötzer, G., & Poustka, F. (2006). *Diagnostisches Interview für Autismus-revidiert (ADI-R)*. Bern: Huber.

Botha, M., Chapman, R., Giwa Onaiwu, M., Kapp, S. K., Stannard Ashley, A., & Walker, N. (2024). The neurodiversity concept was developed collectively: An overdue correction on the origins of neurodiversity theory. *Autism*, 28(6), 1591–1594. https://doi.org/10.1177/13623613241237871

Bradshaw, J., Schwichtenberg, A. J., & Iverson, J. M. (2022). Capturing the complexity of autism: Applying a developmental cascades framework. *Child Development Perspectives*, 16(1), Article 1. https://doi.org/10.1111/cdep.12439

Breddemann, A., Schilbach, L., Kunerl, E., Witzmann, M., & Schuwerk, T. (2023). Geschlechtsunterschiede in der Autismusdiagnostik. *Psychiatrische Praxis*, 50(06), 299–307. https://doi.org/10.1055/a-2043-9812

Brehm, B., Schill, J. E., Biscaldi, M., & Fleischhaker, C. (2015). *FETASS – Freiburger Elterntraining für Autismus-Spektrum-Störungen: Mit einem Arbeitsbuch für Eltern und zahlreichen Extras online* (1. Aufl. 2015). Heidelberg: Springer. https://doi.org/10.1007/978-3-662-46188-4

Brewer, R., Biotti, F., Catmur, C., Press, C., Happé, F., Cook, R., & Bird, G. (2016). Can neurotypical individuals read autistic facial expressions? Atypical production of emotional facial expressions in autism spectrum disorders. *Autism Research*, 9(2), 262–271. https://doi.org/10.1002/aur.1508

Brookman-Frazee, L., Stadnick, N., Chlebowski, C., Baker-Ericzén, M., & Ganger, W. (2018). Characterizing psychiatric comorbidity in children with autism spectrum disorder receiving publicly funded mental health services. *Autism*, 22(8), 938–952. https://doi.org/10.1177/1362361317712650

Campbell, S. B., Moore, E. L., Northrup, J., & Brownell, C. A. (2017). Developmental changes in empathic concern and self-understanding in toddlers at genetic risk for autism spectrum disorder. *Journal of Autism and Developmental Disorders*, 47(9), 2690–2702. https://doi.org/10.1007/s10803-017-3192-3

Cannon, J., O'Brien, A. M., Bungert, L., & Sinha, P. (2021). Prediction in Autism Spectrum Disorder: A Systematic Review of Empirical Evidence. *Autism Research*, 14(4), 604–630. https://doi.org/10.1002/aur.2482

Cappadocia, M. C., Weiss, J. A., & Pepler, D. (2012). Bullying experiences among children and youth with autism spectrum disorders. *Journal of Autism and Developmental Disorders*, 42(2), 266–277. https://doi.org/10.1007/s10803-011-1241-x

Carpenter, M., Akhtar, N., & Tomasello, M. (1998). Fourteen- through 18-month-old infants differentially imitate intentional and accidental actions. *Infant Behavior and Development*, 21(2), 315–330. https://doi.org/10.1016/S0163-6383(98)90009-1

Carruthers, S., Pickles, A., Charman, T., McConachie, H., Le Couteur, A., Slonims, V., Howlin, P., Collum, R., Salomone, E., Tobin, H., Gammer, I., Maxwell, J., Aldred, C., Parr, J., Leadbitter, K., & Green, J. (2023). Mediation of 6-year mid-childhood follow-up outcomes after pre-school social communication (PACT) therapy for autistic children: Randomised controlled trial. *Journal of Child Psychology and Psychiatry*, jcpp.13798. https://doi.org/10.1111/jcpp.13798

Casati, L., Prodi, T., Vedani, A., Caruso, C., Gesi, C., & Dell'Osso, B. (2024). The challenges of avoidant/restrictive food intake disorder and autism spectrum disorder comorbidity: A narrative update of course and outcomes. *Current Treatment Options in Psychiatry*, *11*(4), 358–365. https://doi.org/10.1007/s40501-024-00336-7

Cascio, M. A. (2012). Neurodiversity: Autism pride among mothers of children with autism spectrum disorders. *Intellectual and Developmental Disabilities*, *50*(3), 273–283. https://doi.org/10.1352/1934-9556-50.3.273

Cattaneo, L., Fabbri-Destro, M., Boria, S., Pieraccini, C., Monti, A., Cossu, G., & Rizzolatti, G. (2007). Impairment of actions chains in autism and its possible role in intention understanding. *Proceedings of the National Academy of Sciences*, *104*(45), 17825–17830. https://doi.org/10.1073/pnas.0706273104

Charman, T., Pickles, A., Simonoff, E., Chandler, S., Loucas, T., & Baird, G. (2011). IQ in children with autism spectrum disorders: Data from the Special Needs and Autism Project (SNAP). *Psychological Medicine*, *41*(3), 619–627. https://doi.org/10.1017/S0033291710000991

Chawarska, K., Macari, S., & Shic, F. (2013). Decreased spontaneous attention to social scenes in 6-month-old infants later diagnosed with autism spectrum disorders. *Biological Psychiatry*, *74*(3), 195–203. https://doi.org/10.1016/j.biopsych.2012.11.022

Chen, Hantman, R. M., & Tager-Flusberg, H. (2023). Parent-rated anxiety in autistic adolescents and young adults: Concurrent links to autism traits and chronic sleep problems. *Research in Autism Spectrum Disorders*, *101*, 102104. https://doi.org/10.1016/j.rasd.2023.102104

Chen, Y.-J., Duku, E., & Georgiades, S. (2022). Rethinking autism intervention science: A dynamic perspective. *Frontiers in Psychiatry*, *13*, 827406. https://doi.org/10.3389/fpsyt.2022.827406

Chess, S., Fernandez, P., & Korn, S. (1978). Behavioral consequences of congenital rubella. *The Journal of Pediatrics*, *93*(4), 699–703. https://doi.org/10.1016/S0022-3476(78)80921-4

Chevallier, C., Kohls, G., Troiani, V., Brodkin, E. S., & Schultz, R. T. (2012). The social motivation theory of autism. *Trends in Cognitive Sciences*, *16*(4), 231–239. https://doi.org/10.1016/j.tics.2012.02.007

Chiang, H., & Gau, S. S. (2016). Comorbid psychiatric conditions as mediators to predict later social adjustment in youths with autism spectrum disorder. *Journal of Child Psychology and Psychiatry*, *57*(1), 103–111. https://doi.org/10.1111/jcpp.12450

Cholemkery, H., & Freitag, C. M. (2014). *Soziales Kompetenztraining für Kinder und Jugendliche mit Autismus-Spektrum-Störungen: Mit E-Book inside und Arbeitsmaterial* (Originalausgabe). Weinheim: Beltz.

Cholemkery, H., Kitzerow, J., Soll, S., & Freitag, C. M. (2017). *Ratgeber Autismus-Spektrum-Störungen: Informationen für Betroffene, Eltern, Lehrer und Erzieher* (1. Auflage). Göttingen: Hogrefe.

Cholemkery, H., Mojica, L., Rohrmann, S., Gensthaler, A., & Freitag, C. M. (2014). Can autism spectrum disorders and social anxiety disorders be differentiated by the social responsiveness scale in children and adolescents? *Journal of Autism and Developmental Disorders*, *44*(5), 1168–1182. https://doi.org/10.1007/s10803-013-1979-4

Clark, A. (2013). Whatever next? Predictive brains, situated agents, and the future of cognitive science. *Behavioral and Brain Sciences*, *36*(3), 181–204. https://doi.org/10.1017/S0140525X12000477

Cohen, S., Conduit, R., Lockley, S. W., Rajaratnam, S. M., & Cornish, K. M. (2014). The relationship between sleep and behavior in autism spectrum disorder (ASD): A review. *Journal of Neurodevelopmental Disorders*, *6*(1), 44. https://doi.org/10.1186/1866-1955-6-44

Colombi, C., Liebal, K., Tomasello, M., Young, G., Warneken, F., & Rogers, S. J. (2009). Examining correlates of cooperation in autism: Imitation, joint attention, and understanding intentions. *Autism*, *13*(2), 143–163. https://doi.org/10.1177/1362361308098514

Cooper, R. P., & Aslin, R. N. (1990). Preference for infant-directed speech in the first month after birth. *Child Development*, *61*(5), 1584. https://doi.org/10.2307/1130766

Croen, L. A., Zerbo, O., Qian, Y., Massolo, M. L., Rich, S., Sidney, S., & Kripke, C. (2015). The health status of adults on the autism spectrum. *Autism, 19*(7), 814–823. https://doi.org/10.1177/1362361315577517

Crompton, C. J., Ropar, D., Evans-Williams, C. V., Flynn, E. G., & Fletcher-Watson, S. (2020). Autistic peer-to-peer information transfer is highly effective. *Autism, 24*(7), 1704–1712. https://doi.org/10.1177/1362361320919286

Curran, E. A., Dalman, C., Kearney, P. M., Kenny, L. C., Cryan, J. F., Dinan, T. G., & Khashan, A. S. (2015). Association between obstetric mode of delivery and autism spectrum disorder: A population-based sibling design study. *JAMA Psychiatry, 72*(9), 935. https://doi.org/10.1001/jamapsychiatry.2015.0846

Cusack, J. P., Williams, J. H. G., & Neri, P. (2015). Action perception is intact in autism spectrum disorder. *The Journal of Neuroscience, 35*(5), 1849–1857. https://doi.org/10.1523/JNEUROSCI.4133-13.2015

Daniels, J. L., Forssen, U., Hultman, C. M., Cnattingius, S., Savitz, D. A., Feychting, M., & Sparen, P. (2008). Parental psychiatric disorders associated with autism spectrum disorders in the offspring. *Pediatrics, 121*(5), e1357–e1362. https://doi.org/10.1542/peds.2007-2296

DaWalt, L. S., Usher, L. V., Greenberg, J. S., & Mailick, M. R. (2019). Friendships and social participation as markers of quality of life of adolescents and adults with fragile X syndrome and autism. *Autism, 23*(2), 383–393. https://doi.org/10.1177/1362361317709202

Dawson, G., Rieder, A. D., & Johnson, M. H. (2023). Prediction of autism in infants: Progress and challenges. *The Lancet Neurology, 22*(3), 244–254. https://doi.org/10.1016/S1474-4422(22)00407-0

De Boer, A., & Pijl, S. J. (2016). The acceptance and rejection of peers with ADHD and ASD in general secondary education. *The Journal of Educational Research, 109*(3), 325–332. https://doi.org/10.1080/00220671.2014.958812

De La Torre-Ubieta, L., Won, H., Stein, J. L., & Geschwind, D. H. (2016). Advancing the understanding of autism disease mechanisms through genetics. *Nature Medicine, 22*(4), 345–361. https://doi.org/10.1038/nm.4071

Deer, B. (2020). *The doctor who fooled the world: Science, deception, and the war on vaccines*. Baltimore: John Hopkins University Press.

Del Re, A. C., Flückiger, C., Horvath, A. O., Symonds, D., & Wampold, B. E. (2012). Therapist effects in the therapeutic alliance–outcome relationship: A restricted-maximum likelihood meta-analysis. *Clinical Psychology Review, 32*(7), 642–649. https://doi.org/10.1016/j.cpr.2012.07.002

Demetriou, E. A., Lampit, A., Quintana, D. S., Naismith, S. L., Song, Y. J. C., Pye, J. E., Hickie, I., & Guastella, A. J. (2018). Autism spectrum disorders: A meta-analysis of executive function. *Molecular Psychiatry, 23*(5), 1198–1204. https://doi.org/10.1038/mp.2017.75

Den Houting, J. (2019). Neurodiversity: An insider's perspective. *Autism, 23*(2), 271–273. https://doi.org/10.1177/1362361318820762

D'Entremont, B., & Yazbek, A. (2007). Imitation of intentional and accidental actions by children with autism. *Journal of Autism and Developmental Disorders, 37*(9), 1665–1678. https://doi.org/10.1007/s10803-006-0291-y

DeStefano, F. (2007). Vaccines and autism: Evidence does not support a causal association. *Clinical Pharmacology & Therapeutics, 82*(6), 756–759. https://doi.org/10.1038/sj.clpt.6100407

Di Renzo, M., Guerriero, V., Zavattini, G. C., Petrillo, M., Racinaro, L., & Bianchi di Castelbianco, F. (2020). Parental attunement, insightfulness, and acceptance of child diagnosis in parents of children with autism: Clinical implications. *Frontiers in Psychology, 11*, 1849. https://doi.org/10.3389/fpsyg.2020.01849

Dilling, H., Mombour, W., Schmidt, M. H., Schulte-Markwort, E., Remschmidt, H., & Weltgesundheitsorganisation (Hrsg.). (2015). *Internationale Klassifikation psychischer Störungen: ICD-10 Kapitel V (F) klinisch-diagnostische Leitlinien* (10. Auflage, unter Berücksichtigung der Änderungen entsprechend ICD-10-GM 2015). Göttingen: Hogrefe.

Dubreucq, J., Haesebaert, F., Plasse, J., Dubreucq, M., & Franck, N. (2022). A Systematic review and meta-analysis of social skills training for adults with autism spectrum disorder.

Journal of Autism and Developmental Disorders, 52(4), 1598–1609. https://doi.org/10.1007/s10803-021-05058-w

Dziobek, I., Rogers, K., Fleck, S., Bahnemann, M., Heekeren, H. R., Wolf, O. T., & Convit, A. (2008). Dissociation of cognitive and emotional empathy in adults with asperger syndrome using the Multifaceted Empathy Test (MET). *Journal of Autism and Developmental Disorders, 38*(3), 464–473. https://doi.org/10.1007/s10803-007-0486-x

Dziobek, I., & Stoll, S. (2024). *Hochfunktionaler Autismus bei Erwachsenen: Ein kognitiv-verhaltenstherapeutisches Manual* (2., aktualisierte Auflage). Stuttgart: Kohlhammer.

Eaves, L. C., & Ho, H. H. (2008). Young adult outcome of autism spectrum disorders. *Journal of Autism and Developmental Disorders, 38*(4), 739–747. https://doi.org/10.1007/s10803-007-0441-x

Ecker, C., Bookheimer, S. Y., & Murphy, D. G. M. (2015). Neuroimaging in autism spectrum disorder: Brain structure and function across the lifespan. *The Lancet Neurology, 14*(11), 1121–1134. https://doi.org/10.1016/S1474-4422(15)00050-2

Ellison, K. S., Guidry, J., Picou, P., Adenuga, P., & Davis, T. E. (2021). Telehealth and autism prior to and in the age of COVID-19: A systematic and critical review of the last decade. *Clinical Child and Family Psychology Review, 24*(3), 599–630. https://doi.org/10.1007/s10567-021-00358-0

Elsabbagh, M., & Johnson, M. H. (2016). Autism and the social brain: The first-year puzzle. *Biological Psychiatry, 80*(2), 94–99. https://doi.org/10.1016/j.biopsych.2016.02.019

Falck-Ytter, T., & Von Hofsten, C. (2011). How special is social looking in ASD: a review. *Progress in Brain Research* 189, 209–222. https://doi.org/10.1016/B978-0-444-53884-0.00026-9

Falkmer, T., Anderson, K., Falkmer, M., & Horlin, C. (2013). Diagnostic procedures in autism spectrum disorders: A systematic literature review. *European Child & Adolescent Psychiatry, 22*(6), 329–340. https://doi.org/10.1007/s00787-013-0375-0

Fante, C., Zagaria, A., Dioni, B., Raffin, C., Capelli, F., Manari, T., Lenzo, V., De Luca Picione, R., & Musetti, A. (2024). Self-efficacy as a mediator between involvement in intervention and quality of life in parents of children and adolescents with autism spectrum disorder. *Research in Autism Spectrum Disorders, 113*, 102351. https://doi.org/10.1016/j.rasd.2024.102351

Farroni, T., Csibra, G., Simion, F., & Johnson, M. H. (2002). Eye contact detection in humans from birth. *Proceedings of the National Academy of Sciences, 99*(14), 9602–9605. https://doi.org/10.1073/pnas.152159999

Fein, D., Barton, M., Eigsti, I., Kelley, E., Naigles, L., Schultz, R. T., Stevens, M., Helt, M., Orinstein, A., Rosenthal, M., Troyb, E., & Tyson, K. (2013). Optimal outcome in individuals with a history of autism. *Journal of Child Psychology and Psychiatry, 54*(2), 195–205. https://doi.org/10.1111/jcpp.12037

Filipe, M. G., Watson, L., Vicente, S. G., & Frota, S. (2018). Atypical preference for infant-directed speech as an early marker of autism spectrum disorders? A literature review and directions for further research. *Clinical Linguistics & Phonetics, 32*(3), 213–231. https://doi.org/10.1080/02699206.2017.1342694

Fletcher-Watson, S., & Happé, F. (2019). *Autism: A New Introduction to Psychological Theory and Current Debate* (1. Aufl.). Routledge. https://doi.org/10.4324/9781315101699

Fombonne, E. (2003). Epidemiological surveys of autism and other pervasive developmental disorders: An update. *Journal of Autism and Developmental Disorders, 33*(4), 365–382. https://doi.org/10.1023/A:1025054610557

Fombonne, E., Green Snyder, L., Daniels, A., Feliciano, P., & Chung, W. (2020). Psychiatric and medical profiles of autistic adults in the SPARK cohort. *Journal of Autism and Developmental Disorders, 50*(10), 3679–3698. https://doi.org/10.1007/s10803-020-04414-6

Frank, F., Jablotschkin, M., Arthen, T., Riedel, A., Fangmeier, T., Hölzel, L. P., & Tebartz Van Elst, L. (2018). Education and employment status of adults with autism spectrum disorders in Germany – a cross-sectional-survey. *BMC Psychiatry, 18*(1), 75. https://doi.org/10.1186/s12888-018-1645-7

Freitag, C. M. (2018). Frühförderung—Entwicklungsorientiert und in natürlicher Lernumgebung. *DNP – Der Neurologe & Psychiater, 19*(4), 31–34. https://doi.org/10.1007/s15202-018-2024-4

Freitag, C. M. (2021). Von den tiefgreifenden Entwicklungsstörungen in ICD-10 zur Autismus-Spektrum-Störung in ICD-11. *Zeitschrift für Kinder- und Jugendpsychiatrie und Psychotherapie*, *49*(6), 437–441. https://doi.org/10.1024/1422-4917/a000774

Freitag, C. M., Kitzerow, J., Medda, J., Soll, S., & Cholemkery, H. (2017). *Autismus-Spektrum-Störungen* (1. Auflage). Göttingen: Hogrefe. https://doi.org/10.1026/02704-000

Frith, U., & Happé, F. (1994). Autism: Beyond »theory of mind«. *Cognition*, *50*(1–3), 115–132. https://doi.org/10.1016/0010-0277(94)90024-8

Frith, U., Morton, J., & Leslie, A. M. (1991). The cognitive basis of a biological disorder: Autism. *Trends in Neurosciences*, *14*(10), 433–438. https://doi.org/10.1016/0166-2236(91)90041-R

Fröhlich, U., Noterdaeme, M., Jooss, B., Buschmann, A., & Ullrich, K. (2019). *Elterntraining zur Anbahnung sozialer Kommunikation bei Kindern mit Autismus-Spektrum-Störungen: Training Autismus – Sprache – Kommunikation (TASK)* (Unveränderte Sonderausgabe). München: Elsevier.

Fuller, E. A., Oliver, K., Vejnoska, S. F., & Rogers, S. J. (2020). The effects of the early start Denver Model for children with autism spectrum disorder: A Meta-Analysis. *Brain Sciences*, *10*(6), 368. https://doi.org/10.3390/brainsci10060368

Funke, U. (2024). *Kinder im Autismus-Spektrum verstehen und unterstützen: Ein Wahrnehmungswegweiser für Eltern und Begleitende* (G. Helmholz-Vero, Hrsg.; 2., aktualisierte Auflage). Stuttgart: Kohlhammer.

Ganglmayer, K., Schuwerk, T., Sodian, B., & Paulus, M. (2020). Do children and adults with autism spectrum condition anticipate others' actions as goal-directed? A predictive coding perspective. *Journal of Autism and Developmental Disorders*, *50*(6), 2077–2089. https://doi.org/10.1007/s10803-019-03964-8

George, R., & Stokes, M. A. (2018). A quantitative analysis of mental health among sexual and gender minority groups in ASD. *Journal of Autism and Developmental Disorders*, *48*(6), 2052–2063. https://doi.org/10.1007/s10803-018-3469-1

Gernsbacher, M. A., Stevenson, J. L., Khandakar, S., & Goldsmith, H. H. (2008). Why does joint attention look atypical in autism? *Child Development Perspectives*, *2*(1), 38–45. https://doi.org/10.1111/j.1750-8606.2008.00039.x

Gernsbacher, M. A., & Yergeau, M. (2019). Empirical failures of the claim that autistic people lack a theory of mind. *Archives of Scientific Psychology*, *7*(1), 102–118. https://doi.org/10.1037/arc0000067

Geschwind, D. H. (2011). Genetics of autism spectrum disorders. *Trends in Cognitive Sciences*, *15*(9), 409–416. https://doi.org/10.1016/j.tics.2011.07.003

Gjevik, E., Eldevik, S., Fjæran-Granum, T., & Sponheim, E. (2011). Kiddie-SADS reveals high rates of DSM-IV disorders in children and adolescents with autism spectrum disorders. *Journal of Autism and Developmental Disorders*, *41*(6), 761–769. https://doi.org/10.1007/s10803-010-1095-7

Green, J., Charman, T., McConachie, H., Aldred, C., Slonims, V., Howlin, P., Le Couteur, A., Leadbitter, K., Hudry, K., Byford, S., Barrett, B., Temple, K., Macdonald, W., & Pickles, A. (2010). Parent-mediated communication-focused treatment in children with autism (PACT): A randomised controlled trial. *The Lancet*, *375*(9732), 2152–2160. https://doi.org/10.1016/S0140-6736(10)60587-9

Green, J., Leadbitter, K., Ainsworth, J., & Bucci, S. (2022). An integrated early care pathway for autism. *The Lancet Child & Adolescent Health*, *6*(5), 335–344. https://doi.org/10.1016/S2352-4642(22)00037-2

Grzadzinski, R., Dick, C., Lord, C., & Bishop, S. (2016). Parent-reported and clinician-observed autism spectrum disorder (ASD) symptoms in children with attention deficit/hyperactivity disorder (ADHD): Implications for practice under DSM-5. *Molecular Autism*, *7*(1), 7. https://doi.org/10.1186/s13229-016-0072-1

Guillon, Q., Hadjikhani, N., Baduel, S., & Rogé, B. (2014). Visual social attention in autism spectrum disorder: Insights from eye tracking studies. *Neuroscience & Biobehavioral Reviews*, *42*, 279–297. https://doi.org/10.1016/j.neubiorev.2014.03.013

Hamilton, A. F. D. C. (2009). Research review: Goals, intentions and mental states: challenges for theories of autism. *Journal of Child Psychology and Psychiatry*, *50*(8), 881–892. https://doi.org/10.1111/j.1469-7610.2009.02098.x

Hampton, L. H., & Kaiser, A. P. (2016). Intervention effects on spoken-language outcomes for children with autism: A systematic review and meta-analysis. *Journal of Intellectual Disability Research*, *60*(5), 444–463. https://doi.org/10.1111/jir.12283

Harmsen, I. E. (2019). Empathy in autism spectrum disorder. *Journal of Autism and Developmental Disorders*, *49*(10), 3939–3955. https://doi.org/10.1007/s10803-019-04087-w

Hartley, S. L., & Sikora, D. M. (2009). Which DSM-IV-TR criteria best differentiate high-functioning autism spectrum disorder from ADHD and anxiety disorders in older children? *Autism*, *13*(5), 485–509. https://doi.org/10.1177/1362361309335717

Hastings, R. P. (2003). Brief Report: Behavioral adjustment of siblings of children with autism. *Journal of Autism and Developmental Disorders*, *33*(1), 99–104. https://doi.org/10.1023/A:1022290723442

Hastings, R. P., Kovshoff, H., Ward, N. J., Espinosa, F. D., Brown, T., & Remington, B. (2005). Systems analysis of stress and positive perceptions in mothers and fathers of pre-school children with autism. *Journal of Autism and Developmental Disorders*, *35*(5), 635–644. https://doi.org/10.1007/s10803-005-0007-8

Häußler, A., & Mesibov, G. B. (2022). *Der TEACCH ® Ansatz zur Förderung von Menschen mit Autismus: Einführung in Theorie und Praxis* (6., verbesserte Auflage). Dortmund: Verlag modernes lernen.

Häußler, A., Tuckermann, A., & Kiwitt, M. (2021). *Praxis TEACCH: Wenn Verhalten zur Herausforderung wird* (2., überarbeitete und erweiterte Auflage). Dortmund: Borgmann Media.

Häußler, A., Tuckermann, A., & Lausmann, E. (2019). *Praxis TEACCH: Neue Materialien zur Förderung der sozialen Kompetenz* (3. Aufl). Dortmund: Borgmann Media.

Head, A. M., McGillivray, J. A., & Stokes, M. A. (2014). Gender differences in emotionality and sociability in children with autism spectrum disorders. *Molecular Autism*, *5*(1), 19. https://doi.org/10.1186/2040-2392-5-19

Heasman, B., & Gillespie, A. (2018). Perspective-taking is two-sided: Misunderstandings between people with Asperger's syndrome and their family members. *Autism*, *22*(6), 740–750. https://doi.org/10.1177/1362361317708287

Helles, A., Gillberg, I. C., Gillberg, C., & Billstedt, E. (2017). Asperger syndrome in males over two decades: Quality of life in relation to diagnostic stability and psychiatric comorbidity. *Autism*, *21*(4), 458–469. https://doi.org/10.1177/1362361316650090

Hirvikoski, T., Mittendorfer-Rutz, E., Boman, M., Larsson, H., Lichtenstein, P., & Bölte, S. (2016). Premature mortality in autism spectrum disorder. *British Journal of Psychiatry*, *208*(3), 232–238. https://doi.org/10.1192/bjp.bp.114.160192

Hoffmann, W., Heinzel-Gutenbrunner, M., Becker, K., & Kamp-Becker, I. (2015). Screening von Kindern und Jugendlichen mit hochfunktionaler Autismus-Spektrum-Störung anhand ausgewählter Items des ADI-R. *Zeitschrift für Kinder- und Jugendpsychiatrie und Psychotherapie*, *43*(3), 207–219. https://doi.org/10.1024/1422-4917/a000354

Hollenweger, J., Kraus de Camargo, O. A., Deutsches Institut für Medizinische Dokumentation und Information, & Weltgesundheitsorganisation (Hrsg.). (2022). *ICF-CY: Internationale Klassifikation der Funktionsfähigkeit, Behinderung und Gesundheit bei Kindern und Jugendlichen* (5. Nachdruck der 2., korrigierten Auflage). Göttingen: Hogrefe.

Hollocks, M. J., Jones, C. R. G., Pickles, A., Baird, G., Happé, F., Charman, T., & Simonoff, E. (2014). The association between social cognition and executive functioning and symptoms of anxiety and depression in adolescents with autism spectrum disorders. *Autism Research*, *7*(2), 216–228. https://doi.org/10.1002/aur.1361

Hollocks, M. J., Lerh, J. W., Magiati, I., Meiser-Stedman, R., & Brugha, T. S. (2019). Anxiety and depression in adults with autism spectrum disorder: A systematic review and meta-analysis. *Psychological Medicine*, *49*(4), 559–572. https://doi.org/10.1017/S0033291718002283

Hoppenbrouwers, M., Vandermosten, M., & Boets, B. (2014). Autism as a disconnection syndrome: A qualitative and quantitative review of diffusion tensor imaging studies. *Re-

search in Autism Spectrum Disorders, 8(4), 387–412. https://doi.org/10.1016/j.rasd.2013.12.018

Horwitz, E., Vos, M., De Bildt, A., Greaves-Lord, K., Rommelse, N., Schoevers, R., & Hartman, C. (2023). Sex differences in the course of autistic and co-occurring psychopathological symptoms in adolescents with and without autism spectrum disorder. *Autism*, 27(6), 1716–1729. https://doi.org/10.1177/13623613221146477

Howard, B., Cohn, E., & Orsmond, G. I. (2006). Understanding and negotiating friendships: Perspectives from an adolescent with Asperger syndrome. *Autism*, 10(6), 619–627. https://doi.org/10.1177/1362361306068508

Howlin, P., Goode, S., Hutton, J., & Rutter, M. (2004). Adult outcome for children with autism. *Journal of Child Psychology and Psychiatry*, 45(2), 212–229. https://doi.org/10.1111/j.1469-7610.2004.00215.x

Hughes, C., & Russell, J. (1993). Autistic children's difficulty with mental disengagement from an object: Its implications for theories of autism. *Developmental Psychology*, 29(3), 498–510. https://doi.org/10.1037/0012-1649.29.3.498

Hull, L., Petrides, K. V., Allison, C., Smith, P., Baron-Cohen, S., Lai, M.-C., & Mandy, W. (2017). »Putting on my best normal«: Social camouflaging in adults with autism spectrum conditions. *Journal of Autism and Developmental Disorders*, 47(8), 2519–2534. https://doi.org/10.1007/s10803-017-3166-5

Hultman, C. M., Sandin, S., Levine, S. Z., Lichtenstein, P., & Reichenberg, A. (2011). Advancing paternal age and risk of autism: New evidence from a population-based study and a meta-analysis of epidemiological studies. *Molecular Psychiatry*, 16(12), 1203–1212. https://doi.org/10.1038/mp.2010.121

Hume, R., & Burgess, H. (2021). »I'm human after all«: Autism, trauma, and affective empathy. *Autism in Adulthood*, 3(3), 221–229. https://doi.org/10.1089/aut.2020.0013

Hyman, S. L., Levy, S. E., Myers, S. M., COUNCIL ON CHILDREN WITH DISABILITIES, SECTION ON DEVELOPMENTAL AND BEHAVIORAL PEDIATRICS, Kuo, D. Z., Apkon, S., Davidson, L. F., Ellerbeck, K. A., Foster, J. E. A., Noritz, G. H., Leppert, M. O., Saunders, B. S., Stille, C., Yin, L., Weitzman, C. C., Childers, D. O., Levine, J. M., Peralta-Carcelen, A. M., Poon, J. K., … Bridgemohan, C. (2020). Identification, evaluation, and management of children with autism spectrum disorder. *Pediatrics*, 145(1), e20193447. https://doi.org/10.1542/peds.2019-3447

Iacono, T., Trembath, D., & Erickson, S. (2016). The role of augmentative and alternative communication for children with autism: Current status and future trends. *Neuropsychiatric Disease and Treatment*, Volume 12, 2349–2361. https://doi.org/10.2147/NDT.S95967

Jaswal, V. K., & Akhtar, N. (2019). Being versus appearing socially uninterested: Challenging assumptions about social motivation in autism. *Behavioral and Brain Sciences*, 42, e82. https://doi.org/10.1017/S0140525X18001826

Jenny, B., Goetschel, P., Schneebeli, M., Köpfli, S., & Walitza, S. (2019). *KOMPASS-F – Zürcher Kompetenztraining für Fortgeschrittene für Jugendliche und junge Erwachsene mit einer Autismus-Spektrum-Störung: Ein Praxishandbuch*. Stuttgart: Kohlhammer.

Jenny, B., Goetschel, P., Steinhausen, H.-C., Schneebeli, M., & Rossinelli-Isenschmid, M. (2021). *KOMPASS – Zürcher Kompetenztraining für Jugendliche mit Autismus-Spektrum-Störungen: Ein Praxishandbuch für Gruppen- und Einzelinterventionen* (2., erweiterte und überarbeitete Auflage). Stuttgart: Kohlhammer.

Johnson, M. H. (2014). Autism: Demise of the innate social orienting hypothesis. *Current Biology*, 24(1), R30–R31. https://doi.org/10.1016/j.cub.2013.11.021

Jones, W., & Klin, A. (2013). Attention to eyes is present but in decline in 2–6-month-old infants later diagnosed with autism. *Nature*, 504(7480), 427–431. https://doi.org/10.1038/nature12715

Kalkbrenner, A. E., Schmidt, R. J., & Penlesky, A. C. (2014). Environmental chemical exposures and autism spectrum disorders: A review of the epidemiological evidence. *Current Problems in Pediatric and Adolescent Health Care*, 44(10), 277–318. https://doi.org/10.1016/j.cppeds.2014.06.001

Kamp-Becker, I., Mattejat, F., Wolf-Ostermann, K., & Remschmidt, H. (2005). Die Marburger Beurteilungsskala zum Asperger-Syndrom (MBAS)—Ein Screening-Verfahren für autistische Störungen auf hohem Funktionsniveau. *Zeitschrift für Kinder- und Jugendpsychiatrie und Psychotherapie*, *33*(1), 15–26. https://doi.org/10.1024/1422-4917.33.1.15

Kamp-Becker, I., Schu, U., & Stroth, S. (2023). Pathological Demand Avoidance – aktueller Forschungsstand und kritische Diskussion. *Zeitschrift für Kinder- und Jugendpsychiatrie und Psychotherapie*, *51*(4), 321–332. https://doi.org/10.1024/1422-4917/a000927

Kasperzack, D., Schrott, B., Mingebach, T., Becker, K., Burghardt, R., & Kamp-Becker, I. (2020). Effectiveness of the Stepping Stones Triple P group parenting program in reducing comorbid behavioral problems in children with autism. *Autism*, *24*(2), 423–436. https://doi.org/10.1177/1362361319866063

Kaufman, N. K. (2022). Rethinking »gold standards« and »best practices« in the assessment of autism. *Applied Neuropsychology: Child*, *11*(3), 529–540. https://doi.org/10.1080/21622965.2020.1809414

Kelly, D. J., Duarte, S., Meary, D., Bindemann, M., & Pascalis, O. (2019). Infants rapidly detect human faces in complex naturalistic visual scenes. *Developmental Science*, *22*(6), e12829. https://doi.org/10.1111/desc.12829

Kerns, C. M., & Kendall, P. C. (2014). Autism and anxiety: Overlap, similarities, and differences. In T. E. Davis Iii, S. W. White, & T. H. Ollendick (Hrsg.), *Handbook of Autism and Anxiety* (S. 75–89). Springer International Publishing. https://doi.org/10.1007/978-3-319-06796-4_6

Khachadourian, V., Mahjani, B., Sandin, S., Kolevzon, A., Buxbaum, J. D., Reichenberg, A., & Janecka, M. (2023). Comorbidities in autism spectrum disorder and their etiologies. *Translational Psychiatry*, *13*(1), 71. https://doi.org/10.1038/s41398-023-02374-w

Kim, S. H., & Lord, C. (2012). New autism diagnostic interview-revised algorithms for toddlers and young preschoolers from 12 to 47 months of age. *Journal of Autism and Developmental Disorders*, *42*(1), 82–93. https://doi.org/10.1007/s10803-011-1213-1

Kitzerow, J., Hackbusch, M., Jensen, K., Kieser, M., Noterdaeme, M., Fröhlich, U., Taurines, R., Geißler, J., Wolff, N., Roessner, V., Bast, N., Teufel, K., Kim, Z., & Freitag, C. M. (2020). Study protocol of the multi-centre, randomised controlled trial of the Frankfurt Early Intervention Programme A-FFIP versus early intervention as usual for toddlers and pre-school children with Autism Spectrum Disorder (A-FFIP study). *Trials*, *21*(1), 217. https://doi.org/10.1186/s13063-019-3881-7

Kitzerow, J., Teufel, K., Jensen, K., Wilker, C., & Freitag, C. M. (2020). Case-control study of the low intensive autism-specific early behavioral intervention A-FFIP: Outcome after one year. *Zeitschrift Für Kinder- Und Jugendpsychiatrie Und Psychotherapie*, *48*(2), 103–112. https://doi.org/10.1024/1422-4917/a000661

Klin, A., Lin, D. J., Gorrindo, P., Ramsay, G., & Jones, W. (2009). Two-year-olds with autism orient to non-social contingencies rather than biological motion. *Nature*, *459*(7244), 257–261. https://doi.org/10.1038/nature07868

Klinger, L. G., Cook, M. L., & Dudley, K. M. (2021). Predictors and moderators of treatment efficacy in children and adolescents with autism spectrum disorder. *Journal of Clinical Child & Adolescent Psychology*, *50*(4), 517–524. https://doi.org/10.1080/15374416.2020.1833735

Kohls, G., Baumann, S., Gundlach, M., Scharke, W., Bernhard, A., Martinelli, A., Ackermann, K., Kersten, L., Prätzlich, M., Oldenhof, H., Jansen, L., Van Den Boogaard, L., Smaragdi, A., Gonzalez-Madruga, K., Cornwell, H., Rogers, J. C., Pauli, R., Clanton, R., Baker, R., … Konrad, K. (2020). Investigating sex differences in emotion recognition, learning, and regulation among youths with conduct disorder. *Journal of the American Academy of Child & Adolescent Psychiatry*, *59*(2), 263–273. https://doi.org/10.1016/j.jaac.2019.04.003

Koster-Hale, J., & Saxe, R. (2013). Theory of mind: A neural prediction problem. *Neuron*, *79*(5), 836–848. https://doi.org/10.1016/j.neuron.2013.08.020

Kozlowski, A. M., Matson, J. L., Belva, B., & Rieske, R. (2012). Feeding and sleep difficulties in toddlers with autism spectrum disorders. *Research in Autism Spectrum Disorders*, *6*(1), 385–390. https://doi.org/10.1016/j.rasd.2011.06.012

Kraijer, D. W., & Melchers, P. (2003). *Skala zur Erfassung von Autismusspektrumstörungen bei Minderbegabten (SEAS-M)*. Leiden: Swets.

Kwok, E. Y. L., Brown, H. M., Smyth, R. E., & Oram Cardy, J. (2015). Meta-analysis of receptive and expressive language skills in autism spectrum disorder. *Research in Autism Spectrum Disorders*, *9*, 202–222. https://doi.org/10.1016/j.rasd.2014.10.008

Lai, M.-C., Kassee, C., Besney, R., Bonato, S., Hull, L., Mandy, W., Szatmari, P., & Ameis, S. H. (2019). Prevalence of co-occurring mental health diagnoses in the autism population: A systematic review and meta-analysis. *The Lancet Psychiatry*, *6*(10), Article 10. https://doi.org/10.1016/S2215-0366(19)30289-5

Leader, G., Hogan, A., Chen, J. L., Maher, L., Naughton, K., O'Rourke, N., Casburn, M., & Mannion, A. (2022). Age of autism spectrum disorder diagnosis and comorbidity in children and adolescents with autism spectrum disorder. *Developmental Neurorehabilitation*, *25*(1), 29–37. https://doi.org/10.1080/17518423.2021.1917717

Lee, B. K., Schendel, D. E., & Shea, L. L. (2023). Big data in autism research: Methodological challenges and solutions. *Autism Research*, *16*(10), 1852–1858. https://doi.org/10.1002/aur.3007

Leekam, S. R., Nieto, C., Libby, S. J., Wing, L., & Gould, J. (2007). Describing the sensory abnormalities of children and adults with autism. *Journal of Autism and Developmental Disorders*, *37*(5), 894–910. https://doi.org/10.1007/s10803-006-0218-7

Leslie, A. M. (1994). Pretending and believing: Issues in the theory of ToMM. *Cognition*, *50*(1–3), 211–238. https://doi.org/10.1016/0010-0277(94)90029-9

Lever, A. G., & Geurts, H. M. (2016). Age-related differences in cognition across the adult lifespan in autism spectrum disorder. *Autism Research*, *9*(6), 666–676. https://doi.org/10.1002/aur.1545

Levy, A., & Perry, A. (2011). Outcomes in adolescents and adults with autism: A review of the literature. *Research in Autism Spectrum Disorders*, *5*(4), 1271–1282. https://doi.org/10.1016/j.rasd.2011.01.023

Lewis, L. F., & Stevens, K. (2023). The lived experience of meltdowns for autistic adults. *Autism*, *27*(6), 1817–1825. https://doi.org/10.1177/13623613221145783

Leyfer, O. T., Folstein, S. E., Bacalman, S., Davis, N. O., Dinh, E., Morgan, J., Tager-Flusberg, H., & Lainhart, J. E. (2006). Comorbid psychiatric disorders in children with autism: Interview development and rates of disorders. *Journal of Autism and Developmental Disorders*, *36*(7), 849–861. https://doi.org/10.1007/s10803-006-0123-0

Livingston, L. A., & Happé, F. (2017). Conceptualising compensation in neurodevelopmental disorders: Reflections from autism spectrum disorder. *Neuroscience & Biobehavioral Reviews*, *80*, 729–742. https://doi.org/10.1016/j.neubiorev.2017.06.005

Locke, J., Ishijima, E. H., Kasari, C., & London, N. (2010). Loneliness, friendship quality and the social networks of adolescents with high-functioning autism in an inclusive school setting: Loneliness, friendship quality and the social networks of adolescents with high-functioning autism in an inclusive school setting. *Journal of Research in Special Educational Needs*, *10*(2), 74–81. https://doi.org/10.1111/j.1471-3802.2010.01148.x

Loomes, R., Hull, L., & Mandy, W. P. L. (2017). What Is the male-to-female ratio in autism spectrum disorder? A systematic review and meta-analysis. *Journal of the American Academy of Child & Adolescent Psychiatry*, *56*(6), 466–474. https://doi.org/10.1016/j.jaac.2017.03.013

Lord, C., McCauley, J. B., Pepa, L. A., Huerta, M., & Pickles, A. (2020). Work, living, and the pursuit of happiness: Vocational and psychosocial outcomes for young adults with autism. *Autism*, *24*(7), 1691–1703. https://doi.org/10.1177/1362361320919246

Lugo-Marín, J., Magán-Maganto, M., Rivero-Santana, A., Cuellar-Pompa, L., Alviani, M., Jenaro-Rio, C., Díez, E., & Canal-Bedia, R. (2019). Prevalence of psychiatric disorders in adults with autism spectrum disorder: A systematic review and meta-analysis. *Research in Autism Spectrum Disorders*, *59*, 22–33. https://doi.org/10.1016/j.rasd.2018.12.004

Lukmanji, S., Manji, S. A., Kadhim, S., Sauro, K. M., Wirrell, E. C., Kwon, C.-S., & Jetté, N. (2019). The co-occurrence of epilepsy and autism: A systematic review. *Epilepsy & Behavior*, *98*, 238–248. https://doi.org/10.1016/j.yebeh.2019.07.037

Lundström, S., Reichenberg, A., Anckarsater, H., Lichtenstein, P., & Gillberg, C. (2015). Autism phenotype versus registered diagnosis in Swedish children: Prevalence trends over 10 years in general population samples. *BMJ*, *350*(apr28 2), h1961–h1961. https://doi.org/10.1136/bmj.h1961

Magiati, I., Tay, X. W., & Howlin, P. (2014). Cognitive, language, social and behavioural outcomes in adults with autism spectrum disorders: A systematic review of longitudinal follow-up studies in adulthood. *Clinical Psychology Review*, *34*(1), 73–86. https://doi.org/10.1016/j.cpr.2013.11.002

Magnusson, C., Rai, D., Goodman, A., Lundberg, M., Idring, S., Svensson, A., Koupil, I., Serlachius, E., & Dalman, C. (2012). Migration and autism spectrum disorder: Population-based study. *British Journal of Psychiatry*, *201*(2), 109–115. https://doi.org/10.1192/bjp.bp.111.095125

Mandell, D. S., Novak, M. M., & Zubritsky, C. D. (2005). Factors associated with age of diagnosis among children with autism spectrum disorders. *Pediatrics*, *116*(6), 1480–1486. https://doi.org/10.1542/peds.2005-0185

Maoz, H., Gvirts, H. Z., Sheffer, M., & Bloch, Y. (2019). Theory of mind and empathy in children with ADHD. *Journal of Attention Disorders*, *23*(11), 1331–1338. https://doi.org/10.1177/1087054717710766

Marrus, N., Koth, K. A., Hellings, J. A., McDonald, R., Gwynette, M. F., Muhle, R., Lohr, W. D., & Vasa, R. A. (2023). Psychiatry training in autism spectrum disorder and intellectual disability: Ongoing gaps and emerging opportunities. *Autism*, *27*(3), 679–689. https://doi.org/10.1177/13623613221112197

Martin, D. J., Garske, J. P., & Davis, M. K. (2000). Relation of the therapeutic alliance with outcome and other variables: A meta-analytic review. *Journal of Consulting and Clinical Psychology*, *68*(3), 438–450. https://doi.org/10.1037/0022-006X.68.3.438

Martin-Key, N. A., Graf, E. W., Adams, W. J., & Fairchild, G. (2018). Facial emotion recognition and eye movement behaviour in conduct disorder. *Journal of Child Psychology and Psychiatry*, *59*(3), 247–257. https://doi.org/10.1111/jcpp.12795

Matos, M. B., Bara, T. S., & Cordeiro, M. L. (2022). Autism spectrum disorder diagnoses: A comparison of countries with different income levels. *Clinical Epidemiology*, *Volume 14*, 959–969. https://doi.org/10.2147/CLEP.S373186

Matson, J. L., & Nebel-Schwalm, M. S. (2007). Comorbid psychopathology with autism spectrum disorder in children: An overview. *Research in Developmental Disabilities*, *28*(4), 341–352. https://doi.org/10.1016/j.ridd.2005.12.004

Mayes, S. D., Calhoun, S. L., Mayes, R. D., & Molitoris, S. (2012). Autism and ADHD: Overlapping and discriminating symptoms. *Research in Autism Spectrum Disorders*, *6*(1), 277–285. https://doi.org/10.1016/j.rasd.2011.05.009

Mazefsky, C. A., Oswald, D. P., Day, T. N., Eack, S. M., Minshew, N. J., & Lainhart, J. E. (2012). ASD, a psychiatric disorder, or both? Psychiatric diagnoses in adolescents with high-functioning ASD. *Journal of Clinical Child & Adolescent Psychology*, *41*(4), 516–523. https://doi.org/10.1080/15374416.2012.686102

McGlade, A., Whittingham, K., Barfoot, J., Taylor, L., & Boyd, R. N. (2023). Efficacy of very early interventions on neurodevelopmental outcomes for infants and toddlers at increased likelihood of or diagnosed with autism: A systematic review and meta-analysis. *Autism Research*, *16*(6), 1145–1160. https://doi.org/10.1002/aur.2924

Milton, D. E. M. (2012). On the ontological status of autism: The ›double empathy problem‹. *Disability & Society*, *27*(6), 883–887. https://doi.org/10.1080/09687599.2012.710008

Montaque, I., Dallos, R., & McKenzie, B. (2018). »It feels like something difficult is coming back to haunt me«: An exploration of ›meltdowns‹ associated with autistic spectrum disorder from a parental perspective. *Clinical Child Psychology and Psychiatry*, *23*(1), 125–139. https://doi.org/10.1177/1359104517730114

Moriuchi, J. M., Klin, A., & Jones, W. (2017). Mechanisms of diminished attention to eyes in autism. *American Journal of Psychiatry*, *174*(1), 26–35. https://doi.org/10.1176/appi.ajp.2016.15091222

Morrison, K. E., DeBrabander, K. M., Jones, D. R., Ackerman, R. A., & Sasson, N. J. (2020). Social cognition, social skill, and social motivation minimally predict social interaction outcomes for autistic and non-autistic adults. *Frontiers in Psychology*, *11*, 591100. https://doi.org/10.3389/fpsyg.2020.591100

Muller, C. L., Anacker, A. M. J., & Veenstra-VanderWeele, J. (2016). The serotonin system in autism spectrum disorder: From biomarker to animal models. *Neuroscience, 321*, 24–41. https://doi.org/10.1016/j.neuroscience.2015.11.010

Mundy, P. (2018). A review of joint attention and social-cognitive brain systems in typical development and autism spectrum disorder. *European Journal of Neuroscience, 47*(6), 497–514. https://doi.org/10.1111/ejn.13720

Mundy, P., Sigman, M., & Kasari, C. (1990). A longitudinal study of joint attention and language development in autistic children. *Journal of Autism and Developmental Disorders, 20*(1), 115–128. https://doi.org/10.1007/BF02206861

Naicker, V. V., Bury, S. M., & Hedley, D. (2023). Factors associated with parental resolution of a child's autism diagnosis: A systematic review. *Frontiers in Psychiatry, 13*, 1079371. https://doi.org/10.3389/fpsyt.2022.1079371

Narzisi, A., Sesso, G., Fabbri-Destro, M., Berloffa, S., Fantozzi, P., Muccio, R., Bruzzi, G., Scatigna, S., Valente, E., Viglione, V., Milone, A., Cortese, S., & Masi, G. (2024). Social skills interventions for adolescents with level 1 autism spectrum disorder: A systematic review with meta-analysis of randomized controlled trials. *Clinical Neuropsychiatry, 21*(3), 169–181. https://doi.org/10.36131/cnfioritieditore20240302

Neubauer, J., Kaiser, A., & Hohmann, S. (2024). Darmmikrobiota und Autismus-Spektrum-Störungen: Ein Überblick zu Zusammenhängen und möglichen Implikationen für therapeutische Interventionen. *Zeitschrift für Kinder- und Jugendpsychiatrie und Psychotherapie, 52*(3), 151–165. https://doi.org/10.1024/1422-4917/a000962

Nilsson, K. K., & De López, K. J. (2016). Theory of mind in children with specific language impairment: A systematic review and meta-analysis. *Child Development, 87*(1), 143–153. https://doi.org/10.1111/cdev.12462

Noterdaeme, M., & Hutzelmeyer-Nickels, A. (2010). Early symptoms and recognition of pervasive developmental disorders in Germany. *Autism, 14*(6), 575–588. https://doi.org/10.1177/1362361310371951

O'Halloran, L., Coey, P., & Wilson, C. (2022). Suicidality in autistic youth: A systematic review and meta-analysis. *Clinical Psychology Review, 93*, 102144. https://doi.org/10.1016/j.cpr.2022.102144

Omer, Y., Sapir, R., Hatuka, Y., & Yovel, G. (2019). What is a face? Critical features for face detection. *Perception, 48*(5), 437–446. https://doi.org/10.1177/0301006619838734

Özbaran, B., Kalyoncu, T., & Köse, S. (2018). Theory of mind and emotion regulation difficulties in children with ADHD. *Psychiatry Research, 270*, 117–122. https://doi.org/10.1016/j.psychres.2018.09.034

Pasalich, D. S., Dadds, M. R., & Hawes, D. J. (2014). Cognitive and affective empathy in children with conduct problems: Additive and interactive effects of callous–unemotional traits and autism spectrum disorders symptoms. *Psychiatry Research, 219*(3), 625–630. https://doi.org/10.1016/j.psychres.2014.06.025

Pellicano, E. (2012). The development of executive function in autism. *Autism Research and Treatment, 2012*, 1–8. https://doi.org/10.1155/2012/146132

Pellicano, E., & Burr, D. (2012). When the world becomes ›too real‹: A Bayesian explanation of autistic perception. *Trends in Cognitive Sciences, 16*(10), 504–510. https://doi.org/10.1016/j.tics.2012.08.009

Peterson, C. (2014). Theory of mind understanding and empathic behavior in children with autism spectrum disorders. *International Journal of Developmental Neuroscience, 39*(1), 16–21. https://doi.org/10.1016/j.ijdevneu.2014.05.002

Pickles, A., Harris, V., Green, J., Aldred, C., McConachie, H., Slonims, V., Le Couteur, A., Hudry, K., Charman, T., & the PACT Consortium. (2015). Treatment mechanism in the MRC preschool autism communication trial: Implications for study design and parent-focussed therapy for children. *Journal of Child Psychology and Psychiatry, 56*(2), 162–170. https://doi.org/10.1111/jcpp.12291

Poustka, L., Rühl, D., Feineis-Matthews, S., Poustka, F., Hartung, M., & Bölte, S. (2015). *ADOS-2: Diagnostische Beobachtungsskala für autistische Störungen—2: Manual*. Bern: Huber, Hogrefe.

Preißmann, C. (2017). Autismus und Kommunikation. *Teilhabe–Die Fachzeitschrift der Lebenshilfe*, 4(56), 186–188.

Preißmann, C. (2024). *Mit Autismus leben: Eine Ermutigung* (Dritte Auflage). Stuttgart: Klett-Cotta.

Pukki, H., Bettin, J., Outlaw, A. G., Hennessy, J., Brook, K., Dekker, M., Doherty, M., Shaw, S. C. K., Bervoets, J., Rudolph, S., Corneloup, T., Derwent, K., Lee, O., Rojas, Y. G., Lawson, W., Gutierrez, M. V., Petek, K., Tsiakkirou, M., Suoninen, A., ... Yoon, wn-ho. (2022). Autistic perspectives on the future of clinical autism research. *Autism in Adulthood*, 4(2), 93–101. https://doi.org/10.1089/aut.2022.0017

Rahman, A., Divan, G., Hamdani, S. U., Vajaratkar, V., Taylor, C., Leadbitter, K., Aldred, C., Minhas, A., Cardozo, P., Emsley, R., Patel, V., & Green, J. (2016). Effectiveness of the parent-mediated intervention for children with autism spectrum disorder in south Asia in India and Pakistan (PASS): A randomised controlled trial. *The Lancet Psychiatry*, 3(2), 128–136. https://doi.org/10.1016/S2215-0366(15)00388-0

Rane, P., Cochran, D., Hodge, S. M., Haselgrove, C., Kennedy, D. N., & Frazier, J. A. (2015). Connectivity in autism: A review of MRI connectivity studies. *Harvard Review of Psychiatry*, 23(4), 223–244. https://doi.org/10.1097/HRP.0000000000000072

Reichow, B., Servili, C., Yasamy, M. T., Barbui, C., & Saxena, S. (2013). Non-specialist psychosocial interventions for children and adolescents with intellectual disability or lower-functioning autism spectrum disorders: A systematic review. *PLoS Medicine*, 10(12), e1001572. https://doi.org/10.1371/journal.pmed.1001572

Remschmidt, H., Schmidt, M. H., & Poustka, F. (Hrsg.). (2017). *Multiaxiales Klassifikationsschema für psychische Störungen des Kindes- und Jugendalters nach ICD-10: Mit einem synoptischen Vergleich von ICD-10 und DSM-5®* (7., aktualisierte Auflage). Hogrefe.

Rimland, B. (1964). Infantile Autism, Appleton-Century-Crofts. *Inc., New York*, 94–96.

Robins, D., Fein, D., & Barton, M. (2009). *Modified checklist for autism in toddlers, revised with follow-up (M-CHAT-R/F) – Deutsche Übersetzung Dirmhirn, A.; Holzinger, D.* https://mchatscreen.com/wp-content/uploads/2015/09/M-CHAT-R_F_German.pdf (Zugriffsdatum: 19.05.2025)

Rodgers, M., Marshall, D., Simmonds, M., Le Couteur, A., Biswas, M., Wright, K., Rai, D., Palmer, S., Stewart, L., & Hodgson, R. (2020). Interventions based on early intensive applied behaviour analysis for autistic children: A systematic review and cost-effectiveness analysis. *Health Technology Assessment*, 24(35), 1–306. https://doi.org/10.3310/hta24350

Rogers, S. J., & Dawson, G. (2014). *Frühintervention für Kinder mit Autismus: Das Early-Start-Denver-Modell* (D. S. Holzinger, Hrsg.; M. Schatz, Übers.; 1. Auflage). Bern: Huber, Hogrefe.

Roman-Urrestarazu, A., Van Kessel, R., Allison, C., Matthews, F. E., Brayne, C., & Baron-Cohen, S. (2021). Association of race/ethnicity and social disadvantage with autism prevalence in 7 million school children in England. *JAMA Pediatrics*, 175(6), e210054. https://doi.org/10.1001/jamapediatrics.2021.0054

Rooks-Ellis, D. L., Scheibel, G., Mason, C., & Tu, S. (2024). Feasible adaptation of ESDM for statewide implementation: A look at potential effects, implementation conditions, and cost. *Journal of Early Intervention*, 46(2), 255–275. https://doi.org/10.1177/10538151231218958

Rosen, B. N., Lee, B. K., Lee, N. L., Yang, Y., & Burstyn, I. (2015). Maternal smoking and autism spectrum disorder: A meta-analysis. *Journal of Autism and Developmental Disorders*, 45(6), 1689–1698. https://doi.org/10.1007/s10803-014-2327-z

Ross, A., Grove, R., & McAloon, J. (2023). The relationship between camouflaging and mental health in autistic children and adolescents. *Autism Research*, 16(1), 190–199. https://doi.org/10.1002/aur.2859

Rutter, M., Kreppner, J., Croft, C., Murin, M., Colvert, E., Beckett, C., Castle, J., & Sonuga-Barke, E. (2007). Early adolescent outcomes of institutionally deprived and non-deprived adoptees. III. Quasi-autism. *Journal of Child Psychology and Psychiatry*, 48(12), 1200–1207. https://doi.org/10.1111/j.1469-7610.2007.01792.x

Rydzewska, E., Dunn, K., & Cooper, S.-A. (2021). Umbrella systematic review of systematic reviews and meta-analyses on comorbid physical conditions in people with autism spectrum disorder. *The British Journal of Psychiatry, 218*(1), 10–19. https://doi.org/10.1192/bjp.2020.167

Salazar, F., Baird, G., Chandler, S., Tseng, E., O'sullivan, T., Howlin, P., Pickles, A., & Simonoff, E. (2015). Co-occurring psychiatric disorders in preschool and elementary school-aged children with autism spectrum disorder. *Journal of Autism and Developmental Disorders, 45*(8), 2283–2294. https://doi.org/10.1007/s10803-015-2361-5

Salomone, E., Beranová, Š., Bonnet-Brilhault, F., Briciet Lauritsen, M., Budisteanu, M., Buitelaar, J., Canal-Bedia, R., Felhosi, G., Fletcher-Watson, S., Freitag, C., Fuentes, J., Gallagher, L., Garcia Primo, P., Gliga, F., Gomot, M., Green, J., Heimann, M., Jónsdóttir, S. L., Kaale, A., ... Charman, T. (2016). Use of early intervention for young children with autism spectrum disorder across Europe. *Autism, 20*(2), Article 2. https://doi.org/10.1177/1362361315577218

Sandbank, M., Bottema-Beutel, K., Crowley, S., Cassidy, M., Dunham, K., Feldman, J. I., Crank, J., Albarran, S. A., Raj, S., Mahbub, P., & Woynaroski, T. G. (2020). Project AIM: Autism intervention meta-analysis for studies of young children. *Psychological Bulletin, 146*(1), 1–29. https://doi.org/10.1037/bul0000215

Sanders, M. R., Kirby, J. N., Tellegen, C. L., & Day, J. J. (2014). The Triple P-Positive Parenting Program: A systematic review and meta-analysis of a multi-level system of parenting support. *Clinical Psychology Review, 34*(4), 337–357. https://doi.org/10.1016/j.cpr.2014.04.003

Sasso, I., & Sansour, T. (2024). Risk and influencing factors for school absenteeism among students on the autism spectrum—A systematic review. *Review Journal of Autism and Developmental Disorders*. https://doi.org/10.1007/s40489-024-00474-x

Sasson, N. J., Faso, D. J., Nugent, J., Lovell, S., Kennedy, D. P., & Grossman, R. B. (2017). Neurotypical peers are less willing to interact with those with autism based on thin slice judgments. *Scientific Reports, 7*(1), 40700. https://doi.org/10.1038/srep40700

Schaafsma, S. M., Pfaff, D. W., Spunt, R. P., & Adolphs, R. (2015). Deconstructing and reconstructing theory of mind. *Trends in Cognitive Sciences, 19*(2), 65–72. https://doi.org/10.1016/j.tics.2014.11.007

Schaller, U. M., & Rauh, R. (2017). What difference does it make? Implicit, explicit and complex social cognition in autism spectrum disorders. *Journal of Autism and Developmental Disorders, 47*(4), 961–979. https://doi.org/10.1007/s10803-016-3008-x

Scharfstein, L. A., Beidel, D. C., Sims, V. K., & Rendon Finnell, L. (2011). Social skills deficits and vocal characteristics of children with social phobia or asperger's disorder: A comparative study. *Journal of Abnormal Child Psychology, 39*(6), 865–875. https://doi.org/10.1007/s10802-011-9498-2

Scheeren, A. M., De Rosnay, M., Koot, H. M., & Begeer, S. (2013). Rethinking theory of mind in high-functioning autism spectrum disorder. *Journal of Child Psychology and Psychiatry, 54*(6), 628–635. https://doi.org/10.1111/jcpp.12007

Schendel, D. E., Overgaard, M., Christensen, J., Hjort, L., Jørgensen, M., Vestergaard, M., & Parner, E. T. (2016). Association of psychiatric and neurologic comorbidity with mortality among persons with autism spectrum disorder in a Danish population. *JAMA Pediatrics, 170*(3), 243. https://doi.org/10.1001/jamapediatrics.2015.3935

Schirmer, B. (2019). *Nur dabei zu sein reicht nicht: Lernen im inklusiven schulischen Setting* (V. Bernard-Opitz, Hrsg.). Verlag W. Kohlhammer. https://doi.org/10.17433/978-3-17-031271-5

Schlitt, S., Berndt, K., & Freitag, C. M. (2015). *Das Frankfurter Autismus-Elterntraining, FAUT-E: Psychoedukation, Beratung und therapeutische Unterstützung*. Stuttgart: Kohlhammer.

Schmidt, L., Kirchner, J., Strunz, S., Broźus, J., Ritter, K., Roepke, S., & Dziobek, I. (2015). Psychosocial functioning and life satisfaction in adults with autism spectrum disorder without intellectual impairment. *Journal of Clinical Psychology, 71*(12), 1259–1268. https://doi.org/10.1002/jclp.22225

Schneider, S., Pflug, V., In-Albon, T. & Margraf, J. (2017). *Kinder-DIPS Open Access: Diagnostisches Interview bei psychischen Störungen im Kindes- und Jugendalter*. Bochum: Forschungs- und Behandlungszentrum für psychische Gesundheit, Ruhr-Universität Bochum.

Schopler, E., Reichler, R. J., DeVellis, R. F., & Daly, K. (1980). Toward objective classification of childhood autism: Childhood Autism Rating Scale (CARS). *Journal of Autism and Developmental Disorders*, *10*(1), 91–103. https://doi.org/10.1007/BF02408436

Schreibman, L., Dawson, G., Stahmer, A. C., Landa, R., Rogers, S. J., McGee, G. G., Kasari, C., Ingersoll, B., Kaiser, A. P., Bruinsma, Y., McNerney, E., Wetherby, A., & Halladay, A. (2015). Naturalistic developmental behavioral interventions: Empirically validated treatments for autism spectrum disorder. *Journal of Autism and Developmental Disorders*, *45*(8), 2411–2428. https://doi.org/10.1007/s10803-015-2407-8

Schreiter, D., & Schreiter, D. (2023). *Wie es ist, anders zu sein* (11. überarbeitete Auflage). Stuttgart: Panini.

Schuwerk, T. (2024). Originalarbeit: Empathie in den ersten Lebensjahren autistischer Kinder – Stand der Forschung und Implikationen für die Frühförderung. *Frühförderung interdisziplinär*, *43.4*, 206–217. https://elibrary.utb.de/doi/abs/10.2378/fi20240404

Schuwerk, T., & Sodian, B. (2023). Differences in self-other control as cognitive mechanism to characterize theory of mind reasoning in autistic and non-autistic adults. *Autism Research*, *16*(9), 1728–1738. https://doi.org/10.1002/aur.2976

Schuwerk, T., Sodian, B., & Paulus, M. (2016). Cognitive mechanisms underlying action prediction in children and adults with autism spectrum condition. *Journal of Autism and Developmental Disorders*, *46*(12), 3623–3639. https://doi.org/10.1007/s10803-016-2899-x

Schuwerk, T., Vuori, M., & Sodian, B. (2015). Implicit and explicit Theory of Mind reasoning in autism spectrum disorders: The impact of experience. *Autism*, *19*(4), 459–468. https://doi.org/10.1177/1362361314526004

Schwenck, C., & Freitag, C. M. (2014). Differentiation between attention-deficit/hyperactivity disorder and autism spectrum disorder by the Social Communication Questionnaire. *ADHD Attention Deficit and Hyperactivity Disorders*, *6*(3), 221–229. https://doi.org/10.1007/s12402-014-0147-9

Senju, A., Southgate, V., White, S., & Frith, U. (2009). Mindblind Eyes: An absence of spontaneous Theory of Mind in asperger syndrome. *Science*, *325*(5942), 883–885. https://doi.org/10.1126/science.1176170

Settanni, M., Suma, K., Adamson, L. B., McConachie, H., Servili, C., & Salomone, E. (2024). Treatment mechanism of the WHO caregiver skills training intervention for autism delivered in community settings. *Autism Research*, *17*(1), 182–194. https://doi.org/10.1002/aur.3058

Shah, A., & Frith, U. (1983). An Islet of ability in autistic children: A research note. *Journal of Child Psychology and Psychiatry*, *24*(4), 613–620. https://doi.org/10.1111/j.1469-7610.1983.tb00137.x

Shah, P., Hall, R., Catmur, C., & Bird, G. (2016). Alexithymia, not autism, is associated with impaired interoception. *Cortex*, *81*, 215–220. https://doi.org/10.1016/j.cortex.2016.03.021

Sharma, S., Hucker, A., Matthews, T., Grohmann, D., & Laws, K. R. (2021). Cognitive behavioural therapy for anxiety in children and young people on the autism spectrum: A systematic review and meta-analysis. *BMC Psychology*, *9*(1), 151. https://doi.org/10.1186/s40359-021-00658-8

Sheppard, E., Pillai, D., Wong, G. T.-L., Ropar, D., & Mitchell, P. (2016). How easy is it to read the minds of oeople with autism spectrum disorder? *Journal of Autism and Developmental Disorders*, *46*(4), 1247–1254. https://doi.org/10.1007/s10803-015-2662-8

Shire, S., & Shih, W. (2024). Mediation of meaningful outcomes in early intervention: A commentary on Carruthers et al. (2023). *Journal of Child Psychology and Psychiatry*, *65*(2), 245–247. https://doi.org/10.1111/jcpp.13913

Shultz, S., Jones, W., & Klin, A. (2015). Early departures from normative processes of social engagement in infants with autism spectrum disorder. In A. Puce & B. I. Bertenthal (Hrsg.), *The Many Faces of Social Attention* (S. 157–177). Basel: Springer International Publishing. https://doi.org/10.1007/978-3-319-21368-2_6

Sigman, M. D., Kasari, C., Kwon, J.-H., & Yirmiya, N. (1992). Responses to the negative emotions of others by autistic, mentally retarded, and normal children. *Child Development*, *63*(4), 796. https://doi.org/10.2307/1131234

Simion, F., Regolin, L., & Bulf, H. (2008). A predisposition for biological motion in the newborn baby. *Proceedings of the National Academy of Sciences*, *105*(2), 809–813. https://doi.org/10.1073/pnas.0707021105

Simonoff, E., Kent, R., Stringer, D., Lord, C., Briskman, J., Lukito, S., Pickles, A., Charman, T., & Baird, G. (2020). Trajectories in symptoms of autism and cognitive ability in autism from childhood to adult life: Findings from a longitudinal epidemiological cohort. *Journal of the American Academy of Child & Adolescent Psychiatry*, *59*(12), 1342–1352. https://doi.org/10.1016/j.jaac.2019.11.020

Simonoff, E., Pickles, A., Charman, T., Chandler, S., Loucas, T., & Baird, G. (2008). Psychiatric disorders in children with autism spectrum disorders: Prevalence, comorbidity, and associated factors in a population-derived sample. *Journal of the American Academy of Child & Adolescent Psychiatry*, *47*(8), 921–929. https://doi.org/10.1097/CHI.0b013e318179964f

Sinha, P., Kjelgaard, M. M., Gandhi, T. K., Tsourides, K., Cardinaux, A. L., Pantazis, D., Diamond, S. P., & Held, R. M. (2014). Autism as a disorder of prediction. *Proceedings of the National Academy of Sciences*, *111*(42), 15220–15225. https://doi.org/10.1073/pnas.1416797111

Soke, G. N., Maenner, M. J., Christensen, D., Kurzius-Spencer, M., & Schieve, L. A. (2018). Prevalence of co-occurring medical and behavioral conditions/symptoms among 4- and 8-year-old children with autism spectrum disorder in selected areas of the United States in 2010. *Journal of Autism and Developmental Disorders*, *48*(8), 2663–2676. https://doi.org/10.1007/s10803-018-3521-1

Somogyi, E., Király, I., Gergely, G., & Nadel, J. (2013). Understanding goals and intentions in low-functioning autism. *Research in Developmental Disabilities*, *34*(11), 3822–3832. https://doi.org/10.1016/j.ridd.2013.07.039

Sparrow, S., Cicchetti, D., & Saulnier, C. (2021). *Vineland-3. Vineland adaptive behavior scales—German version*. Frankfurt: Pearson.

Stacey, T.-L., Froude, E. H., Trollor, J., & Foley, K.-R. (2019). Leisure participation and satisfaction in autistic adults and neurotypical adults. *Autism*, *23*(4), 993–1004. https://doi.org/10.1177/1362361318791275

Stack, A., & Lucyshyn, J. (2019). Autism spectrum disorder and the experience of traumatic events: Review of the current literature to Inform modifications to a treatment model for children with autism. *Journal of Autism and Developmental Disorders*, *49*(4), 1613–1625. https://doi.org/10.1007/s10803-018-3854-9

Steinhausen, H. -C., Mohr Jensen, C., & Lauritsen, M. B. (2016). A systematic review and meta-analysis of the long-term overall outcome of autism spectrum disorders in adolescence and adulthood. *Acta Psychiatrica Scandinavica*, *133*(6), 445–452. https://doi.org/10.1111/acps.12559

Stevens, T., Peng, L., & Barnard-Brak, L. (2016). The comorbidity of ADHD in children diagnosed with autism spectrum disorder. *Research in Autism Spectrum Disorders*, *31*, 11–18. https://doi.org/10.1016/j.rasd.2016.07.003

Stewart, M. E., Barnard, L., Pearson, J., Hasan, R., & O'Brien, G. (2006). Presentation of depression in autism and Asperger syndrome: A review. *Autism*, *10*(1), 103–116. https://doi.org/10.1177/1362361306062013

Teufel, K., & Soll, S. (2021). *Autismus-Spektrum-Störungen* (1. Auflage). Göttingen: Hogrefe. https://doi.org/10.1026/03075-000

Teufel, K., Wilker, C., Valerian, J., & Freitag, C. (2017). *A-FFIP. Autismus-spezifische Therapie im Vorschulalter*. Heidelberg: Springer.

The Autism Spectrum Disorders Working Group of The Psychiatric Genomics Consortium. (2017). Meta-analysis of GWAS of over 16,000 individuals with autism spectrum disorder highlights a novel locus at 10q24.32 and a significant overlap with schizophrenia. *Molecular Autism*, *8*(1), 21. https://doi.org/10.1186/s13229-017-0137-9

Thurm, A., Farmer, C., Salzman, E., Lord, C., & Bishop, S. (2019). State of the Field: Differentiating Intellectual disability from autism spectrum disorder. *Frontiers in Psychiatry*, *10*, 526. https://doi.org/10.3389/fpsyt.2019.00526

Tick, B., Bolton, P., Happé, F., Rutter, M., & Rijsdijk, F. (2016). Heritability of autism spectrum disorders: A meta-analysis of twin studies. *Journal of Child Psychology and Psychiatry*, 57(5), 585–595. https://doi.org/10.1111/jcpp.12499

Torrico, B., Chiocchetti, A. G., Bacchelli, E., Trabetti, E., Hervás, A., Franke, B., Buitelaar, J. K., Rommelse, N., Yousaf, A., Duketis, E., Freitag, C. M., Caballero-Andaluz, R., Martinez-Mir, A., Scholl, F. G., Ribasés, M., ITAN, Battaglia, A., Malerba, G., Delorme, R., ... Toma, C. (2017). Lack of replication of previous autism spectrum disorder GWAS hits in European populations. *Autism Research*, 10(2), 202–211. https://doi.org/10.1002/aur.1662

Tschirren, B., Hächler, P., & Mambourg, M. (2024). *Ich bin Loris: Kindern Autismus erklären* (1. Auflage, korrigierter Nachdruck). Köln: BALANCE buch + medien Verlag.

Tuchman, R., & Rapin, I. (2002). Epilepsy in autism. *The Lancet Neurology*, 1(6), 352–358. https://doi.org/10.1016/S1474-4422(02)00160-6

Tuckermann, A., Häußler, A., & Lausmann, E. (2023). *Praxis TEACCH®: Herausforderung Regelschule: Unterstützungsmöglichkeiten für Schülerinnen und Schüler mit Autismus-Spektrum-Störungen im lernzielgleichen Unterricht* (4., verb. Aufl). Dortmund: Borgmann Media.

Uddin, L. Q., Supekar, K., & Menon, V. (2013). Reconceptualizing functional brain connectivity in autism from a developmental perspective. *Frontiers in Human Neuroscience*, 7. https://doi.org/10.3389/fnhum.2013.00458

Vaiouli, P., Luminet, O., & Panayiotou, G. (2022). Alexithymic and autistic traits in children and adolescents: A systematic review of the current state of knowledge. *Autism*, 26(2), 308–316. https://doi.org/10.1177/13623613211058512

Van Der Hallen, R., Evers, K., Brewaeys, K., Van Den Noortgate, W., & Wagemans, J. (2015). Global processing takes time: A meta-analysis on local–global visual processing in ASD. *Psychological Bulletin*, 141(3), 549–573. https://doi.org/10.1037/bul0000004

Vasilakis, M., Polychronis, K., Panagouli, E., Tzila, E., Papageorgiou, A., Thomaidou, L., Psaltopoulou, T., Tsolia, M., Sergentanis, T. N., & Tsitsika, A. K. (2022). Food difficulties in infancy and ASD: A literature review. *Children*, 10(1), 84. https://doi.org/10.3390/children10010084

Ventola, P., Kleinman, J., Pandey, J., Wilson, L., Esser, E., Boorstein, H., Dumont-Mathieu, T., Marshia, G., Barton, M., Hodgson, S., Green, J., Volkmar, F., Chawarska, K., Babitz, T., Robins, D., & Fein, D. (2007). Differentiating between autism spectrum disorders and other developmental disabilities in children who failed a screening instrument for ASD. *Journal of Autism and Developmental Disorders*, 37(3), 425–436. https://doi.org/10.1007/s10803-006-0177-z

Virues-Ortega, J., Julio, F. M., & Pastor-Barriuso, R. (2013). The TEACCH program for children and adults with autism: A meta-analysis of intervention studies. *Clinical Psychology Review*, 33(8), 940–953. https://doi.org/10.1016/j.cpr.2013.07.005

Vivanti, G., Kasari, C., Green, J., Mandell, D., Maye, M., & Hudry, K. (2018). Implementing and evaluating early intervention for children with autism: Where are the gaps and what should we do? *Autism Research*, 11(1), 16–23. https://doi.org/10.1002/aur.1900

Vogeley, K. (2016). *Anders sein: Autismus-Spektrum-Störungen im Erwachsenenalter – Ein Ratgeber* (Originalausgabe, 2., überarbeitete Aufl). Weinheim: Beltz.

Volkmar, F. R. (2011). Understanding the social brain in autism. *Developmental Psychobiology*, 53(5), 428–434. https://doi.org/10.1002/dev.20556

Vu, H., Bowden, N., Gibb, S., Audas, R., Dacombe, J., McLay, L., Sporle, A., Stace, H., Taylor, B., Thabrew, H., Theodore, R., Tupou, J., & Schluter, P. J. (2024). Mortality risk among autistic children and young people: A nationwide birth cohort study. *Autism*, 28(9), 2244–2253. https://doi.org/10.1177/13623613231224015

Wellman, H. M., Cross, D., & Watson, J. (2001). Meta-analysis of theory-of-mind development: The truth about false belief. *Child Development*, 72(3), 655–684. https://doi.org/10.1111/1467-8624.00304

West, K. L. (2019). Infant motor development in autism spectrum disorder: A synthesis and meta-analysis. *Child Development*, 90(6), 2053–2070. https://doi.org/10.1111/cdev.13086

Westman Andersson, G., Miniscalco, C., & Gillberg, C. (2013). Autism in preschoolers: Does individual clinician's first visit diagnosis agree with final comprehensive diagnosis? *The Scientific World Journal*, 2013, 1–7. https://doi.org/10.1155/2013/716267

White, S. W., Oswald, D., Ollendick, T., & Scahill, L. (2009). Anxiety in children and adolescents with autism spectrum disorders. *Clinical Psychology Review*, *29*(3), 216–229. https://doi.org/10.1016/j.cpr.2009.01.003

Wilczek, B. (2020). Wirksame Psychotherapie für Menschen im Autismus-Spektrum. *PiD – Psychotherapie im Dialog*, *21*(03), 65–70. https://doi.org/10.1055/a-0987-5390

Wimmer, H. (1983). Beliefs about beliefs: Representation and constraining function of wrong beliefs in young children's understanding of deception. *Cognition*, *13*(1), 103–128. https://doi.org/10.1016/0010-0277(83)90004-5

Zeidan, J., Fombonne, E., Scorah, J., Ibrahim, A., Durkin, M. S., Saxena, S., Yusuf, A., Shih, A., & Elsabbagh, M. (2022). Global prevalence of autism: A systematic review update. *Autism Research*, *15*(5), 778–790. https://doi.org/10.1002/aur.2696

Stichwortverzeichnis

A

A-FFIP 113–116, 122, 144
ADHS 47, 51–54, 57, 74, 88
ADI-R 72
ADOS-2 73, 126
Äquifinalität 81
ARFID 50
Asperger-Syndrom 25–28, 59, 69, 124, 128
Ätiologie 80
Atypischer Autismus 25, 28

B

Behinderung 32, 104, 149, 155, 156
Beziehungen 17, 26, 41, 43, 57, 94, 128
Blickkontakt 18, 26, 38, 55, 58, 90, 94, 122

C

Camouflaging 40, 53
CARS 72, 73

D

Delayed Aftereffect 21
Diagnostik 63
Double Empathy Problem 92
DSM-5 24

E

Echolalien 55, 56
Eingliederungshilfe 33, 104, 105, 157
Empathie 91, 97, 130
Erblichkeit 82
Exekutive Funktionen 87

F

Freundschaften 18, 23, 39, 41, 57

G

Gehirnentwicklung 85, 86
Generalisierung 115, 116, 118, 136
Genetikstudien 65
Gruppenangebote 108

H

herausforderndes Verhalten 114, 131, 132
Heritabilität 82
High-functioning 33
hochfunktional 118
humangenetische Untersuchung 74
Hypersensitivität 19
Hyposensitivität 18, 19

I

ICD-10 24
ICD-11 24
Informationsverarbeitung 87, 90, 94–96, 99, 105, 109, 130, 158
Intelligenzminderung 27, 28, 35, 47, 48, 50, 51, 54–56, 69, 74, 83, 122, 149
Intelligenztest 73

J

Joint Attention 38, 120
Jugendhilfemaßnahmen 76

K

Kombinationsbehandlung 119, 123, 124, 129
Kooperationsbereitschaft 73

M

Manierismen 20, 27, 28, 135
Maskieren 40, 108

Meltdown 21
minimally verbal 148

N

Naturalistic Developmental Behavioral Interventions 144
Neurodiversität 13, 142, 151
Neuronale Entwicklungsstörung 25
neurotypisch 107

O

Organismusvariable 128, 132, 133
Overload 21

P

Pragmatische Sprachentwicklungsstörung 29
Predictive Coding 96, 97
Prompting 114, 115
Prosopagnosie 133
Psychoedukation 107, 109, 110, 129
psychopathologischer Befund 72
Psychopharmakotherapie 123

R

Rechtsansprüche 104
Rett-Syndrom 27–29, 55

S

Schuleingangsuntersuchung 65
Screening-Instrumente 65
Selbsthilfe 76
sensorische Besonderheiten 18
Shutdown 21
Soziales Kompetenztraining 118
Spezialinteressen 18
Sprachentwicklung 18, 22, 70, 74, 126, 144, 148
stereotypes Verhalten 54, 135
Stimming 20, 106
Synchronizität 111

T

TEACCH 130, 132, 142
Teilhabe 33, 41, 94, 104, 133, 156–158
Theory of Mind 55, 57, 59, 60, 87, 88, 90, 91, 94, 97, 121

V

Verhaltensanalyse 127, 131–133
Verhaltensanalysen 114
Vineland-3 Skalen 74
Vorläuferfähigkeiten 120, 136, 144, 146, 148

Z

zentrale Kohärenz 95